抖音电商

抖音盒子带货

从入门到精通

陈达远◎编著

中国铁道出版社有限公司
CHINA RAILWAY PUBLISHING HOUSE CO., LTD.

图书在版编目（CIP）数据

抖音电商：抖音盒子带货从入门到精通 / 陈达远编著. —北京：
中国铁道出版社有限公司，2022.7
ISBN 978-7-113-29070-2

Ⅰ.①抖… Ⅱ.①陈… Ⅲ.①网络营销 Ⅳ.①F713.365.2

中国版本图书馆CIP数据核字（2022）第072172号

书　　名：抖音电商：抖音盒子带货从入门到精通
　　　　　DOUYIN DIANSHANG：DOUYIN HEZI DAIHUO CONG RUMEN DAO JINGTONG
作　　者：陈达远

责任编辑：张亚慧　　　编辑部电话：（010）51873035　　　邮箱：lampard@vip.163.com
编辑助理：张秀文
封面设计：宿　萌
责任校对：安海燕
责任印制：赵星辰

出版发行：中国铁道出版社有限公司（100054，北京市西城区右安门西街8号）
印　　刷：三河市兴博印务有限公司
版　　次：2022年7月第1版　2022年7月第1次印刷
开　　本：700 mm×1 000 mm　1/16　印张：14.5　字数：244千
书　　号：ISBN 978-7-113-29070-2
定　　价：69.00元

前　言

抖音 App 的 DAU（Daily Active User，日活跃用户数量）已超过 6 亿，同时"字节系"应用的下载用户数也高达 19 亿次，如果有获利的能力和价值，这其中的市场空间不难想象。

从抖音 App 测试"种草"一级入口，到如今推出抖音盒子这个独立电商 App，为抖音电商的后续发展带来了更多的可能。

抖音盒子是"兴趣电商＋搜索电商"的结合体，用兴趣电商激发用户的潜在购物需求，再用搜索电商来反哺兴趣电商。抖音盒子对标的是得物、小红书等应用，定位一个集短视频、直播带货、潮品和种草于一体的年轻化、潮流化的电商平台。

错过了淘宝、京东等传统电商，错过了微商，你还想再一次错过抖音电商吗？随着抖音电商的布局越来越广，带货功能越来越完善，抖音盒子拥有较抖音更全面的营业执照和平台资质，方便广大商家和带货达人引流、卖货、获利。

电商和游戏中的"打怪升级"模式一样，是一个优胜劣汰的市场，能在这个市场中坚持下去并且赚钱的人，都拥有开放的心态且愿意拥抱变化。本书的核心就在于此，就如何通过抖音盒子实现带货、卖货，进行深入讲解。如果你也想开采抖音电商的"金矿"，那就赶快翻开本书吧！

抖音盒子运营的痛点、难点是模式、内容、引流、推广和获利，本书专为解决这些问题而写。作者结合自己多年的电商运营实战经验，为读者详细讲解抖音盒子的运营与转化获利的方法，帮助读者以低成本快速开启抖音电商的"掘金之路"。

特别提示：本书在编写时，是基于当前各平台相关的软件和后台界面截取的实际操作图片，但书从写作到出版需要一段时间，在这段时间里，软件界面与功能可能会有调整与变化，比如有的内容删除了，有的内容增加了，这是平台所做的更新，请在阅读时，根据书中的思路，举一反三，进行学习。

本书由陈达远编著，参与编写的人员还有苏高、胡杨等人。由于知识水平有限，书中难免有错误和疏漏之处，恳请广大读者批评、指正，沟通和交流请联系微信：2633228153。

编　者

2022 年 4 月

目　录

第5章　内容运营：兴趣电商内容流量运营逻辑　　105

第 8 章　视频带货：基于优质"内容"产生成交　169

第 9 章　图文带货：实现"种草"经济＋个性化 推荐　187

第**1**章

兴趣电商：
短视频与直播
助力电商转型

近年来，直播、短视频和电商都成为消费者关注的热词，同时，拥有大量用户基础的抖音电商平台也提出了兴趣电商的概念，并获得了迅猛发展。本章就让我们一起来了解兴趣电商是如何改变传统电商模式的？

1.1 模式对比：传统电商没落，兴趣电商崛起

兴趣电商是指在用户的兴趣爱好和他们对美好生活向往的基础上，为其提供相应的商品或服务，激发用户潜在的消费欲望，从而帮助用户提升生活品质的一种电商模式。

2021 年 4 月 8 日，抖音电商召开首届生态大会并提出了兴趣电商的概念，同时抖音电商总裁表示："抖音有良好的内容生态，众多优质创作者，多元化用户和较为成熟的兴趣推荐技术，有很大机会做好兴趣电商。"图 1-1 所示为本次大会的主题。

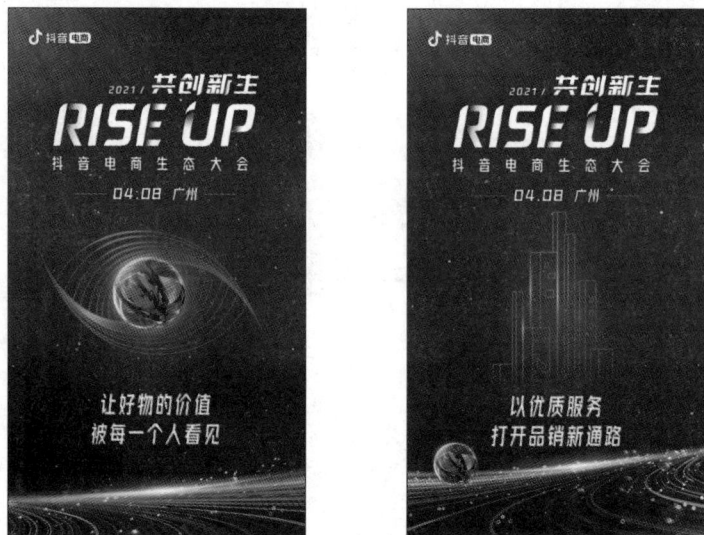

图 1-1 抖音电商首届生态大会的主题

众所周知，抖音的主要卖货渠道就是直播和短视频，而兴趣电商则是通过将兴趣推荐技术加入这些卖货渠道中，形成一种更加符合用户需求的新电商模式。那么，兴趣电商的到来对于传统电商会产生什么样的影响，两者又有哪些区别呢？本节将进行具体分析，帮助大家初步认识兴趣电商模式。

1.1.1 过去：传统电商的疲态尽显

传统电商的典型代表就是淘宝、天猫和京东，是一种基于用户的明确购物需求来提供产品的电子商务模式，其消费路径为"需求→搜索→购买"。

用户首先在自己的各种生活场景触发某些消费需求，然后去电商平台上搜

索对应的产品关键词，同时平台会根据自身的排名规则和个性化的展现逻辑展示大量相关的产品，最后用户根据这些产品的销量、评论、品牌、价格、详情介绍和综合评分等维度进行筛选，决定最终购买哪个产品。

例如，用户想买一个钱包，在淘宝中搜索"钱包"关键词，然后对比搜索结果页面中的各个产品，如图1-2所示。最终选择一款钱包产品并下单，这就是传统电商的基本逻辑。

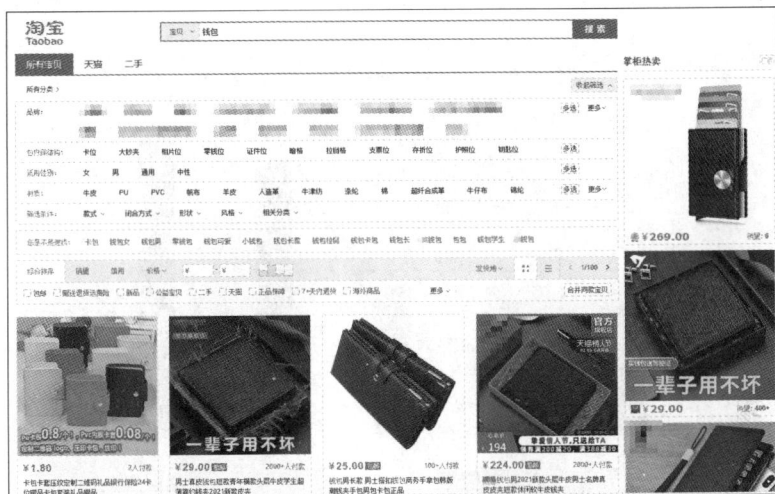

图1-2 在淘宝中搜索并筛选产品

以天猫为例，2021年"双十一"总交易额为5 403亿元，相比2020年增长8.45%，相关数据如图1-3所示。截至"双十一"当天的0:45，有411个中小品牌的成交额实现从百万级到千万级的跨越。

图1-3 2021年天猫"双十一"的相关数据

从数据上来看，天猫"双十一"期间的产品销量非常高，但与往年相比，"双十一"的热度却已经极大降低了，不仅互联网媒体很少提及，而且连往年必不可缺的"数字大屏"也消失了。

同时，2021 年天猫"双十一"的增长率也是历年来最低的一次，如图 1-4 所示。阿里巴巴从 2009 年开始举办"双十一"大促活动，并连续多年保持在 30% 以上的年均增长率，直至 2018 年首次下跌至 26.93%，2019 年更是跌至 25.71%。

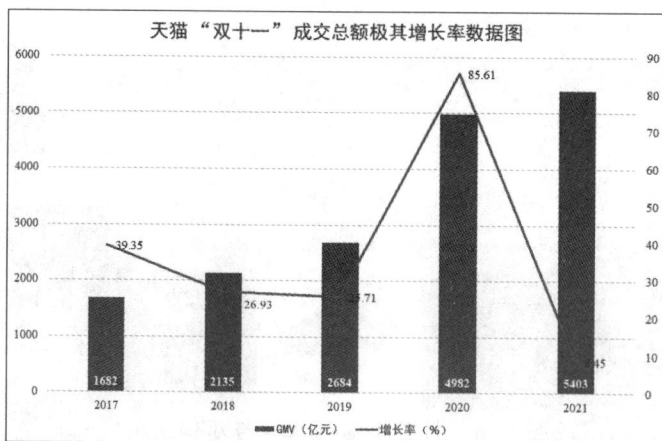

图 1-4　天猫"双十一"历年 GMV（Gross Merchandise Volume，商品交易总额）和增长率数据

阿里巴巴在 2020 年通过将天猫"双十一"活动的周期拉长，活动周期为 11 月 1 日～ 11 日，为期 11 天，因此取得了 4 982 亿元的成交额和 85.61% 的增长率，通过这种战略调整暂时在表面上扭转了下跌的态势。

2021 年，阿里巴巴再次将天猫"双十一"活动的周期拉长了 10 天，从 10 月 20 日开始，整个活动周期的跨度长达 21 天，但增长率不增反降。由此可见，如今的传统电商已经有些力不从心了。

1.1.2　现在：各大平台的"电商梦"

传统电商之所以走到这一步，有以下三个原因：一是由于传统电商频繁举办大促活动和打"价格战"外，已经严重透支了用户的消费需求；二是拼多多、京喜等社交电商平台的崛起，大量瓜分了传统电商的"蛋糕"；三是各种新媒体平台纷纷嫁接电商业务，同时不断在用户量及成交量上取得新的突破。

其中，最为显著的就是抖音、小红书、快手、微信、B 站等平台，几乎所有的 App 都在涉足电商业务，抢夺了传统电商平台的大量销量份额。

（1）抖音：抖音不仅有商品橱窗、直播购物车，还推出了抖音小店（简称抖店或小店），如图 1-5 所示。抖音电商保持高速增长，其月销售额已接近天猫的 20%。

图 1-5　抖音小店的入口与店铺主页

（2）小红书：小红书是一个专注于年轻人的生活方式平台，用户可通过短视频、图文等形式记录和分享生活点滴，并基于兴趣形成互动，同时具有优质的"种草"属性，如图 1-6 所示。同时，小红书于 2021 年 8 月关闭了淘宝外部链接，并推出了"0 门槛开店""BC 直连""月销万元以下商家免收佣金"等政策来扶持电商业务。

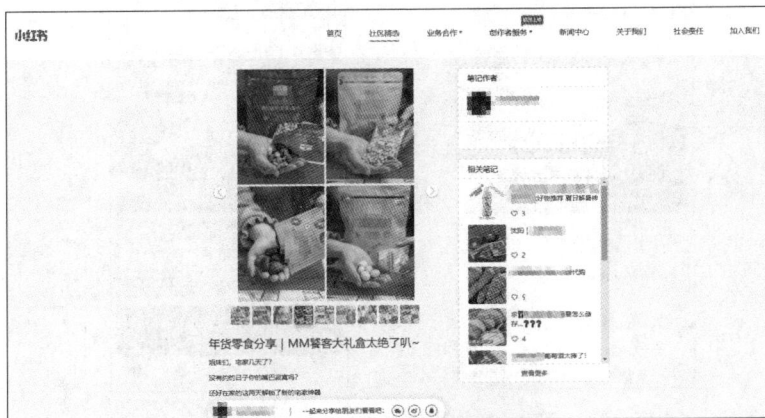

图 1-6　小红书的种草内容

（3）快手：快手的电商业务以直播带货为主，同时还推出了快手小店，如图 1-7 所示。快手具有较强的社交属性，而且用户黏性也非常高，因此，该平台的电商业务具有一定的发展空间。

图 1-7　快手小店的平台主页与店铺主页

（4）微信：微信推出了公众号微商城、小程序、微信小店等一系列电商功能，如图 1-8 所示。微信非常适合沉淀各个电商平台上获得的流量，给电商商家、实体店经营者和品牌企业提供了一个全新的销售渠道，进一步拓宽了产品的销售范围。

图 1-8　微信的部分电商功能

（5）B站（bilibili，哔哩哔哩）:B站以ACG[Animation（动画）、Comics（漫画）与Games（游戏）]起家，是一个专注于二次元内容的社区，因此，B站发展了符合其内容生态与社区氛围的电商模式，主要包括自营商城（会员购）和UP主（uploader，上传者）带货等模式，如图1-9所示。

图1-9　B站的部分电商功能

除此之外，还有大量有流量的平台在试水电商业务，如微博、知乎、豆瓣、今日头条、蘑菇街、花椒直播等，试图完成"种草"到"拔草"的闭环。这些平台布局电商业务的商业目的显而易见，都是为了获利，即使成果一般，各平台也正在努力地实现自己的"电商梦"。

正是在这种大环境下，传统电商的流量越来越少，很多企业和商家不得不转移"阵地"，借助各种新的电商平台来提升业绩。抖音正是看到了其中的机遇，在不断完善平台电商业务的同时，还推出了兴趣电商模式。

抖音电商总裁表示："兴趣电商是整个电商行业的一部分，属于一种补充，根据第三方测算，兴趣电商的GMV到2023年大概会超过9.5万亿元，整个电商行业会有越来越多的参与者转向兴趣电商，抖音拥有6亿日活跃用户，兴趣推荐技术更是传统强项，兴趣电商的机会大，抖音电商在里面的机会当然也很大。"

要知道，天猫在2021年的GMV为40 345亿元，淘宝的GMV为34 595亿元。也就是说，抖音的兴趣电商目标直指天猫和淘宝的GMV总和，兴趣电商的业绩增长将会进一步导致传统电商平台的增速下滑。在2020年11月，字节跳动公司申请了抖音电商商标，这是抖音将在电商领域深度布局的表现。

1.1.3　未来：兴趣电商的悄然兴起

在传统电商略显疲态的同时，抖音电商开启了电商消费新生态，获得了快速成长，并喊出了"没有难买的优价好物，让美好生活触手可及"的口号。图1-10所示为抖音电商近年来的动态和成绩。

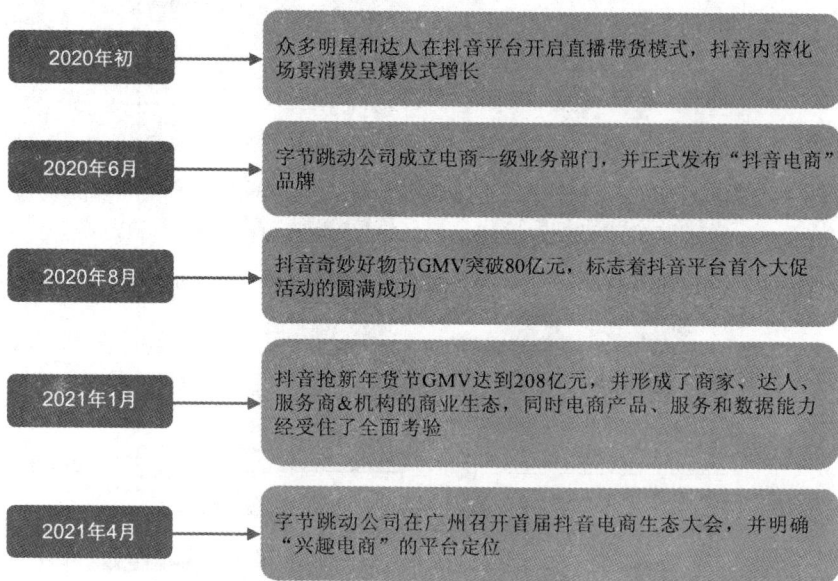

2020年初	众多明星和达人在抖音平台开启直播带货模式，抖音内容化场景消费呈爆发式增长
2020年6月	字节跳动公司成立电商一级业务部门，并正式发布"抖音电商"品牌
2020年8月	抖音奇妙好物节GMV突破80亿元，标志着抖音平台首个大促活动的圆满成功
2021年1月	抖音抢新年货节GMV达到208亿元，并形成了商家、达人、服务商&机构的商业生态，同时电商产品、服务和数据能力经受住了全面考验
2021年4月	字节跳动公司在广州召开首届抖音电商生态大会，并明确"兴趣电商"的平台定位

图1-10　抖音电商近年来的动态和成绩

也就是说，现在的抖音电商采用兴趣电商模式，通过算法机制将商品主动推荐给潜在的兴趣人群。兴趣电商与逛街类似，过去用户是需要什么才去商店买什么，而现在随着人们生活水平的不断提升，大家在逛街时可能更多的是看到喜欢的东西就直接买了。

在整个电商生态中，兴趣电商的作用非常大，因此，吸引了大量从业者向兴趣电商模式转型。兴趣电商的作用如下。

（1）对于用户来说：兴趣电商可以满足用户的潜在消费需求，帮助他们买到喜欢的商品或服务，促进生活品质的提升。

（2）对于商家来说：兴趣电商可以帮助商家快速并准确地找到商品的消费者，同时激发他们的消费需求，从而带来更大的市场和机会。

抖音电商平台基于抖音庞大的用户群和高流量，吸引了大量的带货达人、MCN（Multi-Channel Network，多频道网络）机构、商家和品牌入驻。在兴趣电商场景下，即使用户没有明确的消费需求，平台也能够通过内容来激发他们的购物兴趣，因此，这些运营者的生意也会越来越好。图 1-11 所示为抖音兴趣电商的生意逻辑。

图 1-11　抖音兴趣电商的生意逻辑

兴趣电商的核心在于直播和短视频等内容，通过推荐算法将人设化的商品内容与潜在海量兴趣用户连接起来，其购物路径为"兴趣→需求→购买"。

抖音电商平台通过深度结合内容场景与消费场景，用户可以关注自己喜欢的达人，通过达人推荐的方式发现并购买优价好物，购买用户数量得到迅猛增长。图 1-12 所示为抖音电商的用户画像分析，包括用户城市级别分布和用户年龄分布。

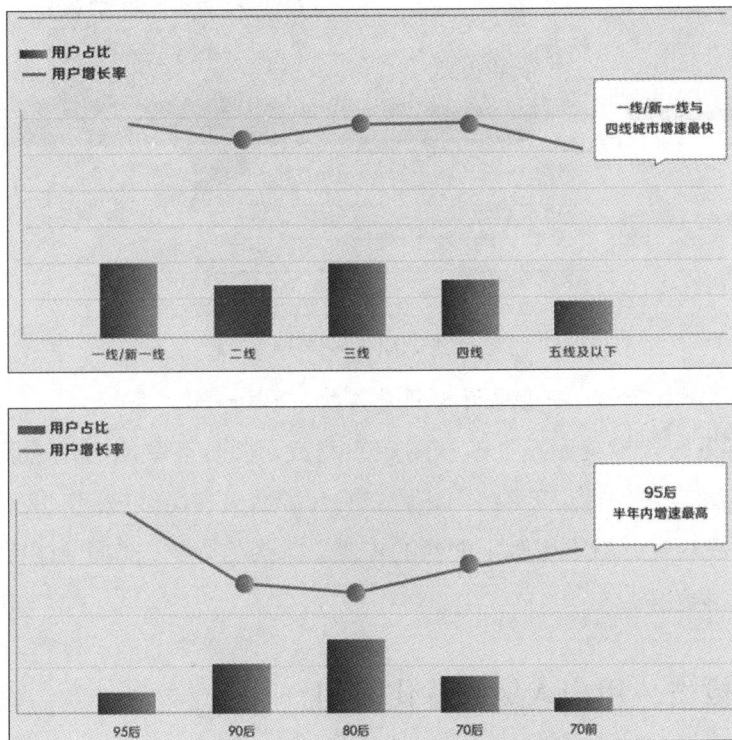

图 1-12　抖音电商的用户画像分析

数据来源：抖音电商＆巨量算数，2020—2021 年

1.2 优势凸显：兴趣电商正在改变用户的消费习惯

抖音为什么会大力布局电商业务？在相关专业人士看来，这是抖音生态的一种自然延伸现象，优质的内容和众多的用户是抖音的优势所在，而电商业务刚好可以增强彼此的联系，为用户提供更符合他们消费需求的产品，为商家和企业拓宽自身的销售渠道，进一步加速整个产业链的发展。

在抖音提供的各种官方补贴和流量扶持政策下，大量品牌商家入驻抖音电商平台，其主流电商业务——抖店的开店数量、成交额和商品总销量均获得快速提升。根据抖音官方发布的最新数据，从 2020 年 1 月到 2021 年 1 月，抖店的 GMV 在这一年增长了 50 倍 +，如图 1-13 所示。

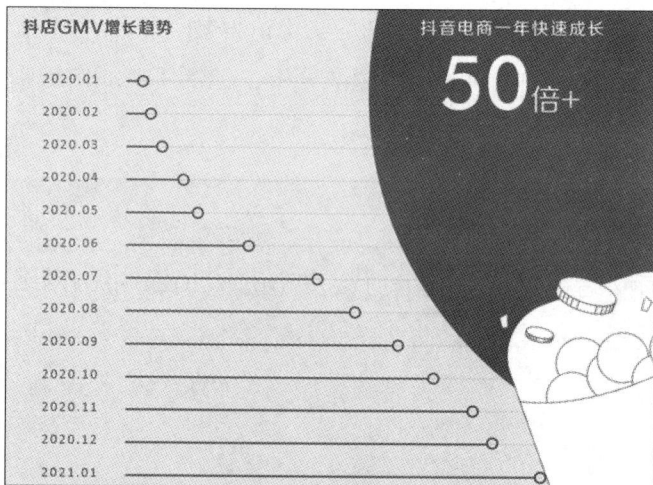

图 1-13 抖店 GMV 一年增长 50 倍 +

数据来源：抖音电商 & 巨量算数，2020—2021 年

由此可见，兴趣电商正在改变用户的消费习惯。互联网时代的用户消费习惯是不断变化的，如果传统平台一味地守旧，那么极有可能被用户淘汰。用户在变，如果你没有变，就难以跟上时代的步伐。本节将介绍兴趣电商在哪些方面比传统电商做得更好。

1.2.1 抢占：用户大量碎片化时间

如今，移动互联网的普及已经非常成熟，因此，各平台的流量红利也越来越少，存量用户的争夺成为重点。但是用户的碎片化时间是有限的，平台应该如何提升用户的黏性呢？抖音的成功给出了标准答案，那就是短视频。

根据中国互联网络信息中心（CNNIC）发布的第 48 次《中国互联网络发展状况统计报告》，截至 2021 年 6 月，我国网络用户规模达到 10.11 亿，网络视频用户达到 9.44 亿，其中有 8.877 5 亿用户看短视频，也就是说，短视频用户已占整体网民的 87.8%，如图 1-14 所示。

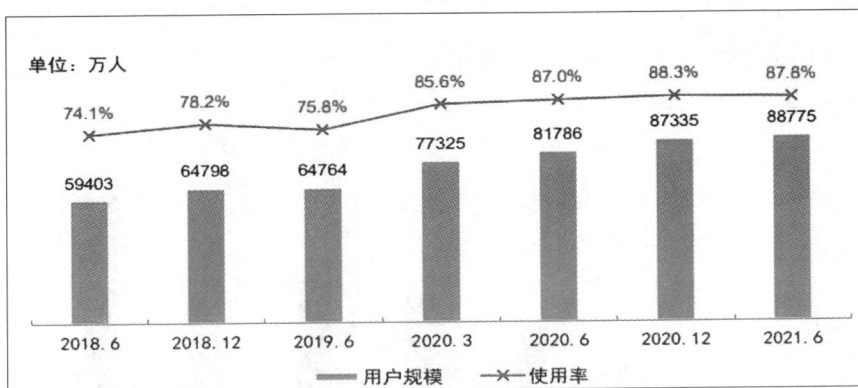

图 1-14 短视频用户规模与使用率

数据来源：CNNIC

根据中国网络视听节目服务协会发布的《2021 中国网络视听发展研究报告》，短视频行业的用户时长占比达到 29.8%，保持全行业排名第一，同时人均单日使用时长为 125 分钟，以及有 53.5% 的短视频用户每天都会看短视频节目，如图 1-15 所示。

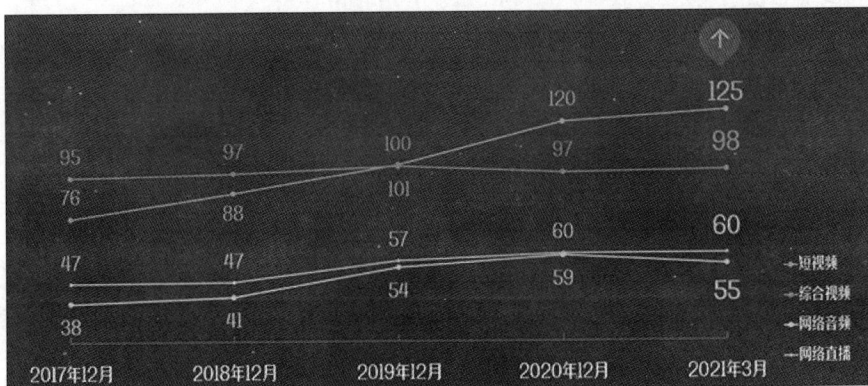

图 1-15 短视频的用户使用时长分析

数据来源：《2021 中国网络视听发展研究报告》

短视频已成为一种基本的内容消费形式，同时也成为互联网时代的一个基础应用。短视频通过与直播、电商的相互结合，让快手和抖音等短视频应用成为强大的电商平台，但两者的模式有所不同。

快手采用信任电商模式，通过短视频内容来强化用户的信任关系，从而帮助运营者积累私域流量与提升电商转化率。根据快手科技发布的 2021 财年 Q3 财报，快手电商 GMV 达到 1 758 亿元，同比增长 86.1%，其中快手小店贡献超过 90%。同时，快手平台的日活跃用户的日均使用时长也得到了快速增长，说明平台用户黏性高的优势，相关数据如图 1-16 所示。

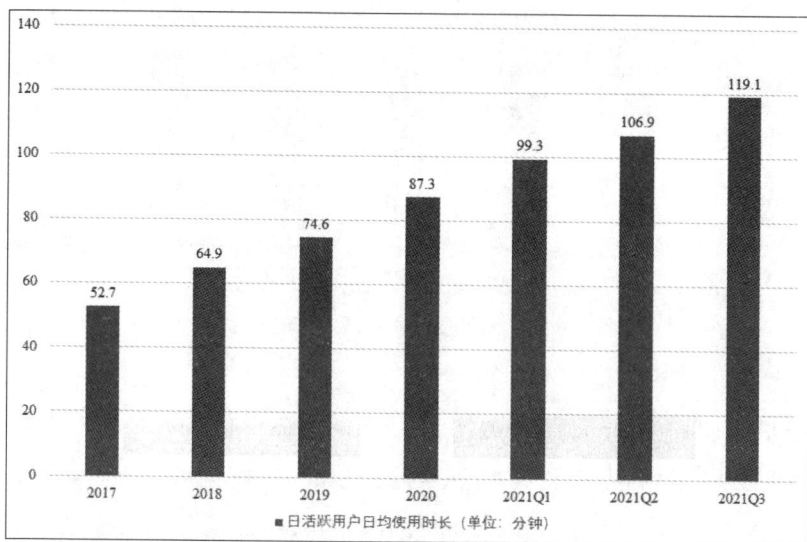

图 1-16　快手平台的日活跃用户日均使用时长分析

数据来源：快手财报

抖音采用兴趣电商模式，通过多元化的内容加上个性化的推荐算法，让用户在刷短视频的同时，可以发现更多的优价好物，以此来创造消费动机。兴趣电商与传统电商的侧重点不同，传统电商侧重于"还能买这些"，而兴趣电商则侧重于"在这儿也能买"。

传统电商的优势在于交易部分，可以满足用户刚需，而且也已经培养了用户习惯，同时还在积极布局内容电商生态。例如，淘宝推出了短视频和直播带货功能，就是为了进一步抢占用户的碎片化时间，挖掘用户的潜在消费需求，如图 1-17 所示。

抖音兴趣电商的优势则在于，平台已经积累了众多的短视频内容，在内容中可以"种草"和带货，用户看到后可以立即在平台上下单。因此，抖音在内容和流量的基础上增加了电商属性，强调"你偶然发现的好物在抖音上也能买"。在抖音的兴趣电商模式下，各种"种草"视频进入大众视线，大幅抢占用户的碎片化时间。

抖音和淘宝虽然都有短视频内容，但两者面对的挑战却完全相反。淘宝拥有完整的电商产业链，但内容入口不够明显，同时内容对 GMV 的作用也有待加强。而抖音的挑战则在于需要加强一系列电商服务，如物流、支付和品类等。

图 1-17　淘宝的短视频和直播间信息流

不可否认的是，在互联网时代，用户的注意力就是购买力，用户在花大量时间看抖音、快手等短视频时，难免就会减少逛淘宝、京东的时间。如果用户刚好在短视频中看到自己感兴趣的东西，那么他就会直接购买，从而降低了传统电商的销售量。

1.2.2　用户：强烈的内容消费需求

不管是过去的纸质媒体或电视媒体，还是如今手机上的图文、短视频和直播内容，用户对于内容的消费需求一直都是存在的，已成为人们日常生活的一部分。用户可以不去淘宝、京东购物，但是却离不开内容。

内容的形式非常丰富，如文字、图片、视频、音频等。最简单的例子，很多人每天都会去看微信朋友圈，这其实也是一种内容消费方式。很多用户手机中也安装了各种各样的内容消费 App，如图 1-18 所示。

图 1-18 各种各样的内容消费 App

而抖音本身就是一个生产大量内容的平台，丰富的内容也带来了超高的 DAU、超长的使用时长和超强的用户黏性。更重要的是，抖音通过短视频培养了用户心智，让用户将刷短视频当作生活中必不可缺的一种娱乐消遣方式。

对于用户来说，在无聊的时候，更多的是打开抖音看看短视频，而不可能去看淘宝上的短视频内容找乐子。虽然淘宝也在布局内容电商模式，从原先的强商品属性开始不断尝试内容化建设，先后推出了淘宝头条、有好货、必买清单、爱逛街、逛逛等内容功能和板块，如图 1-19 所示。试图将用户"买东西上淘宝"的习惯彻底变成"要逛街上淘宝"。

图 1-19 淘宝逛逛板块

用户的认知或心智一旦养成习惯，往往是很难改变的。因此，淘宝的内容电商之路并不顺利。而兴趣电商则可以绕过这个门槛，首先平台给用户推荐的内容都是用户感兴趣的，然后通过短视频或直播内容这个消费场景，激发用户对产品的购买欲望，这样更容易产生交易行为。

1.2.3 衔接：站外"种草"与站内"拔草"

"种草"是指通过图文、短视频等内容展示商品的外观、功效或使用体验，或者提供客观的商品评测等内容，使用户对内容中的商品产生购买意愿，做出购买决策。优质的"种草"内容具有以下四个特点，如图 1-20 所示。

"种草"内容可以让用户对商品产生兴趣，"草"字通常可以理解为长势很凶猛的购买欲望。而"拔草"是指当用户相信"种草"内容中推荐的商品，产生下单购买行为。

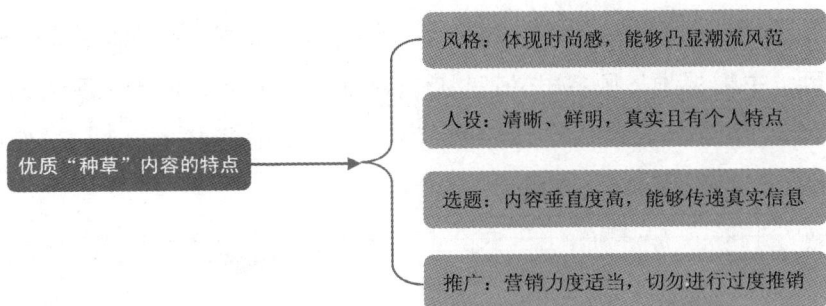

图 1-20　优质"种草"内容的特点

兴趣电商可以实现"种草"和"拔草"的无缝衔接。其实，"种草"这种内容营销方式早已在互联网上流行，很多博主过去就是通过在小红书、微博等站外平台上"种草"，然后在淘宝站内进行收割。

传统电商的"种草"模式有个非常明显的缺点，即用户的购物路径太长，因此，用户流失的现象非常严重。而对于兴趣电商来说，商家可通过短短 15 秒的短视频"种草"内容，让用户更直观地了解商品，极容易引起用户的购买兴趣。

1.2.4 内容：成为最佳商品详情页

抖音的短视频和直播内容可以说就是最佳的商品详情页，让消费内容与商品广告的界限变得非常模糊，如图 1-21 所示。

图 1-21　将短视频作为商品详情页

　　这也是为什么淘宝、京东、拼多多等平台大力发展主图视频和商品详情视频的原因。主图视频，顾名思义就是在主图前面的视频，位于主图的第一个位置，如淘宝、拼多多、京东等电商平台都上线了主图视频功能。图 1-22 所示为京东平台上相关产品的主图视频。

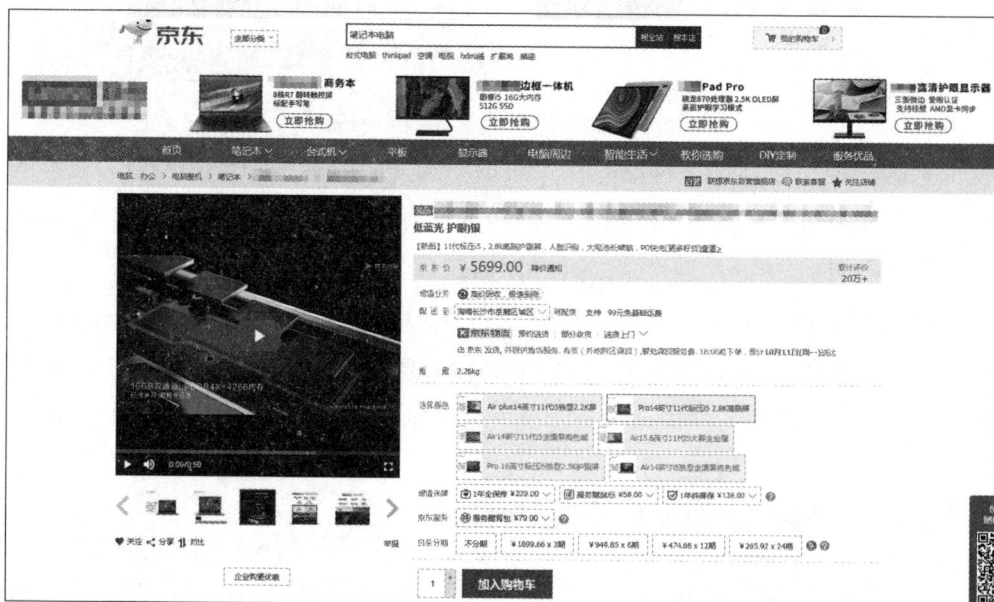

图 1-22　京东平台上相关产品的主图视频

商品详情视频通常位于商品详情页的顶部位置，可用于展示商品详情页的全部内容，如图 1-23 所示。商品详情视频能够有效利用手机屏幕可以聚焦信息的特点，为消费者提供一个更加纯粹、直观的购物场景，让他们通过视频即可充分了解商品的方方面面。

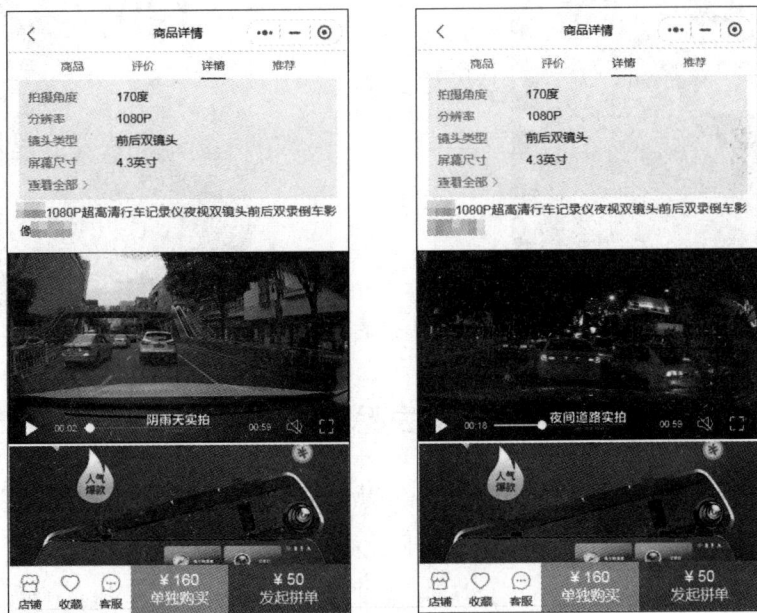

图 1-23 拼多多平台上的商品详情视频

> 专家提醒：商家可以将自己的商品更好地融入视频中，同时可以对短视频内容的创作更加灵活多变，从多个角度来提升商品的形象，更好地建立与用户之间的信任关系。

1.2.5 体验：激发用户的下单欲望

兴趣电商通过短视频和直播为用户带来场景化的消费体验，更容易促使用户下单。例如，用户在逛商场时，销售人员通常会说："这件衣服穿在你身上会很显身材。"这就是在给用户构建一种场景体验，让用户在潜意识里幻想自己穿上这件衣服后的场景，通过场景激发用户的兴趣。

抖音的兴趣电商也是类似的消费体验，用户在抖音或抖音盒子等平台上漫无目的地刷短视频或看直播，运营者可以通过短视频和直播将商品的特点和场景化体验完整地呈现出来，这种场景化体验是图文无法比拟的，如图 1-24 所示。

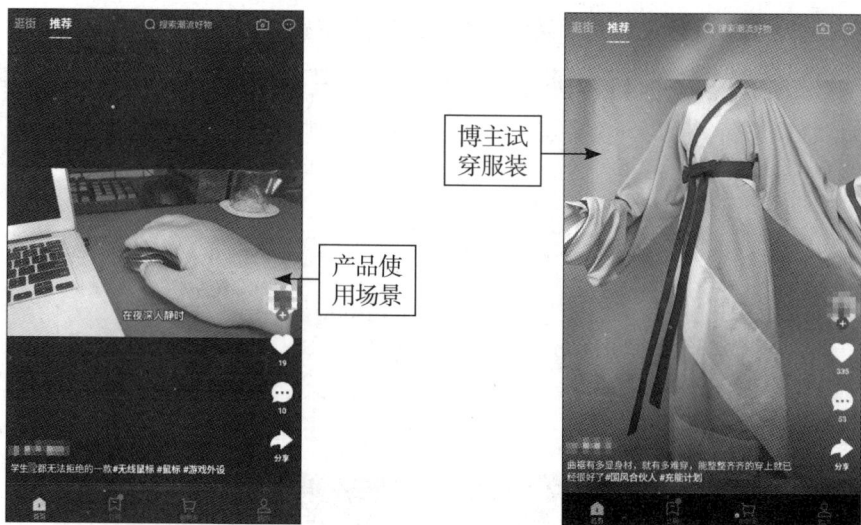

图 1-24　场景化的消费体验示例

1.2.6　标签：精准的推荐算法逻辑

抖音电商采用一种基于用户标签的精准推荐算法，甚至可以毫不夸张地说，抖音有时候比你自己更清楚你喜欢看什么内容和想要买什么东西。

举个简单的例子，某个用户天天在抖音盒子上刷家居生活类的视频，而且通常每个视频都会看完。那么，算法机制就会根据这个用户的兴趣，重点给他推荐家居生活类的内容，如图 1-25 所示。

图 1-25　算法机制会根据用户的兴趣来推荐内容

1.2.7 逻辑："货找人"带来惊喜

不同于传统电商的"人找货"模式，兴趣电商是基于"货找人"的商业逻辑。过去，用户在逛淘宝时通常是有非常明确的购物需求的，他会根据这个需求去搜索和选择自己要买的商品。

例如，某个用户的手机数据线坏了，想买一根新的，他就会主动去淘宝或京东上搜索相应手机的数据线。但是，面对海量的同类型商品，用户很难去选择，而且最终也无法确保自己买的商品质量是不是最好，功能是不是适用，价格是不是最低。因此，这种主动搜索商品的方式，很难给用户带来消费的惊喜和冲动。

而在兴趣电商模式下，用户在抖音或抖音盒子上刚好刷到一个数据线的"种草"视频，不仅可以满足所有的机型，而且长度还可以调节，收纳也非常简单，方便的不仅是充电，更是帮助用户免去了收纳一堆乱七八糟的数据线的烦恼，如图 1-26 所示。当用户看到这样的视频，不管他有没有需求，都会觉得惊喜和心动。

兴趣电商和传统电商的区别可以用一句话来概括，"传统电商终结用户需求，而兴趣电商则创造用户需求"。兴趣电商依赖的不是用户的主动购物需求，用户可能根本就没有消费动机；兴趣电商也不同于快手的信任电商模式，因为用户与带货的博主根本就不认识。

图 1-26 数据线的"种草"视频

兴趣电商是通过场景来激发用户需求，通过标签来精准匹配产品和用户需求，可以说是一个传统电商和社交电商还未涉及的增量电商市场，想象空间非常广阔。

1.2.8 活动：让"双十一"变得日常化

过去，人们购买大件商品时常常会等到京东618或者天猫"双十一"等大促期间，因为这时平台的优惠力度非常大。

如今，直播间里不用等到大促，每天都有各种各样的促销活动和折扣商品，如秒杀、满减、限时限量购等活动随处可见，如图1-27所示，让用户不再依赖传统电商的大促了。

图1-27 直播间的促销活动

直播带货的出现，让"双十一"这种电商大促活动变得更加日常化，短视频平台也会经常推出各种电商活动来增强消费氛围。

1.3 模式重构：兴趣电商对于传统商业模式的改变

在兴趣电商模式下，用户的下单行为并不是生意的终结，而是生意的开始。抖音电商通过不断完善平台的基础能力、产品品类和服务体系，持续保障消费者的权益，为用户提供优质的购买保障和客服体验，令美好生活离用户更近，让用户在平台上持续释放自己的消费能力，成为用户发现并获取优价好物的首选平台。

因此，兴趣电商将会成为一个未来趋势，为每个创业者带来机会。当然，兴趣电商目前并不会取代传统电商，而是通过对传统电商模式的重构，为商家提供更好的经营环境，同时为用户带来更好的购物体验，以及为内容创作者带来更多的收益。

1.3.1 重构 1：用户关系

与传统电商的图文内容相比，兴趣电商的短视频和直播等内容形式，能够进一步增强用户的信任关系。同时，运营者可通过内容更好地打造自己的人设，以及增强用户对账号的信任感，进而提升用户黏性。

如图 1-28 所示，该运营者就塑造了一个"服装源头工厂店"的账号人设，这种方式比明星代言的真实度更高，更容易获得用户的信任。

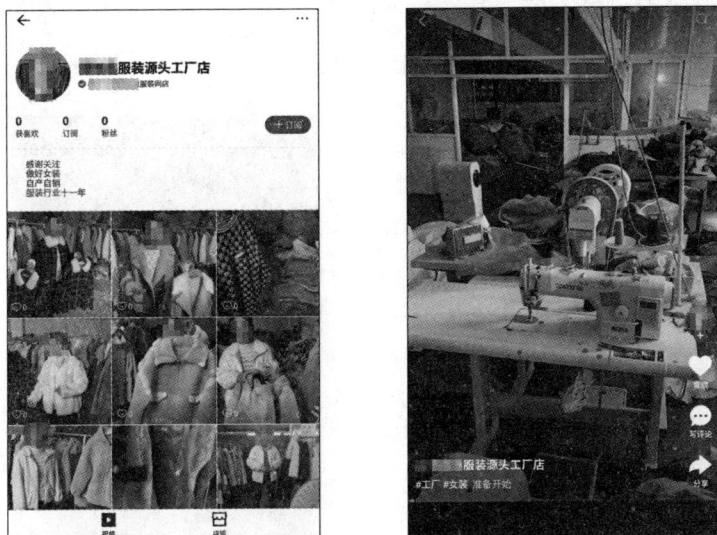

图 1-28 "服装源头工厂店"的账号人设

因此，兴趣电商的买卖关系是基于信任产生的，一旦用户通过商家发布的内容成为他的粉丝，说明用户喜欢这个内容，同时对内容中"种草"的商品感兴趣，那么后面的购买往往也是水到渠成的。

再看看淘宝或京东等传统电商平台，对于用户来说，这些平台上的"商家和店铺"就是纯粹的"商家和店铺"，是不存在人设和感情的，用户与商家的关系也都是单纯的买卖关系。

1.3.2　重构2：营销推广

兴趣电商的营销推广不再依赖于站内的付费流量，而是通过将短视频或直播等内容作为传播场景，实现与用户消费场景的无缝衔接，为商品带来更多销售机会。

在传统电商时代，传播场景和消费场景是分开的。例如，用户在微博上看到某企业发布的一款新产品，需要记住商品名字和款式，然后再去淘宝或线下门店购买。在这个过程中，用户的流失率非常大，这是因为用户虽然对产品有了兴趣但却无法马上获得，因此，这个兴趣仅仅停留在营销层面。

而抖音的兴趣电商却将内容传播场景和用户消费场景进行融合，给用户带来"内容即广告、内容即购买"的购物体验。例如，用户在办公室午休时拿出手机刷抖音，打发无聊的时间，系统给他推荐了一个视频，视频里的人正在用一款无线充电支架给手机充电，如图1-29所示。

图1-29　无线充电支架的短视频

用户忽然想到，每次上班都忘记带充电器，手机没电时非常影响工作。视频中介绍的这个充电器好像挺实用，而且不需要数据线，还可以当作手机支架和插排用，办公桌也不会显得很凌乱。于是用户决定买来试试，并直接通过抖音商品橱窗下单，这就是兴趣电商的真实写照。

营销学上有一句话很适合用来描述兴趣电商："用户买的不是产品本身，而是产品所能解决的痛点"。在兴趣电商平台上，好的内容就是产品最好的营销推广方式，能够快速吸引用户、建立用户认知和沉淀用户价值。

1.3.3 重构3：合作方式

抖音电商平台的运营者类型非常多，包括商家（企业、品牌、实体店主、网店卖家）、达人［图文博主、短视频博主、直播主播、KOL（Key Opinion Leader，关键意见领袖）及各行业的精英］、MCN机构和服务商等。

针对这些合作伙伴，平台发布了"百应新引力计划""星云计划""种子计划"等多项扶持政策，如图1-30所示。并对电商的服务工具和营销活动进行升级，为运营者提供全方位的支持，帮助合作伙伴打开产品销量新通路。

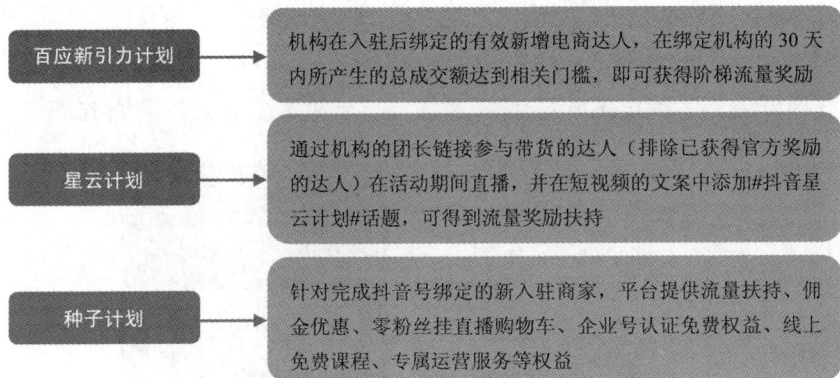

图 1-30　抖音电商平台的多项扶持政策

在抖音电商首届生态大会上，不仅推出了多项扶持政策，而且平台还将从专项扶持、服务商体系和多维培训等多个方面为商家和达人等合作伙伴提供支持，同时制定了相应的年底目标，具体内容如下。

帮助1 000个商家实现年销破亿元的目标，其中包括100个新锐品牌。

帮助10万个优质达人实现年销10万元的目标，其中包括1万个达人年销破千万元。

帮助 100 款优质商品年销破亿元的目标。

抖音电商从服务到产品功能全方位向合作伙伴提供支持，并降低了商家的入驻门槛，吸引更多合作伙伴布局抖音电商。抖音电商在助力合作伙伴实现内容电商新成长的同时，也在逐渐完善自身的商业化供给链路，同时为用户提供了丰富的内容和满足他们的消费需求。

1.3.4 重构 4：社交渠道

抖音电商通过接入更多的社交功能，不断降低关系链的迁移成本，并提升用户黏性和使用频率。总的来说，抖音电商的社交是一种"半熟人社交"模式，主要通过社交关系来加持"种草"内容。

同时，抖音电商的社交圈是一种相对开放的状态，除了好友之间的互动外，还可以获得陌生人的关注和点赞，能更好地满足用户被他人关注的需求，从而进一步沉淀社交关系。

以抖音 App 为例，其社交发现方式包含朋友推荐、扫一扫、抖一抖、口令、二维码等渠道，如图 1-31 所示。抖音 App 的社交发现方式既包含线下关系的线上化和已有关系的迁移，又包含互动列表的社交 push（推送），同时加上抖音强势的推荐算法，可满足不同场景下的熟人和半熟人社交关系网络的缔结。

图 1-31　抖音 App 的社交发现

1.3.5　重构 5：传统行业

抖音的兴趣电商除了对传统电商产生影响外，还对很多传统互联网行业产生了不小的冲击，包括但不限于旅行、住宿、餐饮、外卖、音频和中长视频等领域。

例如，用户可通过抖音 App 订酒店和团购美食，如图 1-32 所示。过去，用户通常使用携程、美团或饿了么等应用来做这些事，现在抖音也可以轻松实现，而且还可以领券下单。

图 1-32　通过抖音 App 订酒店

再如，抖音 App 正在内测的音频功能，可以让用户开启"听视频"模式，如图 1-33 所示，显而易见就是直接对标的喜马拉雅。

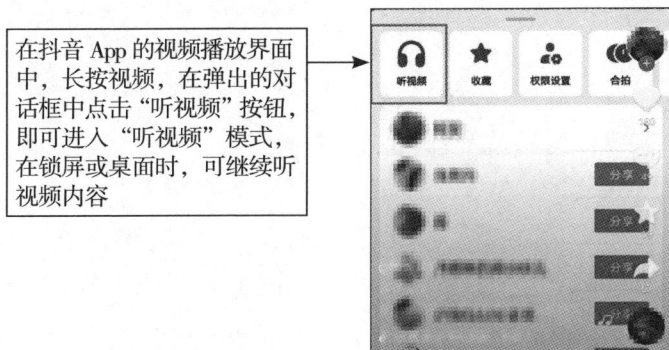

在抖音 App 的视频播放界面中，长按视频，在弹出的对话框中点击"听视频"按钮，即可进入"听视频"模式，在锁屏或桌面时，可继续听视频内容

图 1-33　抖音 App 的"听视频"功能

随着抖音电商平台上的内容越来越丰富，电商的业务范围也会变得越来越广，必然会冲击传统互联网行业的市场。抖音电商给传统行业提供了一个全新的平台，一个巨大的流量池，同时也让众多的企业、品牌、商家和创业者从中获取收益。

第**2**章

抖音盒子：
承载"字节电商"
之梦

在抖音提出兴趣电商的概念后不久，2021 年底又接着推出了抖音盒子 App，进一步完善了抖音的电商体系，并承载了字节跳动的"电商独立"之梦。本章主要介绍抖音盒子推出的原因及面临的挑战，以及兴趣电商能否成功落地？

2.1 电商之路：盘一盘抖音盒子的"前世今生"

抖音盒子是抖音推出的一款定位为"潮流电商"的平台，主要消费人群为年轻人，同时这也是字节跳动第一次做独立电商应用的尝试。抖音盒子初期主要是抖音平台上一些带货达人和商家在进行"种草"推广，后期很大可能将会通过抖音、今日头条等其他字节系 App 为其引流。

从功能上来看，抖音盒子就像是"抖音＋小红书＋得物"的一个结合体，不仅融入了抖音的直播和短视频内容，而且还添加了类似小红书的"种草社区"及得物的"全球潮品"定位。

抖音盒子的推出是抖音电商业务拓展的必然结果，字节跳动的最终目标在于将其打造成能够对标淘宝或京东等"头部产品"的综合性电商平台。那么，字节跳动为什么推出抖音盒子呢？抖音盒子的出现会改变未来的电商市场格局吗？本节将分析抖音盒子的"前世今生"，带大家找出这些问题的答案。

2.1.1 历程：字节跳动的 8 年电商之路

字节跳动在电商领域已经探索了 8 年之久，从最初的"今日特卖"，到后来的"放心购""值点商城"，再到如今的抖音小店和抖音盒子，就像是阿里巴巴的"社交梦"一样，字节跳动的"电商梦"一路走来从未放弃。

1. 今日特卖

2014 年，字节跳动基于今日头条平台推出了"今日特卖"电商板块，这是一个电商导购功能，主要通过今日头条来为第三方电商平台导流，如图 2-1 所示。

"今日特卖"是字节跳动试行电商的第一次探索，采用类似淘宝客的佣金模式。运营者可以在该平台上插入天猫、京东、唯品会、1 号店等平台的商品链接。在今日头条的"推荐"界面中，采用消息流的形式来展现"今日特卖"板块中的推广商品。当用户点击商品链接后，即可跳转到相应的电商平台完成购买行为。

2. 京条计划

2016 年，字节跳动旗下的今日头条已成为紧跟腾讯的第二大流量池，也希望通过电商业务来充分发挥流量价值。2016 年 9 月 27 日，字节跳动与京东宣布推出"京条计划"，京东在今日头条 App 上开设一级购物入口"京东特卖"，为京东及其平台上的商家导流。

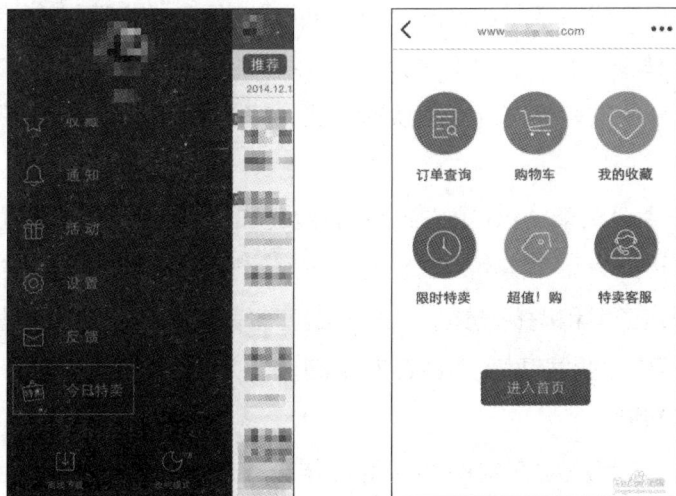

图 2-1 "今日特卖"的入口和主要功能

3. 放心购

2017 年 9 月，字节跳动再次涉足电商业务，在今日头条 App 中上线了"放心购"栏目，如图 2-2 所示。后来，"放心购"又被拆分成"放心购 3.0"和"放心购鲁班"两个产品线。其中，"放心购 3.0"主要负责传统电商业务；"放心购鲁班"则类似于淘宝直通车，在推荐页上展示广告产品。

图 2-2 "放心购"主界面和带货内容

"放心购"主要依托自媒体平台的流量，商家可以与头条号达人进行付费合作，或者运营自己的头条号，通过发布文章的形式导流到商品页面，引导用户直接在线支付。在今日头条号后台的"发表文章"页面，除了可以插入图片、视频和音频等多媒体文件外，还可以把第三方平台的商品链接插入文章中，这样用户即可点击文章中的商品图片实现快速购买，同时带货达人也可以获取成交佣金收益。

当用户在今日头条 App 上看到运营者发布的内容后，只要点击其中的商品卡片，即可跳转到商品详情页，实现购买行为。通过这些在内容中嵌入电商的功能，打通了阅读场景和消费场景，头条号运营者可以向自己的粉丝推荐他们感兴趣的内容和产品，同时拓展更多的盈利空间。

4. 值点商城

2018 年，字节跳动在电商领域的动作越来越多。2018 年 9 月，今日头条推出一款非常纯粹的头条系电商产品——"值点商城"，其定位为"以用户为友，提供更好商品，更低价格和闭环服务"，如图 2-3 所示。今日头条通过"值点商城"推出不同人群的细分电商产品，以满足越来越个性化和多元化的用户消费需求。

图 2-3　"值点商城"平台

"值点商城"是字节跳动电商业务布局中的一个重要应用，背靠今日头条的"值点商城"，其流量优势十分显著，再加上今日头条本身的品牌号召力，吸引了大量的头条号达人入驻。

兼容了电商功能与生活资讯的"值点商城"平台，一方面，可以提升用户黏性，延长他们的使用时间，从而促进更多的电商交易行为；另一方面，"值点商城"还可以打通自媒体和电商数据，让今日头条的推荐算法更加精准，甚至可以做到让商品自己去找消费者。

与此同时，字节跳动也开始发力抖音电商，在抖音 App 中全面开放"购物车"功能，还支持达人搭建自己的店铺。同时，抖音和淘宝达成合作，通过抖音为淘宝导流，抖音迅速发展成为字节跳动的电商"新沃土"。

5. 加强抖音电商的布局

2019 年，字节跳动再度加强抖音电商的布局，在升级"放心购"品牌的同时，还打通了抖音电商与"值点商城"业务，并上线了"小米商城""京东好物街"等多款电商小程序及头条小店，同时还向所有用户开放商品橱窗功能。

其中，头条小店是字节跳动针对内容创作者推出的一个全新电商获利工具，运营者入驻后，可以同时在今日头条、西瓜视频、抖音、火山小视频等平台的个人主页中显示店铺标签，如图 2-4 所示。头条小店支持个体工商户和企业入驻：个体工商户仅支持在线支付形式，需要提供资质信息和店铺信息审核；企业入驻可以支持货到付款和在线支付两种结算形式，而且只需提供资质信息审核即可。

头条小店可以帮助内容创作者拓宽内容获利渠道，运营者可通过微头条、视频、图集、直播和文章等内容来曝光商品，如图 2-5 所示。吸引粉丝购买，增加用户黏性，提升流量价值。同时，不是粉丝的用户也可以通过购买后直接转化为粉丝，从而形成完整的流量闭环。

抖音也进一步将直播权限的门槛降低，没有粉丝人数的限制，同时打通直播间和购物车，让运营者可以直接通过直播带货获利。但是，字节跳动在当年的直播电商销售数据并不理想，整个抖音电商的全年 GMV 仅达到 100 亿元左右，而淘宝直播电商的 GMV 高达 1 800 亿元，快手直播电商的 GMV 也有约 350 亿元。

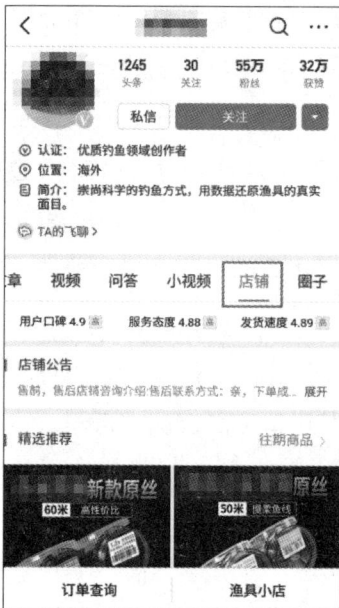

图 2-4　头条号店铺入口

图 2-5　微头条展示形式

6. 谋求更大的独立性

在 2019 年底推出抖音小店后，字节跳动开始逐步做自己的独立电商应用，并减少了对淘宝等第三方电商平台的依赖。

2020 年 6 月，字节跳动正式成立电商事业部，并正式将抖音作为落实电商战略业务的核心平台。同时，抖音电商推出"精选联盟"平台，更好地撮合商家和达人之间的合作，并推出猜你喜欢、搜索等功能，增加商品的流量曝光。

2020 年 10 月，抖音全面禁止了第三方平台的产品链接，直播间购物车只能挂抖音小店的商品，这一动作意味着抖音小店的红利期已经到来，同时降低了用户流失率。

2021 年，字节跳动为商家推出了抖店、巨量百应、巨量千川和抖店罗盘等经营工具，如图 2-6 所示。越来越多的品牌在抖店开设新阵地、开拓新人群、收获了生意新增长。

2021 年 12 月，字节跳动不仅推出了抖音盒子这个独立电商 App，还在短视频评论区开放了抖音小店的推广功能，以及在抖音 App 首页内测商城入口。从平台上来讲，抖音电商不缺流量、不缺资源，毫无疑问，抖音电商是字节跳动可继续深挖的业务线之一。

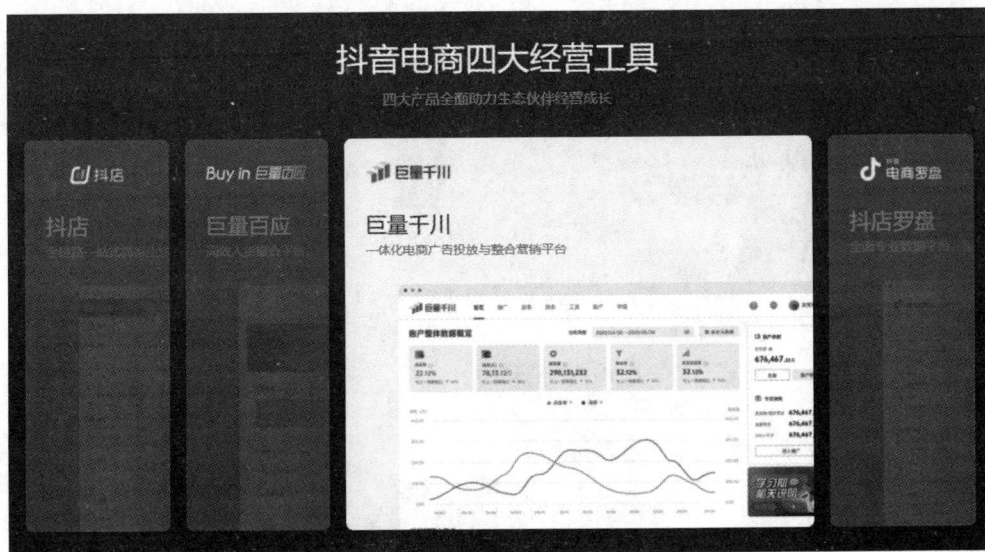

图 2-6 抖音电商的经营工具

2.1.2 分析：字节跳动做电商有何胜算

互联网平台常用的获利方式包括广告、游戏和电商，以传统互联网"三巨头"为例，百度的主要获利方式为广告，腾讯的主要获利方式为游戏，而阿里巴巴的主要获利方式为电商。

字节跳动的流量已经不输于传统互联网"三巨头"，这也让它有了多元化获利的基础。字节跳动的广告业务增长良好，游戏业务还处于探索阶段，电商业务则成为继广告之后最有可能成功的一个获利方式。

一直以来，电商体系最重要的供应链环节都被阿里巴巴牢牢掌控着，而抖音仅仅是其中的一个流量供应方，源源不断向第三方电商平台输送精准的目标消费群体。仅从电商平台的结构来看，"人、货、场"是不可缺少的三个要素，字节跳动已经具备了"人"（6亿＋DAU）和"场"（短视频＋直播带货）两个要素。

而字节跳动开发独立电商应用和建立电商品牌，就是在弥补"货"的缺陷。目前，字节跳动还没有强大的供应链体系和物流配送体系支持，同时抖店还处于成长阶段，单纯依靠抖店来提供货源很难满足所有用户的消费需求。

2020年，字节跳动通过全资收购方式拿下支付牌照和小贷牌照，打破了多年来互联网"三巨头"的固有格局，建立了"短视频→直播→电商→交付"的完整商业闭环，并基于兴趣电商走出一条不同于传统电商的商业道路。图 2-7 所示为兴趣电商的用户转化流程。

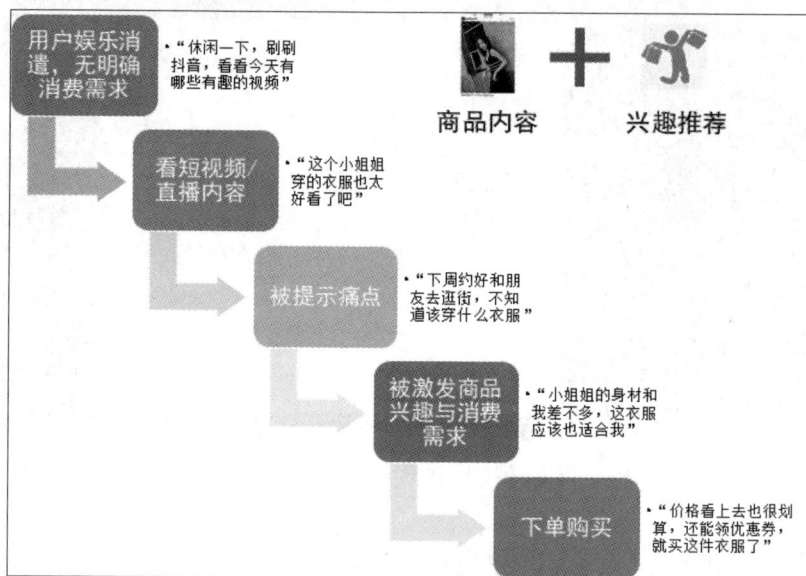

图 2-7　兴趣电商的用户转化流程

当然，抖音原则上还是一个内容平台，如果要做电商业务，还需要完善售后服务、物流配送和订单追踪等电商环节，同时还需要加强内容监管和剔除虚假产品。在众多互联网巨头争夺的电商市场中，抖音只有创造出更新颖的商业模式，才可能真正突出重围。

前有淘宝、京东、拼多多等电商巨头阻拦，后有快手、小红书等步步紧逼，抖音盒子能否承载起字节跳动的"电商梦"，无疑是还有很长的路要走。

2.1.3　转型：从"导流"到"自营"

在进行独立电商业务布局之前，抖音的电商业务基本上都是以导流外部电商平台为主，通过与淘宝、京东、拼多多等第三方电商平台合作，将其商品链接挂到直播间购物车或商品橱窗中，如图 2-8 所示。

同时，抖音电商还推出了精选联盟和抖音小店等平台，如图 2-9 所示，逐渐摆脱对第三方电商平台的依赖。字节跳动希望通过打造抖音电商平台来掌握电商的整个交易环节，避免流量外流，以扩大自身的电商交易规模。

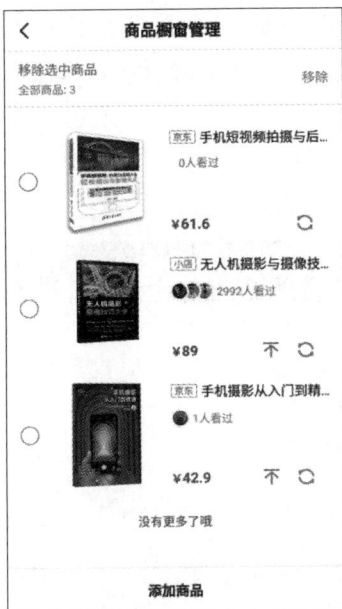

图 2-8　在商品橱窗中接入京东的商品

图 2-9　抖音电商推出的精选联盟平台

随后，字节跳动通过整合抖音、今日头条、西瓜视频等多个内容平台的电商业务，成立了电商业务部门，同时开始从"导流"加速转型为"自营"。为此，字节跳动的电商业务进行了一系列调整，如关闭商品外链和加大自营电商平台的扶持力度等，以及推出了巨量千川营销平台，用于提升图文、短视频和直播等内容的带货转化效果，如图 2-10 所示。

图 2-10　巨量千川营销平台

在字节跳动的积极转型下，抖音电商获得了飞速发展，同时将 2022 年的 GMV 目标设定为 2 万亿元，这个数据已经超过拼多多 2020 年全年的交易总额。

根据 2021 年的"抖音双 11 好物节"数据，总体累计看播人次达到 395 亿，品牌成交额破千万元（含破亿元）的品牌达到 577 个，单场成交额破千万元（含破亿元）的直播间达到 282 个。

抖音电商还在积极扩张物流、支付等电商供应链业务，打造全新的"电商版图"。例如，抖音过去都是通过微信和支付宝进行支付，为了打通电商闭环，抖音电商在支付方面获得了重大突破，在 2020 年 8 月正式获得支付牌照，并于 2021 年 1 月 19 日在抖音 App 内正式上线抖音支付功能，进一步简化了下单路径，如图 2-11 所示。

从 2022 年开始，抖音正在加码完善物流配送，在与各大快递公司展开合作的同时，还将推出自己的快递服务"音尊达"，用于降低物流原因导致的品退率与提升用户复购率。抖音所有的这些操作，无不都是在为自己的独立电商 App——抖音盒子铺路，至于结果如何，大家拭目以待吧！

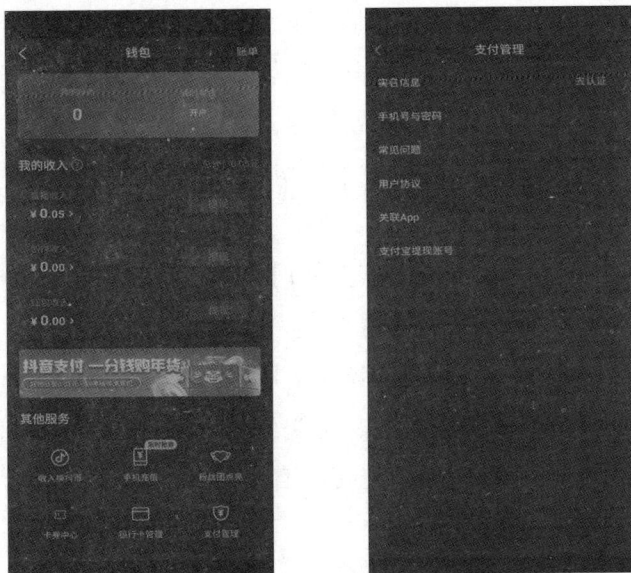

图 2-11 抖音支付功能

2.1.4 升级：从"被动"到"主动"

字节跳动在抖音和抖音盒子等 App 中都加入了商品搜索功能，从"被动种草"升级为"主动搜索"，以培养平台用户的购物习惯，如图 2-12 所示。

图 2-12 抖音的商品搜索功能

也就是说，抖音在兴趣电商的基础上，加入了传统电商的基本功能，可以更好地提升用户的购物体验。兴趣电商的优点在于被动推荐，给用户带来惊喜感，但缺点在于推荐算法有一定的局限性，并不能完全了解用户实时的购物需求。主动搜索则可以让有明确购物需求的用户通过搜索框找到自己想要的商品。

另外，兴趣电商还有一个不足之处，那就是流量的稳定性和均衡性较差。例如，运营者发布的视频如果成为爆款，则能够为视频中的商品带来极大的流量和转化。但是，爆款有一定的"时间效应"，热度通常只会维持一个星期左右，而且那些没有成为爆款的短视频，其带货的商品可能也就无人问津了。

字节跳动在抖音电商中加入搜索功能，显而易见是想将其打造成一个综合性的电商平台，让内容电商和独立电商互相补充和赋能。

2.1.5　概念：抖音盒子是什么

抖音盒子的定位是"潮流时尚电商平台"，在其应用描述中，软件介绍内容为："围绕风格、时尚、购物，从街头文化到高端时装，从穿搭技巧到彩妆护肤，和千万潮流玩家一起，捕捉全球流行趋势，开启潮流生活"。图 2-13 所示为抖音盒子的应用介绍。

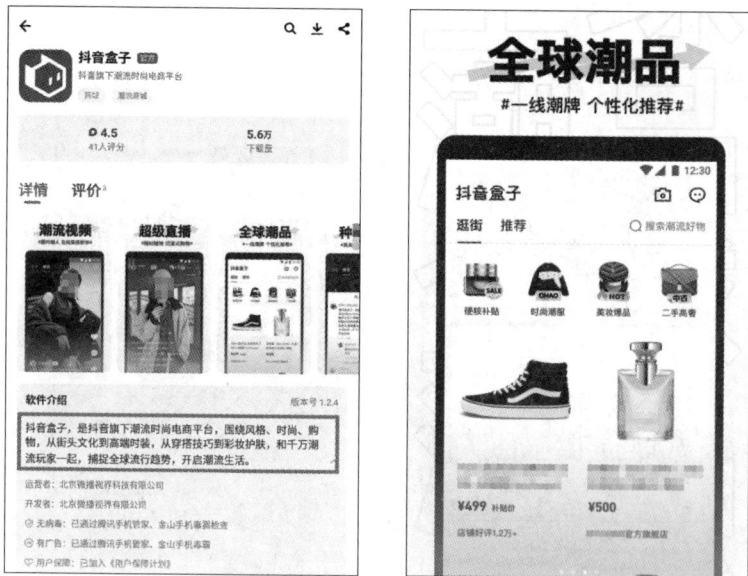

图 2-13　抖音盒子的应用介绍

从图 2-13 中可以看到，"潮流""风格""时尚""流行"等字眼不断被提及，可见其重点用户人群在于一二线城市中的年轻人群体，这一点与抖音当初的产品定位如出一辙。图 2-14 所示为抖音初期的 slogan（口号）。

图 2-14　抖音初期的 slogan（口号）

截至 2022 年 2 月，抖音盒子官方号的关注量已超过 100 万，而且粉丝多为电商行业的相关从业者，如图 2-15 所示。

图 2-15　抖音盒子官方号的关注量

另外，抖音盒子还添加了搜索入口，让商家能够通过优化关键词获得更多搜索流量。同时，抖音电商完全打通了抖音盒子与抖音小店两者的电商功能，在抖音小店中上架的商品基本都能在抖音盒子中搜到，并且还会同步显示加入购物车的商品。

2.1.6　观点：如何看待抖音盒子的上线

与其他互联网公司相比，字节跳动开始做独立电商无疑是比较晚的，天时已然不在，那么，字节跳动上线抖音盒子的意图到底何在呢？

也许有不少人看到字节跳动上线抖音盒子的第一反应是，认为其出于扩张抖音电商版图的考虑，这一点是毫无疑问的。自从2021年直播带货大火之后，抖音电商的规模迅速扩大。在抖音盒子上线后，抖音电商将进一步加强平台端、用户端和商家端的联系，有助于构建完整的电商生态和开发用户价值，相关分析如图2-16所示。

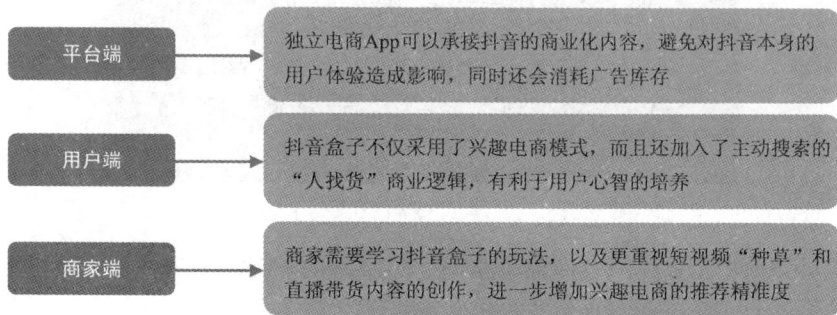

平台端	独立电商App可以承接抖音的商业化内容，避免对抖音本身的用户体验造成影响，同时还会消耗广告库存
用户端	抖音盒子不仅采用了兴趣电商模式，而且还加入了主动搜索的"人找货"商业逻辑，有利于用户心智的培养
商家端	商家需要学习抖音盒子的玩法，以及更重视短视频"种草"和直播带货内容的创作，进一步增加兴趣电商的推荐精准度

图 2-16　字节跳动上线抖音盒子的意图分析

对于字节跳动来说，电商只是抖音生态的一部分，而不是全部，因为抖音究其根本仍然是一个内容平台，它与淘宝这种电商平台是有本质区别的。如果内容过于商业化，显然会给部分用户带来不好的使用体验。

抖音盒子的上线，一方面，能够帮助抖音电商更好地适配"娱乐"与"商业"内容，让电商业务不再过度依附于抖音；另一方面，将抖音中的电商业务单独分离出来做成抖音盒子，可以更好地摆脱抖音本身带来的限制，从而进一步完善抖音的电商功能。

抖音盒子上线的另一个重要原因是，字节跳动的广告收入已经接近天花板，流量基本见顶，从而出现日活跃用户增长乏力的现象，让平台的广告营收放缓，急需寻找新的赚钱模式，而独立电商自然被字节跳动押下了"重宝"。

2.2　面临挑战：抖音盒子要解决哪些难题

字节跳动虽然是一个强大的"流量工厂"，但也并不是无所不能，如曾经的腾讯和百度也频频布局独立电商业务，但均以失败告终。因此，字节跳动的抖音盒子也面临很大的挑战，如冷启动阶段如何获得新用户、如何建立用户心智等问题。

可以预见的是，字节跳动应该会从抖音、今日头条等其他字节系 App 中为抖音盒子注入流量，同时用兴趣电商模式来吸引用户，就像拼多多用社交电商模式从淘宝和京东两大巨头的夹缝中成功拼杀出来一条道路一样。未来，字节跳动能否用抖音盒子创造出新的电商格局，大家拭目以待。

2.2.1 挑战 1：如何建立用户心智

抖音盒子面临的第一个问题就是用户心智的建立。也就是说，用户是如何感知抖音盒子这个新的电商平台的？

第 1 章笔者用大量篇幅提到过，抖音提出了一个全新的电商模式——兴趣电商，主要通过短视频和直播内容来激发用户潜在的消费兴趣，即与传统电商相反的"货找人"模式，并得到高速增长。

也就是说，用户去抖音的目的并不是购物，而是消费内容，但是被内容中的商品"种草"而产生交易行为。因此，用户对于抖音的心智仍然是"娱乐"，而并非"买卖"，用户消费的是内容，而不是商品。

抖音盒子除了有兴趣电商的"货找人"模式外，还加入了传统搜索电商的"人找货"模式，这样就等于直接与淘宝、京东、拼多多等巨头抢夺市场。淘宝拥有"品类全＋活动多"的用户心智，京东拥有"品质好＋送货快"的用户心智，拼多多拥有"性价比高＋玩法多"的用户心智，那么抖音盒子又将以什么作为卖点呢？

目前来看，抖音盒子仅抛出了"潮流电商"和"年轻人"的用户定位，如图 2-17 所示，但这个定位是否能够得到用户认同还有待观察。

图 2-17　抖音盒子的定位

2.2.2 挑战 2：如何培养用户消费习惯

抖音盒子上线以后，会有谁愿意主动下载使用呢？这也是字节跳动急需解决的问题。首先，抖音平台上的用户主要目的还是消遣娱乐，他们之所以在平台上购物是因为一时的兴趣，这种交易行为通常是被动的、低频的。

但是，这些用户在基于本身的消费需求去购物时，他们的第一选择可能仍然是淘宝或京东这些传统电商平台。因此，对于抖音盒子来说，这种用户消费习惯的迁移难度非常大。

当然，字节跳动可通过抖音等 App 暂时去给抖音盒子导流，但是用户是否能长期使用抖音盒子购物，抖音能否将用户留存下来，这一点还犹未可知。另外，抖音盒子的商品品类、结算支付、促销活动、物流配送、售后服务等是否能够让用户感到满意，也会影响用户消费习惯的养成。

目前来看，抖音唯一的优势在于流量和内容，而且拥有比传统电商平台更加年轻化的用户画像，因此，抖音仍然有很大的机会去改变年轻人的消费习惯，而且这一类型的用户也是未来的主流消费群体。图 2-18 所示为抖音不同年龄段的人群画像分析。

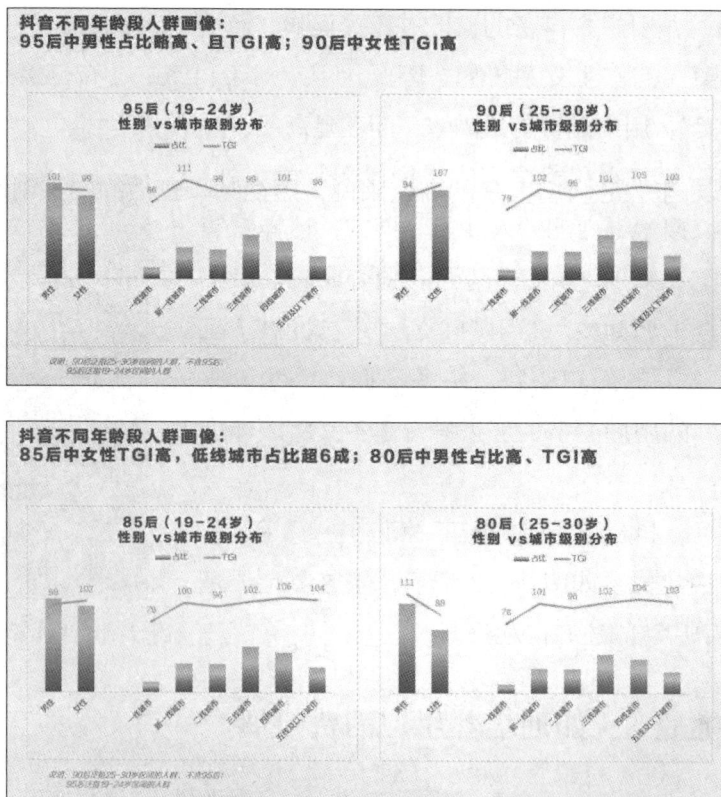

图 2-18　抖音不同年龄段的人群画像分析

数据来源：巨量算数

2.2.3　挑战 3：如何吸引更多商家入驻

对于电商平台来说，用户和商家是相辅相成的，仅有用户而没有商家也是无法运营下去的，因为用户一旦在抖音盒子上买不到对应的商品，他们自然会去其他电商平台上购买。

因此，抖音盒子想要打造电商生态闭环，还需要吸引到足够多的商家入驻。当下，电商行业的流量成本越来越高，商家获取流量的难度也越来越大。同时，商家在入驻抖音盒子平台后，还需要单独去学习平台的运营方法，以便在平台上获得更多的精准流量。

尤其是平台上的公域流量，商家需要付出大量的时间和金钱成本，重新投放广告去不断地获取流量。也就是说，商家可能会同时运营多个电商平台，每个电商平台都需要付出大量成本，对于商家来说也是一个极大的考验。

另外，字节跳动是否会将字节系 App 的所有流量全部导流到抖音盒子，至少目前还没有看到相关的动作。因此，很多商家开始将公域流量导流到自己的私域流量池，以便能够重复、低成本甚至免费地触达精准用户，做到一劳永逸。

同时，对于入驻抖音盒子的商家来说，短视频和直播的内容创作也需要耗费一定的成本。当然，目前平台拥有很多内容红利，而且越早布局的商家越能尽快获利。图 2-19 所示为"抖音盒子体验官招募"活动的相关介绍和奖励。

图 2-19　"抖音盒子体验官招募"活动的相关介绍和奖励

　　这对于新手玩家来说，抖音盒子目前就像淘宝刚上线时，平台为了打造好抖音盒子，也会推出大量优惠政策吸引商家和带货达人入驻，门槛断然不会设置得太高。所以，趁大家目前都在同一起跑线上，只要用心经营摸索，就可以利用好这个"起飞"的时机，冲击抖音盒子和兴趣电商的第一波红利。

第 **3** 章

熟悉盒子：
开启年轻人"种草"
电商的大门

　　抖音盒子背靠抖音的强大流量，有望成为下一个"图文＋短视频＋直播"的带货风口。总之，抖音盒子是一个巨大的机会，具体能否成功，在于大家的努力程度。本章主要介绍抖音盒子的入驻方法、界面特点和基本功能，帮助读者快速熟悉抖音盒子 App 的使用方法。

3.1 入驻平台：开通抖音盒子的带货功能

抖音的电商布局之路由来已久，抖音盒子的出现，表明抖音已经开启了一条全新的商业化道路，用于抗衡淘宝、京东、拼多多等传统电商巨头。

根据《2022 抖音电商新品牌成长报告》，2020 年 3 月至 2021 年 11 月，已有 23% 的抖音电商消费者购买过新品牌商品，且这一比例仍在不断增长。由此可见，抖音盒子的未来可期。

本节主要介绍抖音盒子平台的入驻方法，不同类型的运营者可以采用不同的入驻方法，如带货达人直接通过抖音号进行登录并开通带货权限，商家则通过开通抖店的方式完成入驻。

3.1.1 开启：抖音作品及电商直播间功能

对于普通用户或带货达人来说，想要入驻抖音盒子并在该平台上发视频涨粉和开通直播带货，可直接在手机应用商店中搜索并下载抖音盒子，下载后使用抖音号登录，然后开启"抖音作品及电商直播间"功能即可，下面介绍相关的操作方法。

（1）打开抖音盒子 App，点击"我的"按钮，如图 3-1 所示。

（2）进入个人主页，点击"设置"按钮，如图 3-2 所示。

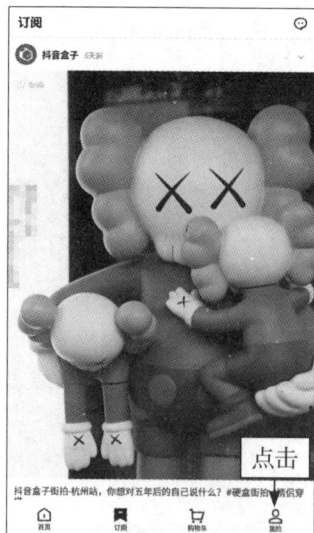

图 3-1　点击"我的"按钮

图 3-2　点击"设置"按钮

（3）进入"设置"界面，选择"账号与安全"选项，如图3-3所示。

（4）进入"账号与安全"界面，选择"信息管理"选项，如图3-4所示。

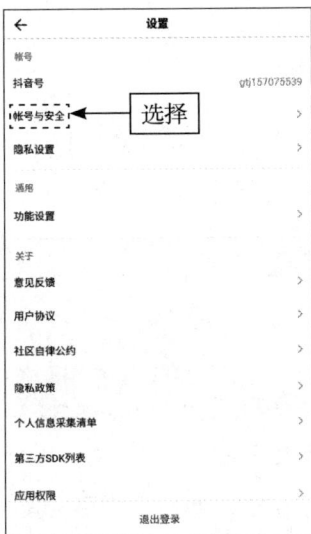

图3-3　选择"账号与安全"选项

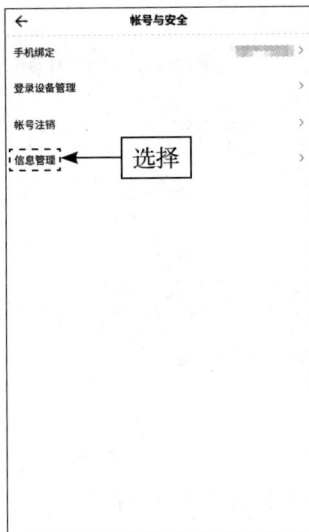

图3-4　选择"信息管理"选项

（5）进入"信息管理"界面，选择"抖音作品及电商直播间"选项，如图3-5所示。

（6）进入"抖音作品及电商直播间"界面，开启"抖音作品及电商直播间"功能，如图3-6所示。

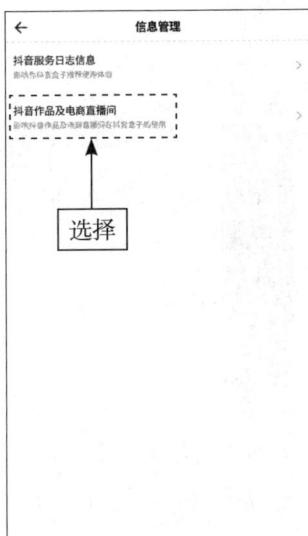

图3-5　选择"抖音作品及电商直播间"
选项

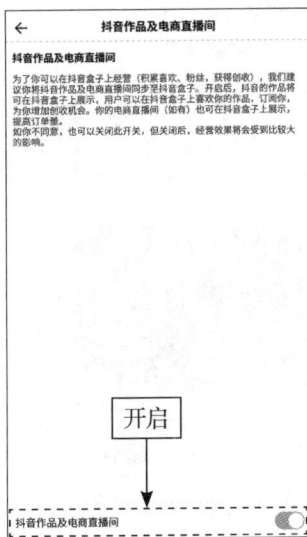

图3-6　开启"抖音作品及电商直播间"
功能

执行上述操作后，即可将抖音作品和电商直播间发布到抖音盒子平台，同时运营者在作品中添加商品，从而吸引粉丝关注和提高下单概率。

3.1.2 开通：抖音的商品橱窗带货功能

由于抖音盒子的主要功能为短视频和直播带货，因此，运营者在入驻抖音盒子前还必须开通抖音电商功能（商品橱窗），其开通条件如图 3-7 所示。

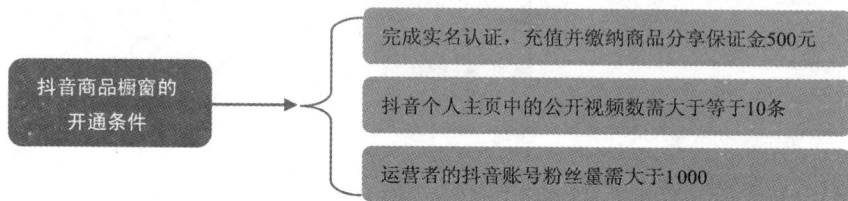

抖音商品橱窗的开通条件	→	完成实名认证，充值并缴纳商品分享保证金500元
		抖音个人主页中的公开视频数需大于等于10条
		运营者的抖音账号粉丝量需大于1000

图 3-7　抖音商品橱窗的开通条件

满足条件的运营者可根据如下操作在抖音 App 中开通抖音电商功能。

（1）打开抖音 App，进入"我"界面，点击右上角的 ≡ 按钮，如图 3-8 所示。

（2）在右侧弹出的菜单中，选择"创作者服务中心"选项，如图 3-9 所示。

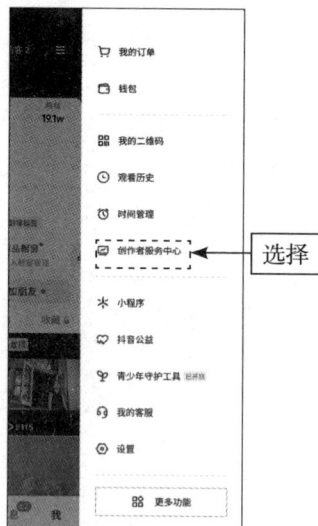

图 3-8　点击 ≡ 按钮　　　图 3-9　选择"创作者服务中心"选项

（3）进入创作者服务中心，点击"全部分类"按钮，如图 3-10 所示。

（4）进入"功能列表"界面，在"内容变现"选项区中，点击"商品橱窗"按钮，如图 3-11 所示。

图 3-10　点击"全部分类"按钮

图 3-11　点击"商品橱窗"按钮

（5）进入"商品橱窗"界面，在"权限申请"选项区中选择"成为带货达人"选项，如图 3-12 所示。

（6）进入"成为带货达人"界面，可以看到需要完成两个任务，即"带货权限申请"和"开通收款账户"，如图 3-13 所示。运营者可以根据提示完成相应任务，即可在商品橱窗、短视频、直播中分享推广商品，开启带货之路。

图 3-12　选择"成为带货达人"选项

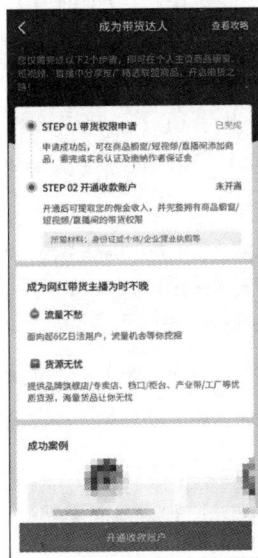

图 3-13　"成为带货达人"界面

专家提醒：在开通收款账户时，运营者可选择开通正式账户或快速账户两种类型，选择账户类型后首先要完成相关资质（个人／个体工商户／企业／小店商家）的开通，认证通过后才能继续开通收款账户。不同收款账户的差异如图 3-14 所示。另外，在"商品橱窗"界面的"权限申请"选项区中，点击"权限说明"按钮，进入"权限详情"界面，在此可以查看商品分享权限和开通小店的相关作用，如图 3-15 所示。

图 3-14　不同收款账户的差异

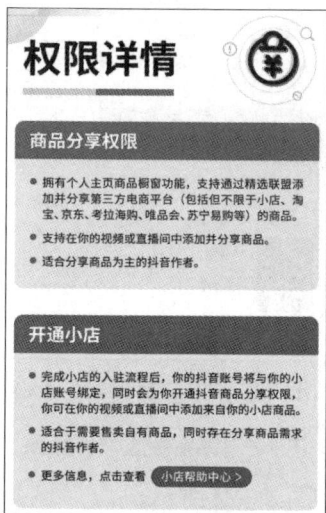

图 3-15　"权限详情"界面

3.1.3　取消：抖音的"私密账号"功能

如果运营者的抖音号是"非私密账号"，那么完成前面两个操作即可在抖音盒子平台上带货了。如果运营者的抖音号是"私密账号"，则还需要关闭"私密账号"功能，否则无法将抖音 App 中的内容同步到抖音盒子平台上。

专家提醒：当运营者将抖音号设置为私密状态时，只有经过运营者批准的用户才能关注自己，并看到自己发布的内容和进行互动，同时同步到其他软件的开关会关闭。注意，运营者现有的粉丝不会受此影响。

下面介绍关闭抖音"私密账号"功能的操作方法。

（1）打开抖音 App，进入"我"界面，点击右上角的▤按钮，在右侧弹出的菜单中选择"设置"选项，如图 3-16 所示。

（2）进入"设置"界面，选择"隐私设置"选项，如图 3-17 所示。

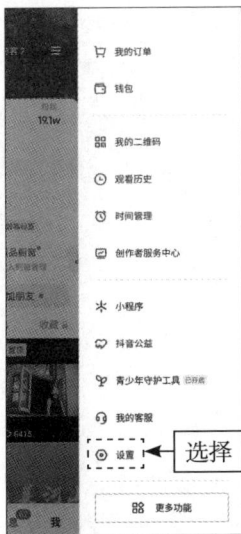

图 3-16　选择"设置"选项　　　　　　　图 3-17　选择"隐私设置"选项

（3）进入"隐私设置"界面，可以看到"私密账号"显示为"开启"状态，选择该选项，如图 3-18 所示。

（4）弹出相应的对话框，点击"设置为公开"按钮即可，如图 3-19 所示。

图 3-18　选择"私密账号"选项　　　　　图 3-19　点击"设置为公开"按钮

3.1.4　开店：通过抖音小店入驻抖音盒子

对于零粉丝的运营者来说，如果想要入驻抖音盒子，目前只能通过开通抖音小店的方式来实现，这种方式比较适合企业或商家类型的运营者。

目前，抖音盒子平台上的所有产品都来自抖音小店（简称抖店或小店），运营者在抖音小店中上传的商品，会自动同步到抖音盒子平台。也就是说，运营者只需入驻抖音小店，通过抖音小店来发布商品，然后绑定官方账号并开通商品橱窗，最后使用绑定抖音小店的官方账号手机号码去登录抖音盒子，这样抖音小店中的商品就会自动同步到抖音盒子平台。下面介绍入驻抖音小店的具体操作方法。

（1）进入抖店官网的"首页"页面，在"入驻材料与费用"选项卡中，❶设置相应的"开店主体"和"店铺类型"选项；❷单击"查询"按钮，如图 3-20所示。

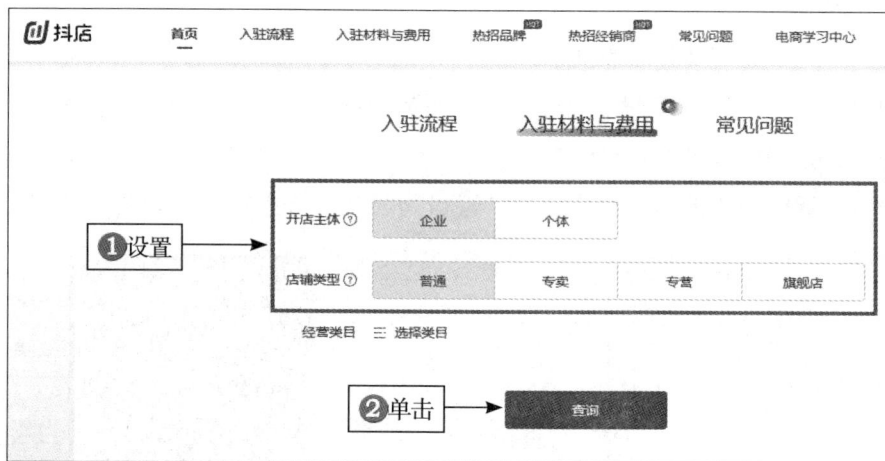

图 3-20　单击"查询"按钮

> 专家提醒：在抖店平台中，开店主体和店铺类型不同，入驻账号的具体材料和费用也不尽相同。运营者可以根据自身要入驻的账号类型设置开店主体和店铺类型，看看某个账号类型需要准备的入驻材料和费用；也可以同时查看几种自己可以入驻的账号类型及分别需要准备的入驻材料和费用，并从中选择一个或几个合适的账号类型进行材料和费用的准备，以提高成功入驻的概率。

（2）在弹出的"入驻所需材料、费用"页面中，查看具体账号类型所需的入驻材料，如图 3-21 所示。

（3）如果运营者要查看具体的入驻材料，还可以单击页面中的"展示更多"按钮。图 3-22 所示为企业普通类抖音小店账号入驻所需的具体材料。

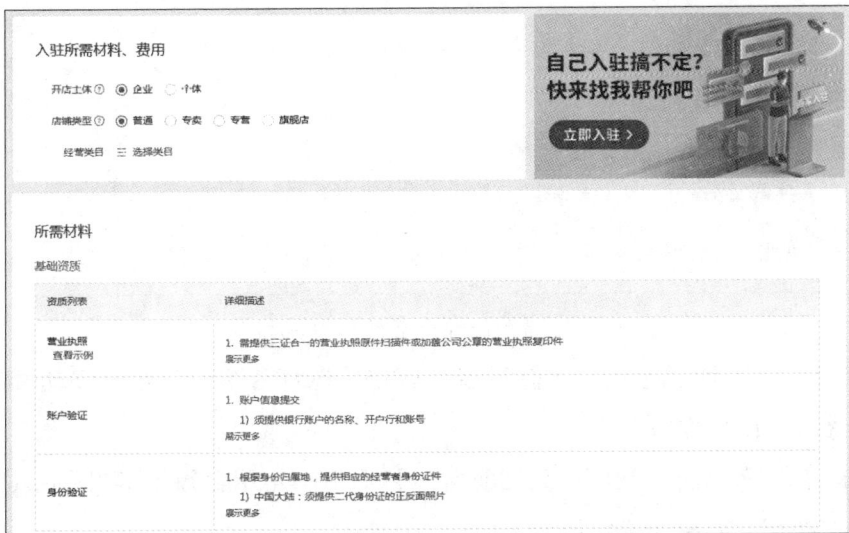

图 3-21　"入驻所需材料、费用"页面

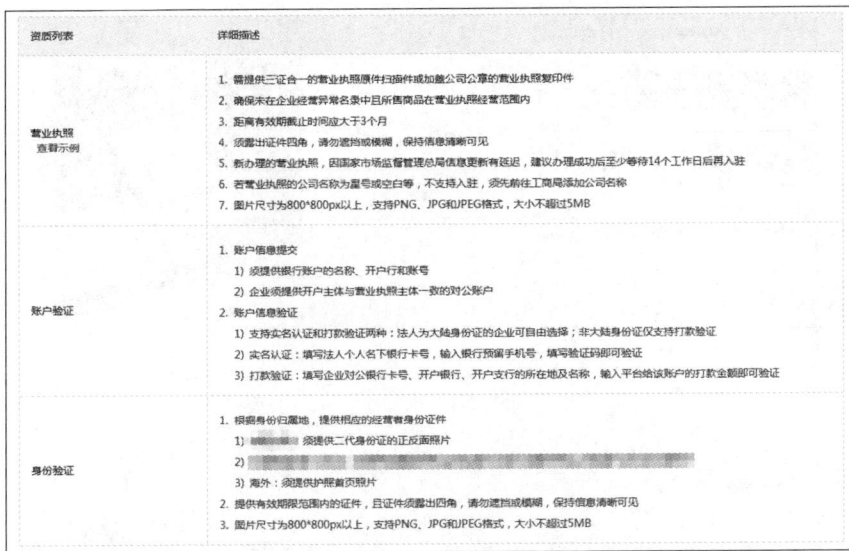

图 3-22　企业普通类抖音小店账号入驻所需的具体材料

（4）准备好入驻资料后，即可根据"入驻流程"选项卡中的操作提示，完成入驻操作，如图 3-23 所示。

专家提醒：个体工商户商家可选择普通店铺，企业商家可选择专营店、专卖店、旗舰店。如果企业商家没有商标，则只能选择普通店铺。

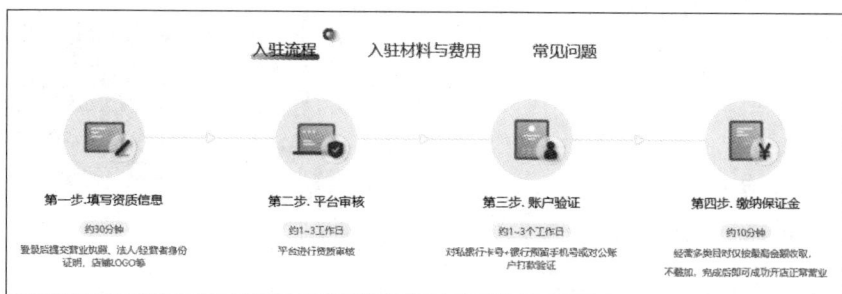

图 3-23　抖音小店的入驻流程

另外，除了通过电脑端入驻抖音小店外，运营者还可以通过移动端入驻，下面介绍相关的操作方法。

（1）在抖音 App 中进入"商品橱窗"界面，在"常用服务"选项区中点击"开通小店"按钮，如图 3-24 所示。

（2）进入"首页"界面，点击右下角的"立即入驻"按钮，如图 3-25 所示。

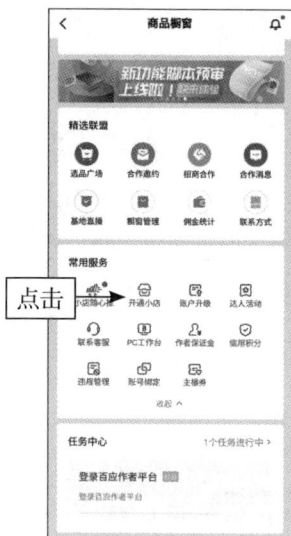

图 3-24　点击"开通小店"按钮

图 3-25　点击"立即入驻"按钮

（3）进入"小店简介"界面，在此可以查看抖音小店的相关优势，包括"巨大流量池""高效变现通路""丰富货品结构""便携提效工具"等，❶勾选"我已经阅读并同意上述授权及《账号绑定服务协议》"复选框；❷点击"立即开通"按钮，如图 3-26 所示。

（4）进入"选择认证类型"界面，目前移动端仅支持个体工商户入驻，选择"个体工商户"选项，如图 3-27 所示。企业或公司类型的运营者可以点击"复制"按钮，复制 PC 端入驻入口的网页链接，前往电脑上进行入驻操作。

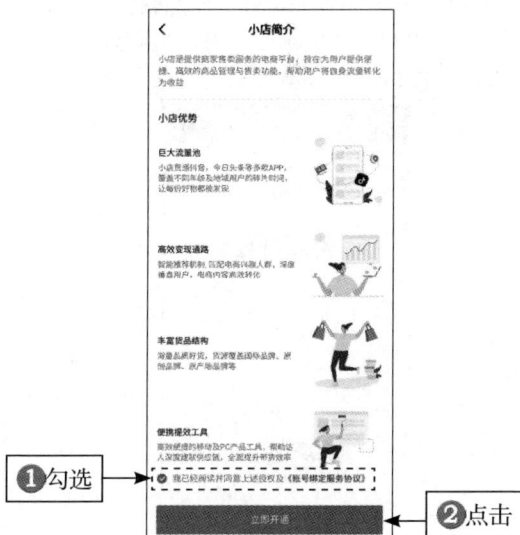

图 3-26　点击"立即开通"按钮

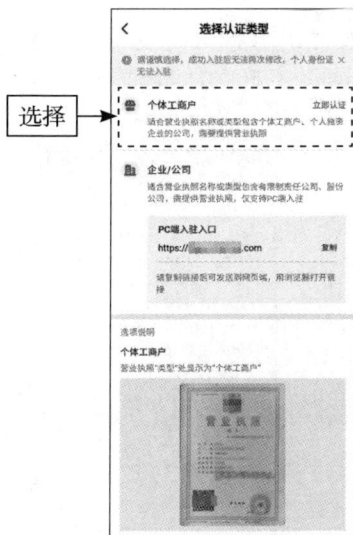

图 3-27　选择"个体工商户"选项

（5）进入"主体信息"界面，运营者可以根据相应流程填写相关资料，如图 3-28 所示。完成主体信息和店铺信息的填写，并进行平台审核及账户验证之后，即可完成抖音小店的入驻。

（6）有疑问的运营者还可以点击"入驻攻略"按钮进入其界面，在此可以查看入驻所需材料、操作流程和常见问题，如图 3-29 所示。

图 3-28　"主体信息"界面

图 3-29　"入驻攻略"界面

专家提醒：需要注意的是，开通抖音小店后，运营者还需要缴纳 500 元的作者保证金，否则抖音小店中的商品无法一键同步至商品橱窗。运营者可以前往"商品橱窗"界面，在"常用服务"选项区中点击"作者保证金"按钮，如图 3-30 所示。进入"作者保证金"界面，点击"立即充值"按钮即可进行充值，如图 3-31 所示。

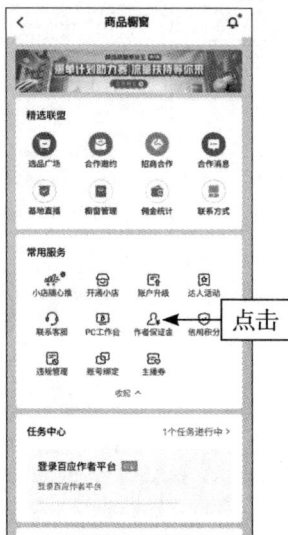

图 3-30　点击"作者保证金"按钮　　图 3-31　点击"立即充值"按钮

3.2　玩转盒子：了解抖音盒子的界面特点

抖音盒子 App 的产品功能设计与抖音比较类似，打开 App 即可直接进入"首页"中的"推荐"界面，显示视频和直播信息流，同时下方设置了"首页""订阅""购物车""我的"共四个一级入口。

"首页"是抖音盒子 App 中产品优先级最靠前的界面，其中包括"逛街""推荐""搜索潮流好物""拍摄视频分享""消息"五大功能。本节将介绍抖音盒子的基本界面，帮助读者快速认识抖音盒子。

3.2.1　推荐：内容信息流

打开抖音盒子 App 后，出现的第一个界面是"推荐"，采用短视频和直播信息流的逛街模式，为消费者打造更加沉浸式的购物场景，如图 3-32 所示。

图 3-32　"推荐"界面

抖音盒子的视频中目前并没有直接置入"小黄车"功能，用户只能给视频点赞、写评论或分享，如图 3-33 所示。另外，即使进入带货达人的个人主页，也找不到对应的店铺入口，这样会在无形中降低商品的转化率，因此，后期还有很大的优化空间。

当然，对于直播信息流来说，用户可以直接点击屏幕进入直播间，在这里可以看到"小黄车"功能，用户可以购买主播带货的商品，如图 3-34 所示。

图 3-33　写评论

图 3-34　直播间的"小黄车"功能

当然，抖音盒子之所以没有在短视频中添加"小黄车"功能，也有可能是希望运营者一心一意地做好短视频内容，提高"种草"内容的质量。

抖音盒子的用户定位非常清晰，而且还同时囊括了推荐电商、直播带货和视频"种草"等营销形式。与淘宝、京东等传统电商平台相比，抖音的用户结构更加年轻化，而且用户重合度也非常低，这种基于"潮流"定位的独立电商模式有利于快速打造新的爆款品牌和单品。

另外，字节跳动也希望让年轻人有更多潮酷商品可以选择，所以，目前推出的抖音盒子主打时尚潮品，定位针对的用户群体也主要是年轻人。如果你正在考虑或者已经在做电商，你正好也想卖年轻人的产品，那就可以考虑布局抖音盒子，毕竟跟着平台一起成长，利益和增长都是肉眼可见的。

3.2.2　逛街：产品信息流

在抖音盒子的"首页"界面中，另一个重要的板块是"逛街"界面，主要分为"硬核补贴""时尚潮服""美妆热榜""二手高奢"四个类目，如图 3-35 所示。点击相应的类目名称即可进入类目详情界面，展示更多的相关产品，如图 3-36 所示。

图 3-35　"逛街"界面

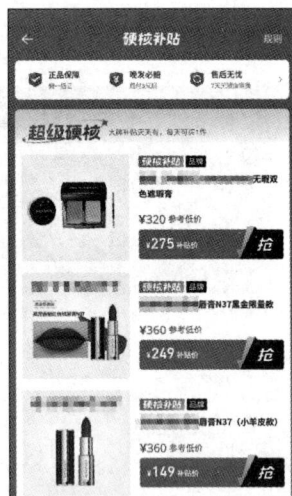

图 3-36　相应类目详情界面

从抖音电商的过往数据来看，服装、美妆、二手奢侈品都是抖音电商的优势类目。其中，服装是抖音电商最大的品类，2021 年 11 月大促期间同比增长超四倍，而且头部店铺中一半以上均为女装品牌店铺。

目前，入驻抖音盒子的商家大部分为品牌旗舰店铺，在"逛街"界面中点击相应的商品，即可进入商品详情页，用户可以在此添加购物车或直接下单购买，如图 3-37 所示。点击"立即购买"按钮，选择相应的 SKU 后进入"确认订单"界面，即可下单支付，如图 3-38 所示。

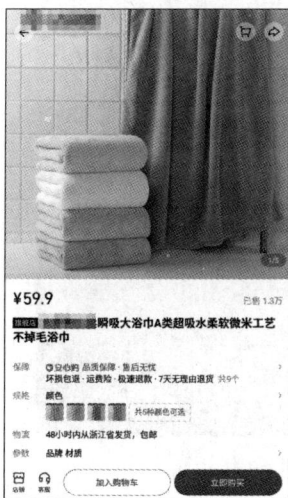

图 3-37　商品详情页

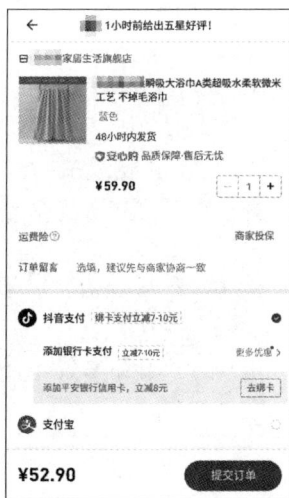

图 3-38　"确认订单"界面

在商品详情页点击"店铺"按钮进入其界面，包括"精选""商品""分类"三个标签，分别用来展示品牌、货品和分类筛选，如图 3-39 所示。

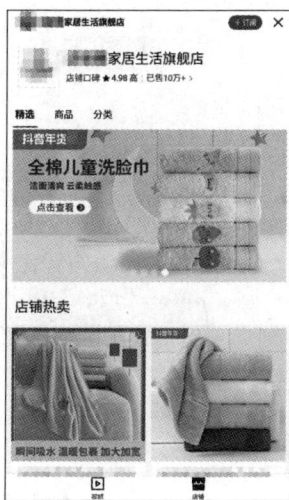

图 3-39　"店铺"界面

在店铺主页中包括"视频"和"店铺"两个入口，切换至"视频"界面，显示的都是抖音同步过来的短视频展示合集，点击即可查看相应视频，如图3-40所示。

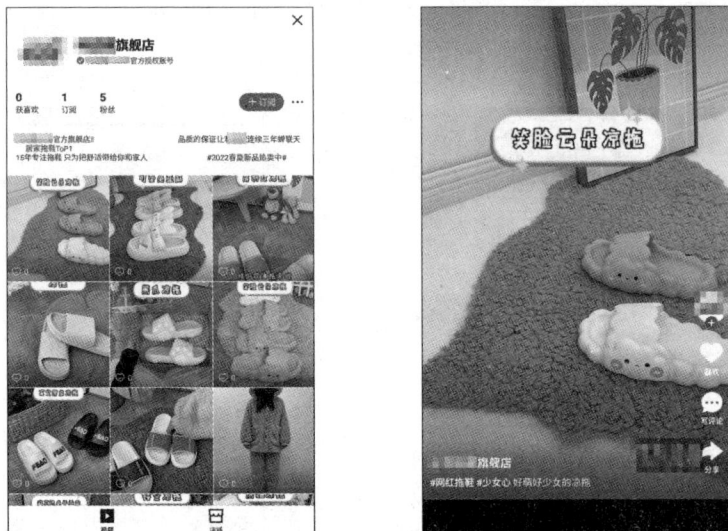

图3-40　"视频"界面和相应视频内容

另外，"逛街"界面中还有大量的图文型内容，采用与小红书类似的展示形式，以四格图文为一屏，如图3-41所示。点击相应的图片封面或标题，同样也可以跳转到商品详情页，如图3-42所示。

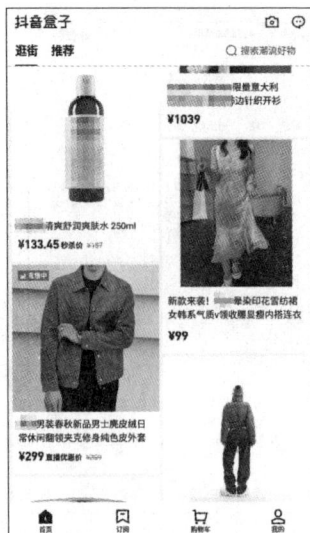

图3-41　图文型内容

图3-42　商品详情页

以往抖音上的搞笑段子、情感故事、影视剪辑等类型的视频内容，在抖音盒子上已经很难看到了，而是以主打潮流风格调性的"种草"内容为主，是一个非常适合年轻人的潮流"种草"电商平台。

抖音之所以推出抖音盒子这个独立电商 App，主要是为了照顾那些正常刷短视频用户的体验感受，从而避免在抖音这个内容平台上加入大量的商业性质的内容。同时，抖音盒子上聚集了大量的明星、博主和时尚达人，为用户提供个性化的时尚穿搭内容，同时给用户带来轻松愉悦的一站式购物体验。

3.2.3 订阅：关注的账号

抖音盒子的定位非常明确，那就是一个针对年轻人的潮流平台，不仅提供了商品，而且还围绕商品生产了大量的视频"种草"内容，同时增强了社交属性、弱化了交易属性。

用户在抖音盒子上看到喜欢的运营者后，可以点击其个人主页或店铺主页中的"订阅"按钮，如图 3-43 所示。该运营者发布的作品就会出现在"订阅"界面中，如图 3-44 所示。

图 3-43 点击"订阅"按钮

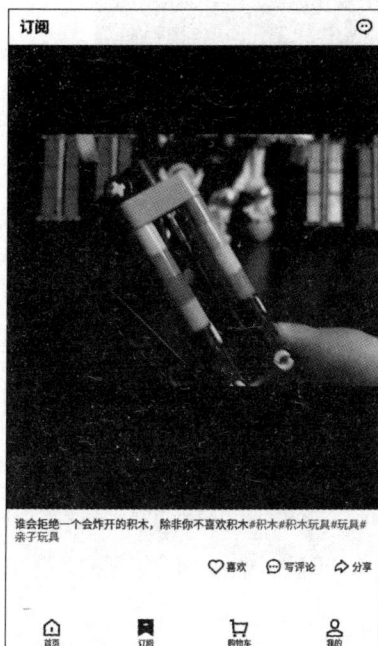

图 3-44 "订阅"界面

"订阅"界面中的社交互动功能也比较简单，目前只有点赞（点击"喜欢"按钮）、写评论和分享。点击"分享"按钮后，在弹出的"分享至"对话框中下载和分享视频，如图 3-45 所示。

从抖音盒子的社交属性和交易属性上可以看到，抖音盒子不同于纯粹的娱乐型短视频 App 或者购物 App，而是通过将转化路径延长，获得一批拥有优质原创内容和创作积极性高的时尚达人，作为平台的首批忠实用户。

> 专家提醒：点击"订阅"界面右上角的"消息"按钮☺进入其界面，在此可以查看粉丝、互动消息、商家消息和抖音盒子的官方消息，如图 3-46 所示。

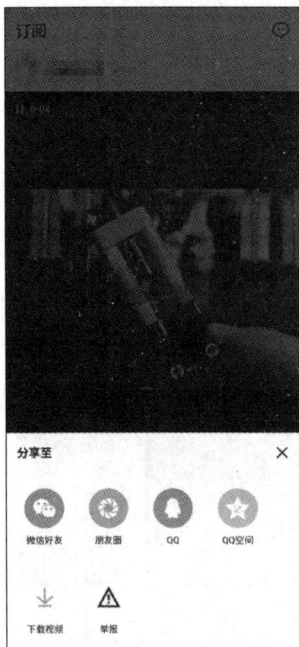

图 3-45　分享功能操作　　　　图 3-46　"消息"界面

抖音盒子除了将 GMV 作为一个重要的数据指标外，同样也非常注重用户活跃度和使用时长等衡量内容社区产品的数据指标。当抖音盒子对时尚达人、KOL 和高消费人群中形成足够大的影响力后，其用户圈层会进一步放大，进而获得更多"高线城市"的年轻用户群体。

3.2.4　加购：添加购物车

抖音盒子的交易功能全部都挪到直播间和货架电商界面，这样做的目的是让用户心智集中在与商品有关的视频内容上。

抖音盒子目前主要包括以下三个下单转化渠道。

"推荐"界面：在包含各种"种草"内容的短视频信息流中，穿插带货直播间，用户在刷视频时直接进入喜欢的直播间下单。

"订阅"界面：关注相应商家后，直接在"订阅"界面进入店铺。

"逛街"界面：在浏览商品的同时添加购物车或直接下单。

另外，抖音盒子中还可以通过"购物车"界面下单，前提是用户先要加购某商品。用户在浏览商品时，看到感兴趣的商品后，点击"加入购物车"按钮，如图 3-47 所示。当用户选好商品后，进入"购物车"界面，❶勾选相应商品前面的复选框；❷点击"结算"按钮即可下单，如图 3-48 所示。

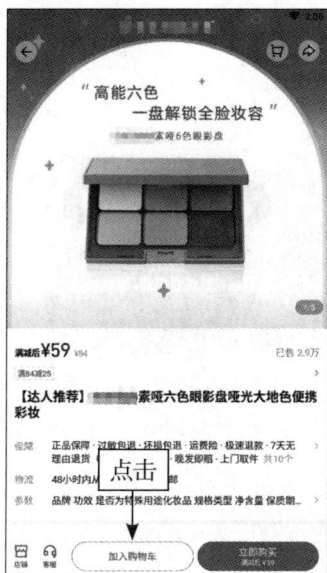

图 3-47　点击"加入购物车"按钮

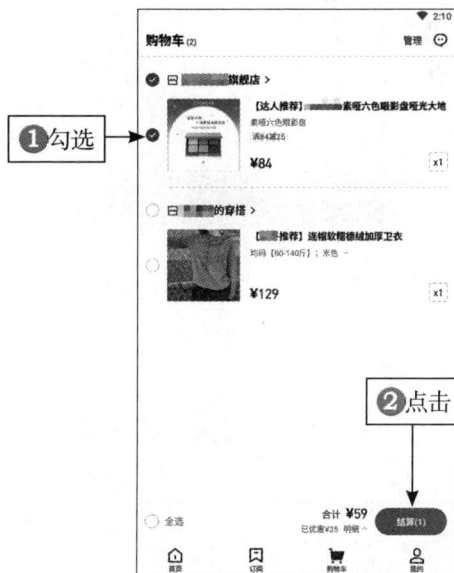

图 3-48　"购物车"界面

> 专家提醒：抖音盒子的购物车功能与其他电商 App 大同小异，不仅可以存储用户精挑细选的商品，而且还非常方便地将多个商品组合起来做促销，甚至还能帮助抖音盒子平台节省物流成本。

3.2.5 我的：电商基础功能

在抖音盒子 App 中，推荐入口的重要性大于搜索入口，而且所有短视频、图文和直播内容都是围绕"卖货"产生的，同时在"我的"界面中集成了全部的电商基础功能，如图 3-49 所示。

抖音盒子与抖音这两个 App 的部分个人数据并没有完全打通，如粉丝、点赞和评论等是区隔开的，但运营者的购物数据、视频内容和直播间是相通的。图 3-50 所示为相同个人账号下的抖音主页，可以看到粉丝数据明显不同。

图 3-49 "我的"界面

图 3-50 抖音个人主页

在"我的"界面，点击"我的喜欢"按钮进入其界面，即可看到用户平时点赞的商品或短视频，如图 3-51 所示。点击"券 / 红包"按钮进入其界面，可以查看未使用、已使用或已过期的优惠券或红包，如图 3-52 所示。

从抖音盒子 App 的各界面功能来看，其目的主要是拓展抖音电商业务，但并没有完全照搬抖音中的电商业务，而是通过精准的推荐算法，分析用户的爱好、兴趣、行为等数据，以达到用户喜欢什么就推荐什么的目的。

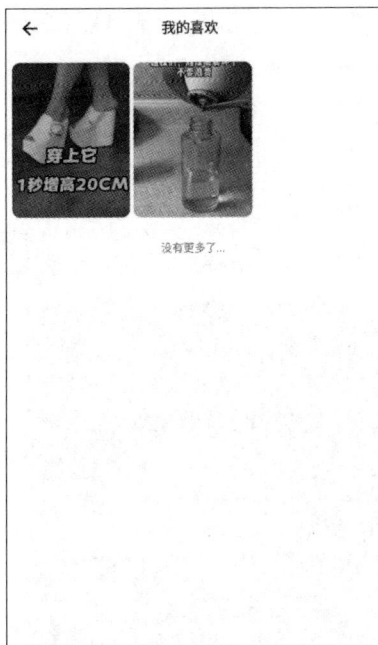

图 3-51 "我的喜欢"界面

图 3-52 查看优惠券或红包

3.3 掌握功能：熟悉抖音盒子的基本设置

抖音盒子就像一个以"带货"为主要内容的抖音，不仅具有看视频和看直播的功能，而且还会给用户推荐合适的产品，同时用户还能够自主生产 UGC（User Generated Content，用户原创内容）内容。

从抖音盒子 App 目前的功能来看，它在准备冲击淘宝等传统电商平台之前，将目标首先瞄准了小红书等"种草"社区，通过视频化的"种草"内容提高产品和用户的活跃度，并通过多品类的运营进一步丰富了用户画像。

本节将介绍抖音盒子 App 的基本功能和设置方法，包括电商功能和内容创作功能等，以及抖音盒子究竟如何开启全新的电商购物之路？

3.3.1 订单：订货凭据管理

订单功能可以说是所有电商类 App 的标配，在抖音盒子 App 的"我的"界面中可以看到"我的订单"板块，点击"查看全部"按钮，进入"全部订单"界面，在此可以查看待支付、待发货、待收货和待评价订单，如图 3-53 所示。

另外，点击"全部订单"右侧的▲按钮，在弹出的面板中还可以筛选查看商品购物、增值服务、生活服务、休闲娱乐等订单类型，如图 3-54 所示。

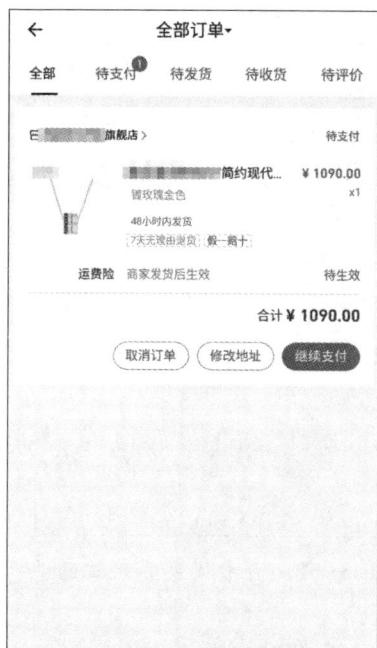

图 3-53　"全部订单"界面　　　　图 3-54　订单筛选菜单

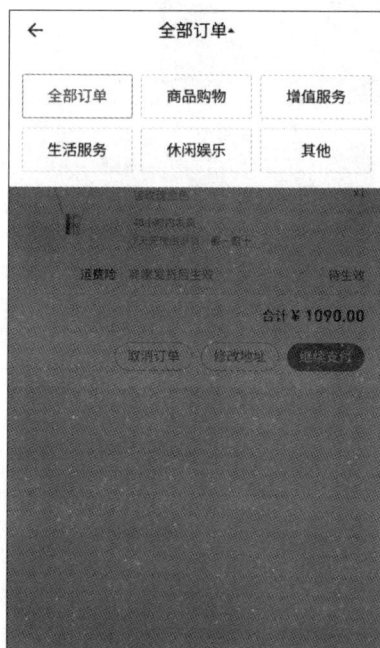

订单功能可以帮助时尚达人、带货主播或商家等类型的运营者随时掌握消费者的动态，并在他们下订单时提示运营者，这样就不会错过消费者。

3.3.2　学习：创作者中心

抖音盒子的"创作者中心"功能比较简单，主要包括新增粉丝、互动数、主页访客、视频播放等数据分析功能，以及课程中心和规则中心两个板块，如图 3-55 所示。在"近 7 日数据"板块中，采用非实时数据，数据可能有延迟。其中，新增粉丝数据为新订阅的人数减去取消订阅的人数，互动数为喜欢、评论和分享的总数。

选择"规则中心"选项进入其界面，其中列出了很多内容创作和带货商品的相关规范，运营者可以有针对性地进行学习查看，了解自己要带货的商品和"种草"内容的注意事项，避免产生违规行为，如图 3-56 所示。

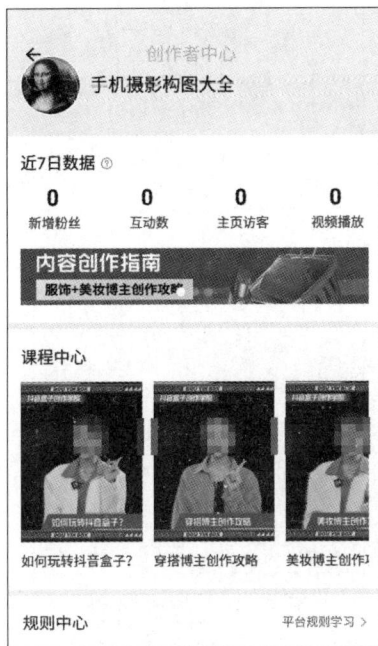

图 3-55　课程中心

图 3-56　"规则中心"界面

3.3.3　客服：问题咨询渠道

电商类 App 少不了客服功能，很多时候，商家因为售前客服没有及时回复买家咨询商品，从而错过了销售时机；又或者因为售后客服没有及时处理买家的问题，而产生差评和投诉。

当然，抖音盒子的客服功能主要是针对平台用户而设定的，在"客服中心"界面，用户不仅可以查询相关的内容或问题，还可以在线咨询或提供意见反馈，如图 3-57 所示。用户可以在搜索框中输入一些常见的平台运营方面的问题，如"拍视频"，在搜索结果中选择相应的解决方法即可进行查看，如图 3-58 所示。

另外，用户也可以点击"热门搜索"中的某个任意问题，如图 3-59 所示。即可查看相关的问题解决方法，如果问题仍然未得到解决，用户还可以点击"在线咨询"链接，向在线客服咨询，如图 3-60 所示。

图 3-57 "客服中心"界面

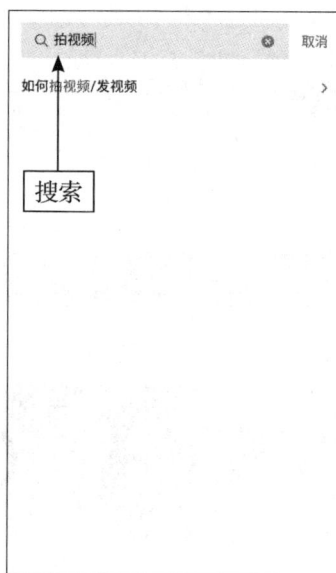

图 3-58 搜索问题

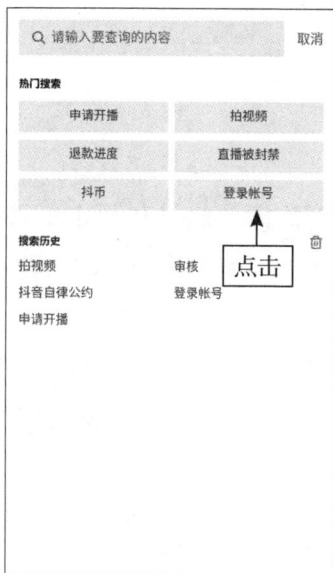

图 3-59 点击热门搜索中的某个任意问题

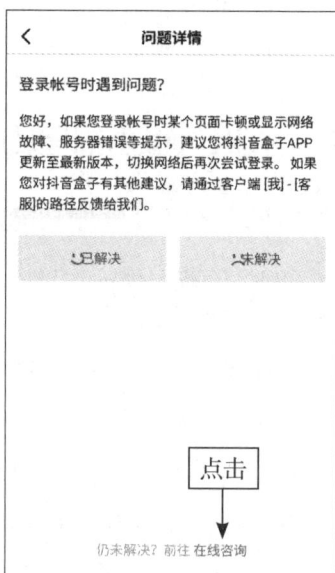

图 3-60 点击"在线咨询"链接

在"客服中心"界面点击"在线咨询"按钮，在弹出的"请选择您要咨询的问题类型"对话框中，点击相应的问题按钮，如"退货/退款"，如图 3-61所示。进入客服聊天界面，在此可以继续选择具体的问题类型，如"如何申请换货？"，如图 3-62 所示。选择相应的商品订单后，客服会给出相应的解决方案，如图 3-63 所示。

图 3-61　点击相应的问题按钮

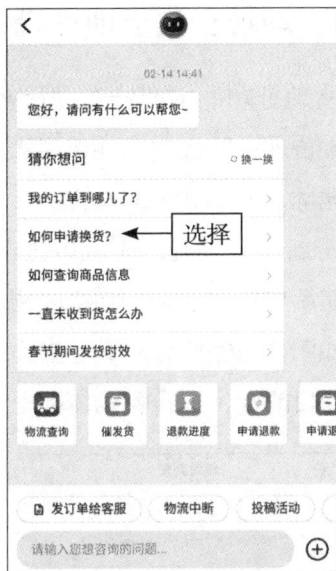

图 3-62　选择具体的问题类型

在"客服中心"界面点击"意见反馈"按钮进入其界面，用户可以对产品建议、功能故障或其他问题进行反馈，同时可以留下自己的手机号（非必填）便于与客服联系，如图 3-64 所示。

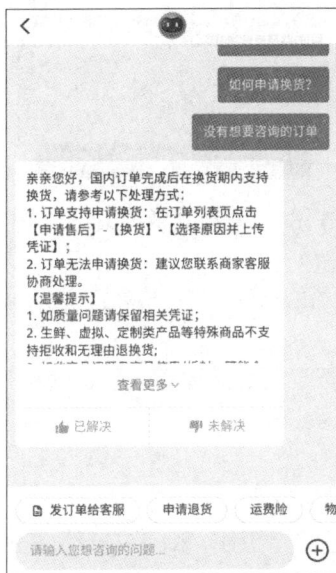

图 3-63　客服给出相应的解决方案

图 3-64　"意见反馈"界面

3.3.4　地址：收货地址设置

收货地址功能主要针对在抖音盒子平台上购物的消费者，在"我的"界面点击"收货地址"按钮后即可进入"地址列表"界面，显示了目前用户设置的所有收货地址，如图 3-65 所示。

对于新用户来说，可以点击下方的"新建地址"按钮，进入"新建收货地址"界面添加新的地址，包括收货人、手机号码、选择地区、详细地址和地址标签等，如图 3-66 所示。填写正确的收货地址，有助于商家及时将消费者购买的商品送到目的地，提升购物体验。

图 3-65　"地址列表"界面　　　　图 3-66　"新建收货地址"界面

专家提醒：用户编辑好收货地址后，可以开启"设置为默认地址"功能，将该地址设置为默认的收货地址。

3.3.5　设置：平台功能设置

抖音盒子的"设置"界面主要包括"账号""通用"和"关于"三个板块，如图 3-67 所示。在"账号"板块中，用户可以选择"抖音号"选项快速复制抖音号，也可以选择"账号与安全"选项进入其界面，进行手机绑定、登录设备管理、账号注销或信息管理等设置，如图 3-68 所示。

图 3-67　"设置"界面

图 3-68　"账号与安全"界面

在"通用设置"板块中，只有一个"功能设置"选项，进入其界面后，❶选择"管理个性化内容推荐"选项；❷开启"个性化内容推荐"功能，这样系统会给用户推荐他可能感兴趣的视频、商品或相关信息，如图 3-69 所示。

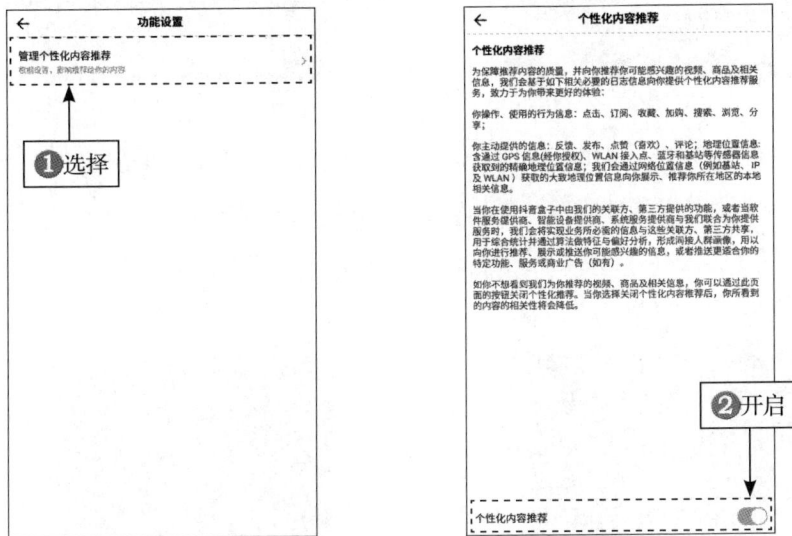

图 3-69　开启"个性化内容推荐"功能

在"关于"板块中，主要包括意见反馈、用户协议、社区自律公约、隐私政策、第三方 SDK（Software Development Kit，软件开发工具包）列表、应用权限、关于抖音盒子和平台资质等设置功能，用户可以查看相关的平台规则或资料。

熟悉盒子：开启年轻人『种草』电商的大门

3.3.6 钱包：账户资金管理

在"我的"界面点击"我的钱包"按钮，进入"钱包"界面，在此可以查看该账号的资产情况，包括现金和抖币，如图 3-70 所示。点击"我的资产"进入其界面，可以查看运营者的收入、活动红包、抖音零钱和保证金，如图 3-71所示。

图 3-70 "钱包"界面

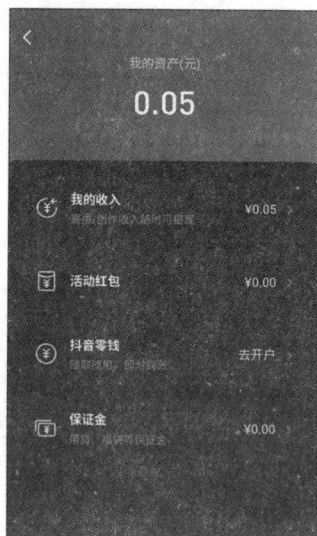

图 3-71 "我的资产"界面

"我的收入"界面中显示的余额为运营者通过开播或视频音乐创作等获得的收入，运营者可以直接提现，也可以兑换成抖币进行消费，如图 3-72 所示。"红包收入"界面中显示的余额是运营者参加活动获得的收入，具体可参见相应的活动详情，如图 3-73 所示。

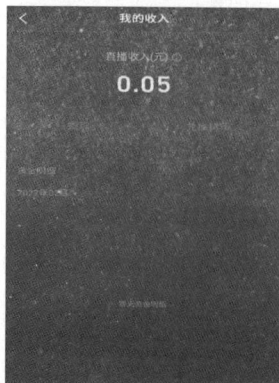

图 3-72 "我的收入"界面

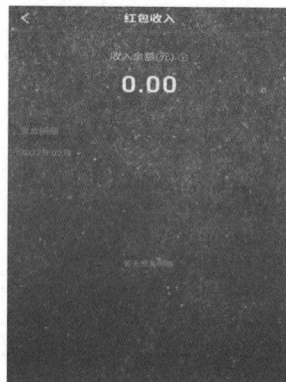

图 3-73 "红包收入"界面

"抖音零钱"功能需要运营者开通支付账户才能使用，包括身份验证和添加银行卡认证等步骤，如图 3-74 所示。

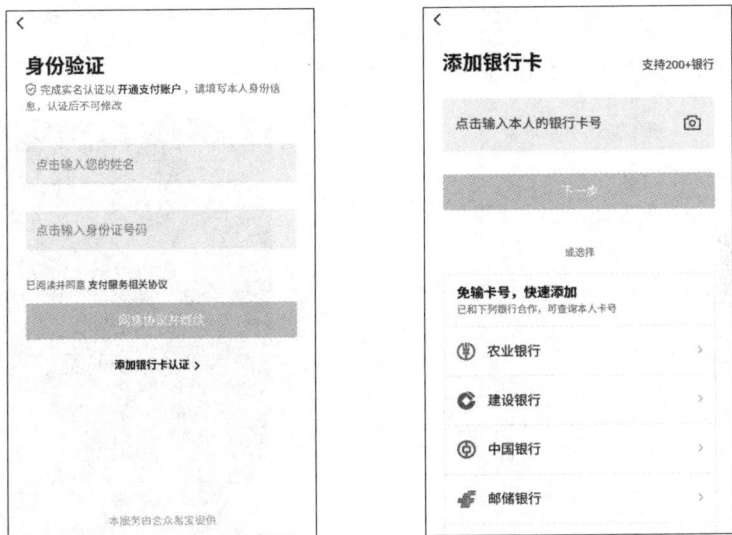

图 3-74　身份验证和添加银行卡认证

在"钱包"界面中，点击"收入换抖币"按钮进入其界面，运营者可以将该账号的可提现收入兑换为抖币，1 元可兑换 10 个抖币，如图 3-75 所示。注意，只能兑换整数的抖币，且部分活动收入不可以兑换为抖币。在"钱包"界面中，点击"粉丝团"按钮进入其界面，运营者可以在此管理已加入的粉丝团，如图 3-76 所示。

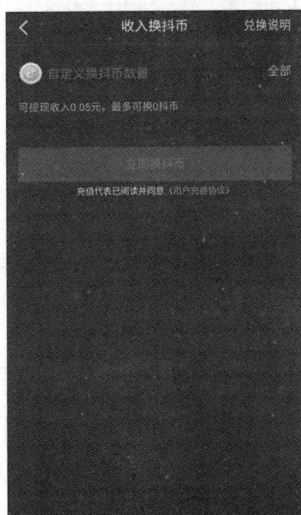

图 3-75　"收入换抖币"界面　　　　图 3-76　"粉丝团"界面

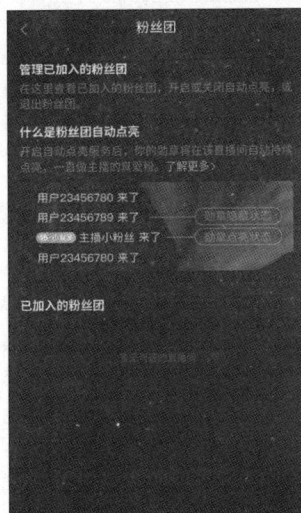

在"钱包"界面中，点击"银行卡"按钮，进入"我的银行卡"界面，运营者可以在此管理银行卡和进行支付实名认证，如图 3-77 所示。在"钱包"界面中，点击"钱包管理"按钮进入其界面，其中包括"支付宝管理""抖音支付设置"等功能，如图 3-78 所示。

图 3-77　"我的银行卡"界面

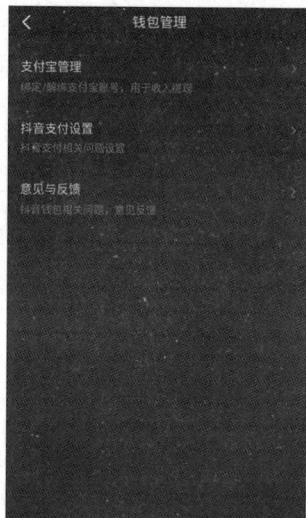

图 3-78　"钱包管理"界面

在"钱包管理"界面中，选择"支付宝管理"选项进入其界面，选择"支付宝账号"选项，如图 3-79 所示。进入"支付宝授权"界面，登录相应的支付宝账号进行绑定，如图 3-80 所示，即可使用支付宝账号进行提现。

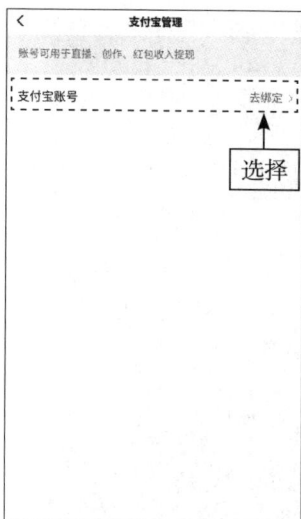

图 3-79　选择"支付宝账号"选项

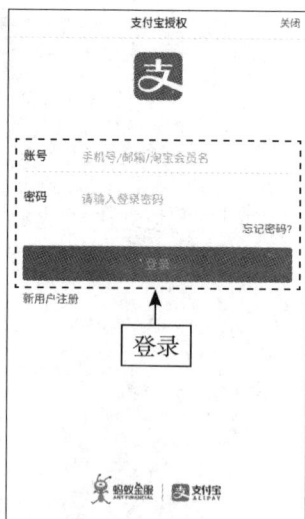

图 3-80　"支付宝授权"界面

在"钱包管理"界面中，选择"抖音支付设置"选项进入其界面，在此可以进行实名认证等操作，如图3-81所示。选择"手机号与密码"选项进入其界面，在此可以绑定手机号与设置支付密码，如图3-82所示。如选择"绑定手机号"选项，可以一键授权绑定抖音号的手机号，或者绑定其他手机号，如图3-83所示。

在"抖音支付设置"界面中，选择"常见问题"选项进入其界面，可以查看抖音零钱、银行卡和支付账户的相关介绍和操作方法，如图3-84所示。

图3-81　"抖音支付设置"界面

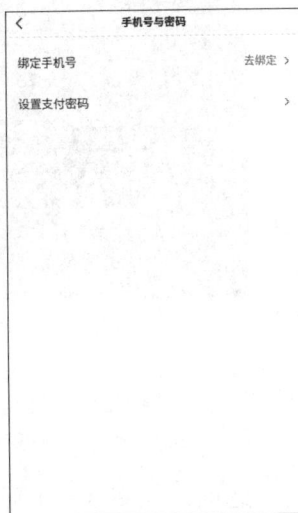

图3-82　"手机号与密码"界面

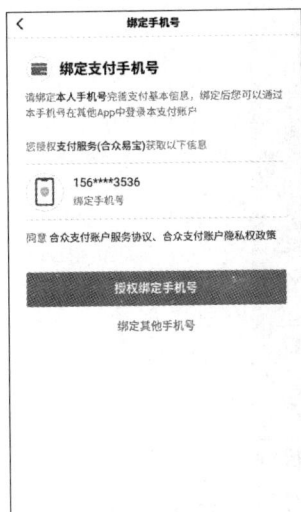

图3-83　"绑定手机号"界面

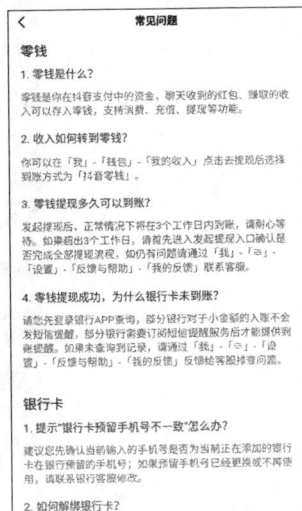

图3-84　"常见问题"界面

在"钱包"界面中，点击"常见问题"按钮进入其界面，在此可以查看提现、绑定提现方式、手续费、提现到账时间、每日提现限额等操作方法和相关规则，如图3-85所示。对于这些与自己收入息息相关的事项运营者需要做到了然于心。

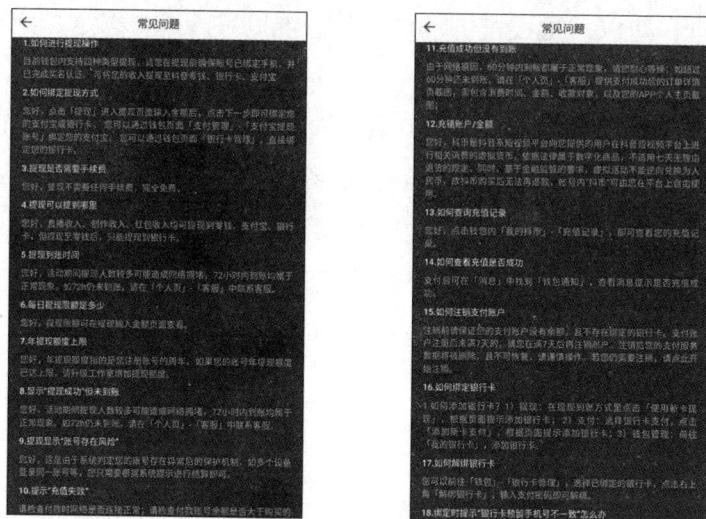

图 3-85　"常见问题"操作方法和相关规则

专家提醒：另外，抖音盒子对于未成年人的消费限制非常严格。在"钱包"界面中点击"未成年退款"按钮，进入"未成年充值退款申请"界面，如图3-86所示，用户可以按照提示逐一提交举证材料，审核通过后将全额退还未成年充值金额，同时封禁该账号的充值消费能力。

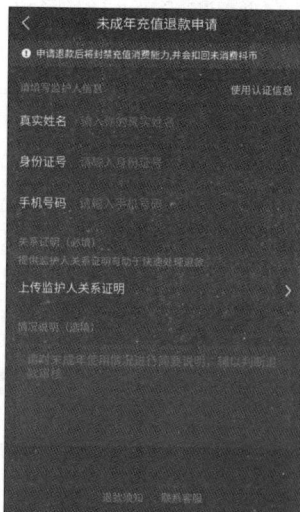

图 3-86　"未成年充值退款申请"界面

第 **4** 章

店铺运营：
抖音小店的精细化
运营管理

从概念上来看，抖音盒子是一个集"内容＋电商"
于一体的针对年轻潮流人群的购物 App，而抖音小店
则是在抖音上开店的商家后台 App。毋庸置疑，抖音
盒子一定是抖音小店未来的重点发展平台。

4.1 抖店管理：轻松运营抖音小店

目前，抖音盒子平台上的商品全部来自抖店，因此，可以将抖音盒子看作是抖店的另一个商品展示渠道，其他展示渠道包括抖音、今日头条、西瓜视频等，如图 4-1 所示。不同于过去的展示渠道，抖音盒子里没有新闻热点、搞笑段子、心灵鸡汤等内容，取而代之的是"种草"视频和带货直播间，因此，流量更精准、转化率更高。

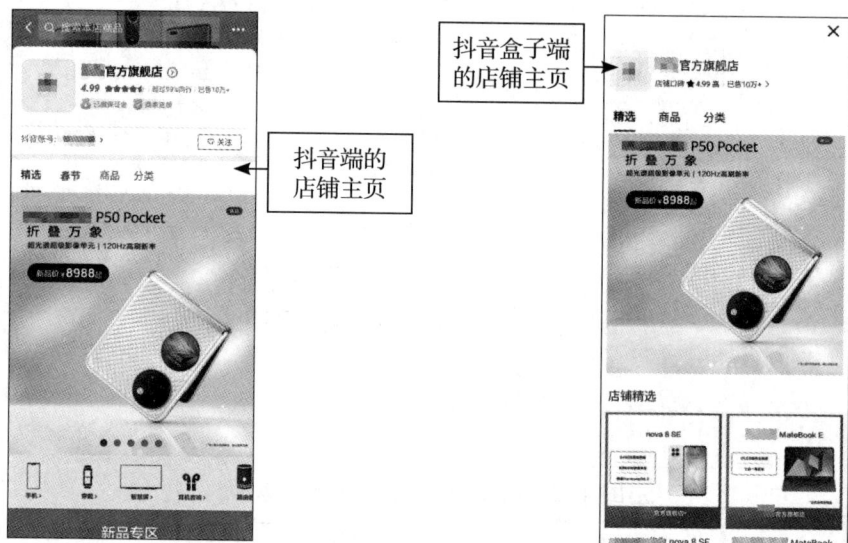

图 4-1 某品牌旗舰店在抖音和抖音盒子平台上的展示效果

也就是说，运营者如果想要在抖音盒子上开店卖产品，开通抖店是一条捷径，即使是零粉丝也可以轻松入驻开店。本节主要介绍抖店的运营管理工作，包括入驻抖店、店铺运营、推广规划、店铺装修、客服服务和订单管理等内容。

4.1.1 抖店：入驻抖音小店

近年来，线上购物呈快速增长的态势，越来越多的人开始通过线上购物。除了淘宝、京东和拼多多等电商平台外，各短视频平台也成为很多用户的主要购物渠道之一。而抖音又是近年来发展得比较好的短视频平台之一，因此，很多人养成了看抖音短视频和直播购物的习惯。

因为在抖音平台中商家和运营者要通过短视频和直播销售商品，需要先通过"抖音电商精选联盟"将商品添加到橱窗中，而抖音小店与"抖音电商精选联盟"又是有关联的,商家可通过抖音小店的后台将商品上传至"抖音电商精选联盟"中,所以,许多商家都开通了自己的抖音小店。

抖音小店覆盖了服饰鞋包、珠宝文玩、美妆、3C家电、个护家清、母婴和智能家居等多个品类,大部分线下有实体店或者开通了网店的商家,都可以注册和自己业务范围一致的抖店。

抖音小店包括旗舰店、专卖店、专营店、普通店等多种店铺类型。第1章已经简单介绍了抖音小店的开店流程和移动端的入驻操作方法。另外,商家还可以在电脑上进入抖店官网的"首页"页面,选择手机号码注册、抖音入驻、头条入驻和火山入驻等多种入驻方式,如图4-2所示。

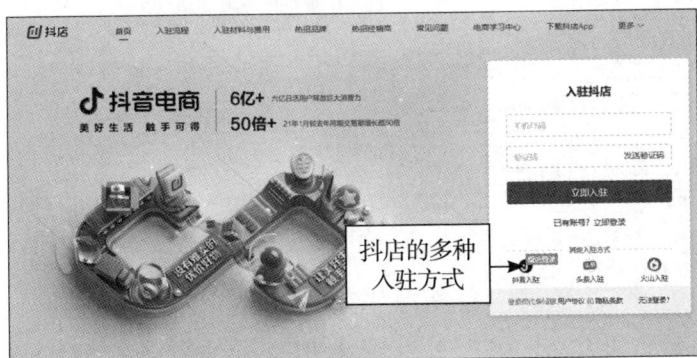

图4-2 抖店官网的"首页"页面

登录抖店平台后,会自动跳转至"请选择主体类型"页面,如图4-3所示。运营者需要在该页面中根据自身需要选择合适的主体类型(单击对应主体类型下方的"立即入驻"按钮)。然后填写主体信息和店铺信息,并进行资质审核和账户验证,最后缴纳保证金,即可完成抖店的入驻。

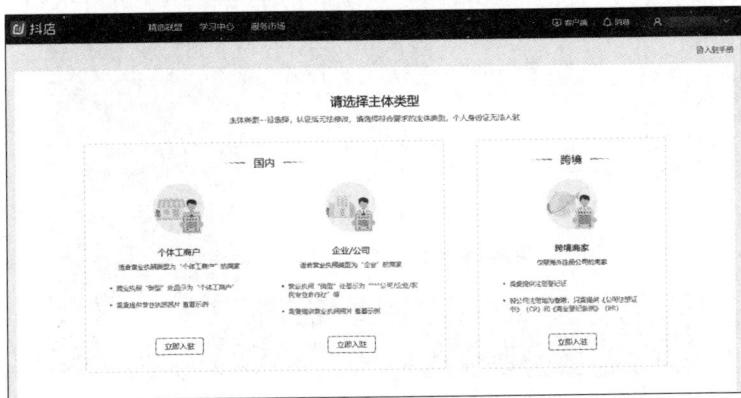

图4-3 "请选择主体类型"页面

4.1.2　新手：完成店铺任务

入驻抖店平台后，运营者应该即时完成新手任务，这不仅可以熟悉相关操作，而且完成任务后还能获得专属流量。进入抖店后台，在左侧导航栏中选择"店铺"|"任务中心"选项进入其页面，如图4-4所示。该页面中会展示各种需要运营者完成的任务，单击对应任务后面的相应按钮，会自动跳转至对应任务的操作入口页面，运营者只需根据提示进行操作，即可完成对应的任务并获得相应奖励。

图 4-4　"任务中心"页面

4.1.3　运营：联系官方运营

运营者可以主动联系抖音电商的官方运营，这样做不仅可以获得更多专属资源和福利，还可以优先体验相关功能。进入抖店后台的"首页"页面，❶单击右下方的"联系运营"按钮；❷弹出"联系抖音电商官方运营"对话框，如图4-5所示。

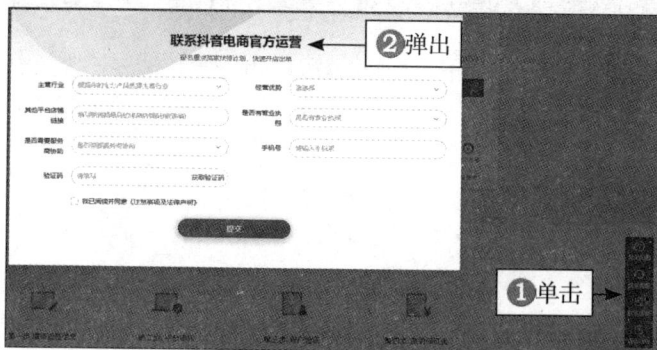

图 4-5　"联系抖音电商官方运营"对话框

运营者只需根据要求填写信息，勾选"我已阅读并同意《注意事项及法律声明》"复选框，并单击"提交"按钮，即可提交信息。信息提交完成后，抖音官方运营会与运营者取得联系。

4.1.4 会员：引导用户入会

抖音电商还上线了"店铺会员"功能，运营者可以引导用户加入店铺会员，让产品更好地触达用户，从而有效地提升店铺收益。当然，运营者要想在抖音平台中直接引导用户加入店铺会员，还需要先在抖店后台开通会员功能。

运营者可以进入抖店后台，❶在左侧导航栏中选择"用户"|"人群触达"选项，即可看到开通会员的相关信息；❷勾选"我已阅读并同意《抖店会员通功能服务协议》"复选框；❸单击"立即开通"按钮，如图4-6所示。

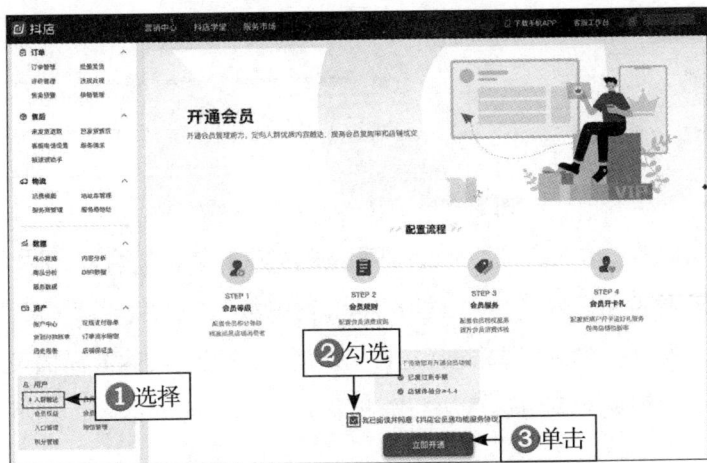

图4-6 单击"立即开通"按钮

运营者只需根据提示进行操作，即可成功开通会员功能。会员功能开通后，抖店后台左侧的导航栏中会出现"会员"板块，商家可以进入该板块对会员的相关信息进行设置。

4.1.5 规划：店铺推广方式

目前，抖店的流量主要来源于直播间、短视频和自然搜索，运营者既可以通过创意十足的带货内容获取直播和短视频流量，也可以通过达人推荐测评来获取自然搜索流量。另外，抖店常用的推广方式还有达人合作、优惠券、限时限量购、满减活动、定时开售、拼团等。运营者需要正确地使用这些推广方式，从而有效地提升流量的转化与商品推广效果。

以达人合作推广为例，运营者选择的达人越优质，则抖店获取的流量就越精准，同时商品转化率也会越高。运营者可以借助抖店后台中的"精选联盟"功能高效、精准地寻找带货达人，从而快速达成合作。

另外，在巨量百应平台的"服务大厅"板块中有一个"达人广场"选项，运营者可以在该页面中查找达人并与之建联（建立联系），如图4-7所示。

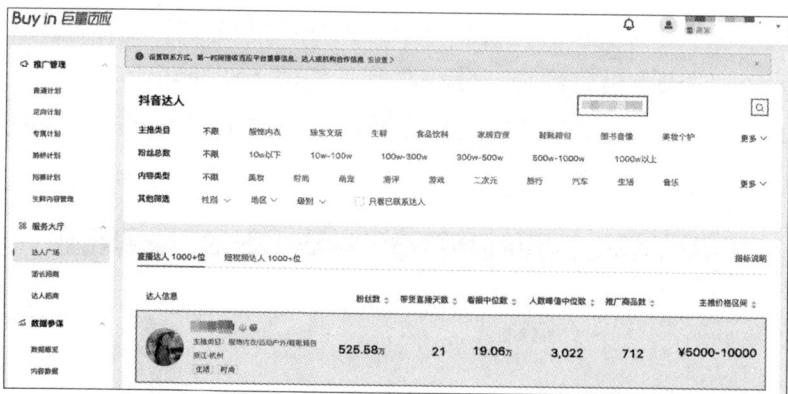

图4-7 "达人广场"页面

运营者可以在"达人广场"页面中筛选达人并下单，与合适的达人进行合作。具体来说，运营者可以从"主推类目""粉丝总数""内容类型"和"其他筛选"等角度，对达人进行筛选。选择相应的达人后，即可进入达人详情页，运营者可通过带货口碑和相关数据对达人进行分析，筛选出合适的达人，如图4-8所示。

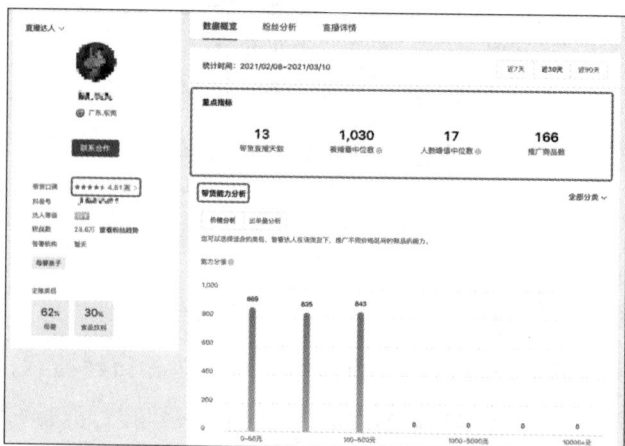

图4-8 达人详情页

达人详情页中包括"数据概览""粉丝分析"和"直播详情"板块，这些板块中依次呈现达人账号的整体运营数据、用户画像数据和直播带货数据。运营者可以根据自身的需求，选择合适的板块进行达人账号的数据分析。

筛选到合适的达人后，运营者可以与达人建立联系，就合作的相关事宜进行协商。确定要合作后，运营者可以创建专属计划任务或定向计划任务，在巨量百应平台中下单。只要达人接受任务，运营者就可以与其进行合作。

4.1.6 装修：提升视觉效果

优质的店铺装修，能够帮助运营者更好地引导用户下单。店铺装修不仅可以提高店铺页面的美观度，营造出购物氛围感，而且还可以让更多用户被店铺中的内容吸引，主动购买商品，成为店铺的消费者，达到提高店铺转化效果的目的。

抖店装修就是对店铺中的大促活动页、精选页、分类页和自定义页等页面进行设计，增强店铺中各个页面的视觉效果，给进入店铺的用户留下良好的第一印象。运营者可以进入抖店后台的"首页"页面，在左侧导航栏中选择"店铺"|"店铺装修"选项，如图4-9所示。

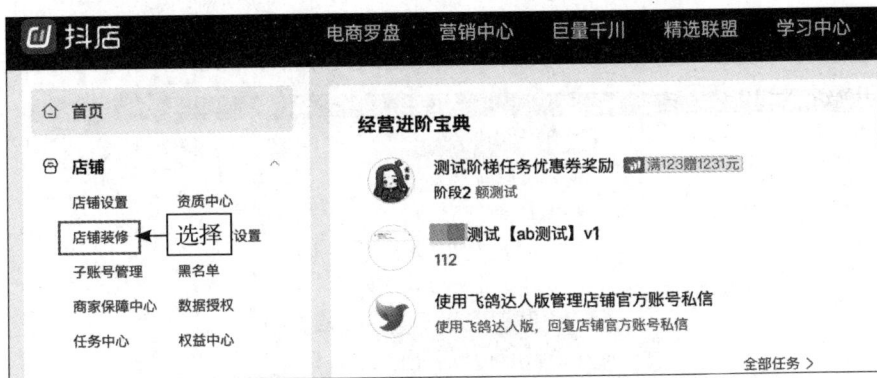

图4-9 选择"店铺装修"选项

进入"店铺装修"页面，运营者可以在左侧导航栏中选择相应的页面进行装修设计，如图4-10所示。其中，精选页即商品橱窗精选页，对该页面进行装修设计可以起到突出主推商品、提高商品转化率等作用。

分类页是指店铺的橱窗分类页，对该页面进行装修设计可以更好地对商品进行分类整理，让用户更加快速、准确地找到需要的商品，从而达到提高商品转化率的目的。自定义页面是指按照自己的想法定义的页面，这种页面不固定在店铺中的某个位置，可以用于设置精选页海报的跳转链接页。通过自定义页的设置可以将同一类别、功效或活动的商品集合在一起，从而达到增加商品曝光量和提高店铺收益的目的。

图 4-10　"店铺装修"页面

例如，在左侧导航栏中选择"大促活动页"选项进入其页面，单击"装修页面"按钮，进入"大促承接页"页面，如图 4-11 所示。运营者可以将左侧的组件拖至中间页面中，进行大促活动页的装修设计。设计完成后，单击右上方的"生效"按钮，即可保存大促活动页的装修效果。

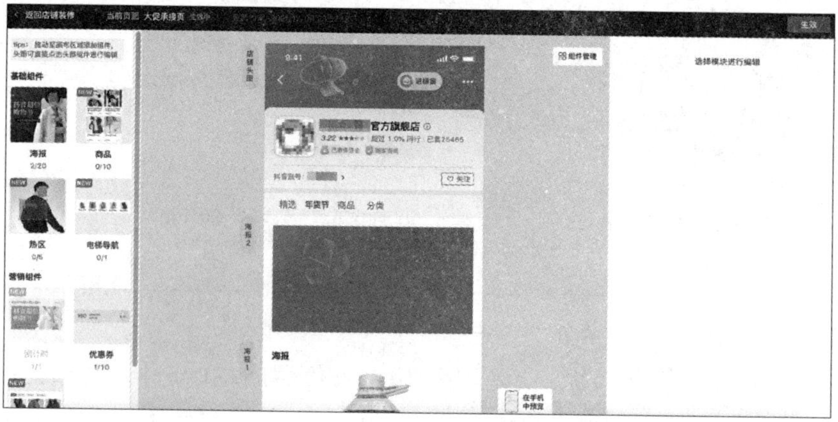

图 4-11　"大促承接页"页面

专家提醒：当然，店铺装修功能是有一些使用条件的，运营者只有保证店铺处于正常营业状态，且完成店铺官方账号的绑定，才能进行店铺装修。另外，如果店铺有子账号，那么，只有配置了店铺装修权限的子账号，才能进行店铺装修。

4.1.7 客服：提升用户满意度

在为用户提供售后服务的过程中，客服服务质量无疑是非常重要的，只有客服服务质量上去了，才能提高用户的满意度，在促进店铺成交的同时，增加用户的复购率。

抖店客服包括人工客服和机器人客服两类，相比于机器人客服，人工客服会更有温度，并且也更能提供用户需要的服务。在通过人工客服与用户沟通时，客服人员可通过一些技巧增加用户的购物欲望。

例如，客服人员可通过向用户发送优惠券，让用户更愿意在店铺中消费。需要说明的是，如果人工客服使用子账号接待用户，需要获得权限才能给用户发送优惠券。进入飞鸽客户端的聊天页面，❶单击输入框中的图标；❷在弹出的"店铺优惠券"对话框中单击"前往商家后台创建更多优惠券"按钮，如图 4-12 所示。

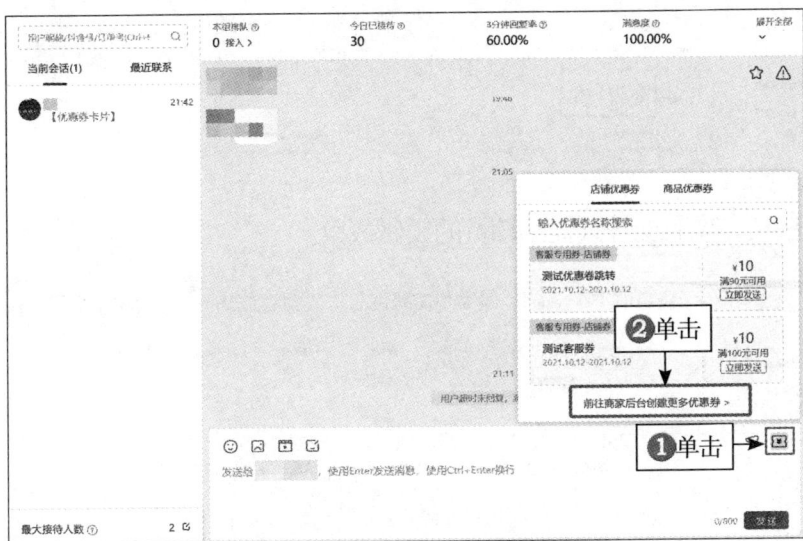

图 4-12　单击"前往商家后台创建更多优惠券"按钮

进入抖店后台的"新建客服专享券"页面，在此即可创建客服专享券。然后返回飞鸽客户端的聊天页面，此时单击输入框中的图标，在弹出的对话框中看到刚刚新建的客服专享券，单击该客服专享券中的"立即发送"按钮，即可将其发送给用户。

抖店还提供了飞鸽机器人客服，运营者可以使用该功能更好地为用户服务。与人工客服相比，飞鸽机器人客服具有自动提供服务、随时可提供服务、可同时服务多位用户和无须花费成本等优势。运营者可以进入抖店后台的"首页"页面，单击右上角的🔳图标，如图4-13所示。

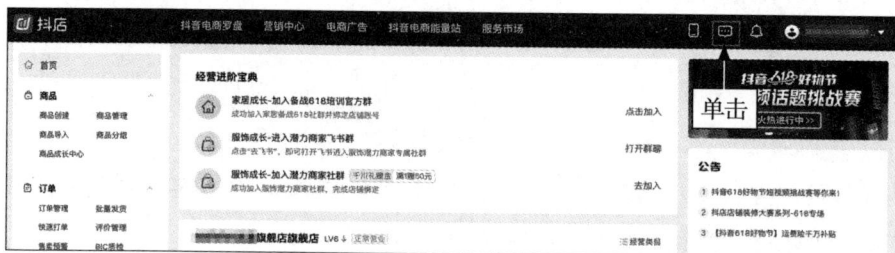

图4-13 单击🔳图标

进入飞鸽后台，❶在左侧导航栏中选择"机器人设置"丨"基础设置"选项进入其页面；❷在右侧窗口中开启"开通机器人"功能，并完成页面中的配置任务，即可使用机器人客服接待用户，如图4-14所示。

图4-14 开启"开通机器人"功能

4.1.8 订单：提高发货的效率

用户通过抖音盒子平台购买抖店中的商品后，运营者需要根据订单及时给用户发货，这既是在履约，也是增加店铺复购率必须要做好的一件事。为了帮助运营者做好店铺订单管理，提高发货效率，运营者需要掌握一些订单管理的技巧。

其中，订单发货管理就是根据抖店的订单进行有序发货，抖店推出了"批量发货"功能，能够帮助运营者提高发货的效率。进入抖店后台，在左侧导航栏中选择"订单"丨"批量发货"选项，进入"批量发货"页面，❶单击"下载模板"

按钮，根据模板编辑订单信息；❷单击"立即上传"按钮，如图 4-15 所示，上传编写好的订单信息。

图 4-15　单击"立即上传"按钮

订单文件上传完成后，在右侧的"待发货"选项卡中会出现相关的订单信息，❶勾选相应订单前方的复选框；❷单击下方的"批量发货"按钮即可，如图 4-16 所示。

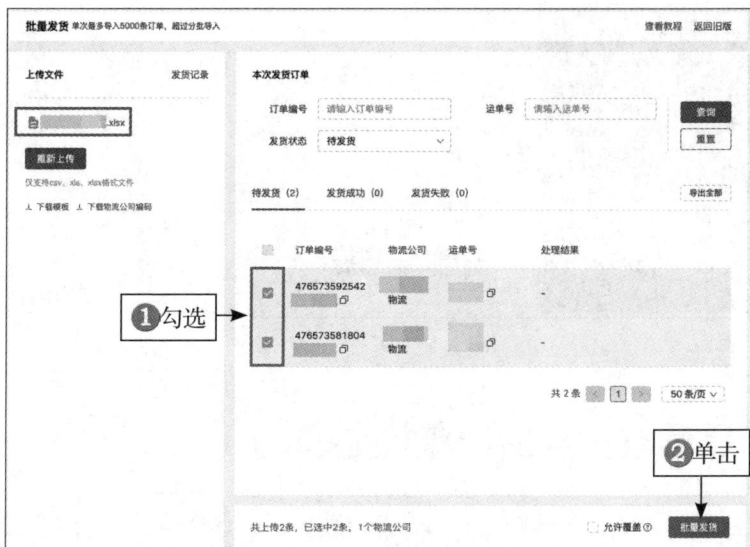

图 4-16　单击"批量发货"按钮

另外，如果用户和运营者就商品的价格进行协商，或者运营者发现订单价格不正确，此时还可以通过抖店后台的"改价"功能修改订单中的商品价格。进入抖店后台，❶在左侧导航栏中选择"订单"|"订单管理"选项进入其页面；

❷切换至"待支付"选项卡；❸单击对应订单中的"改价"按钮，如图 4-17 所示。

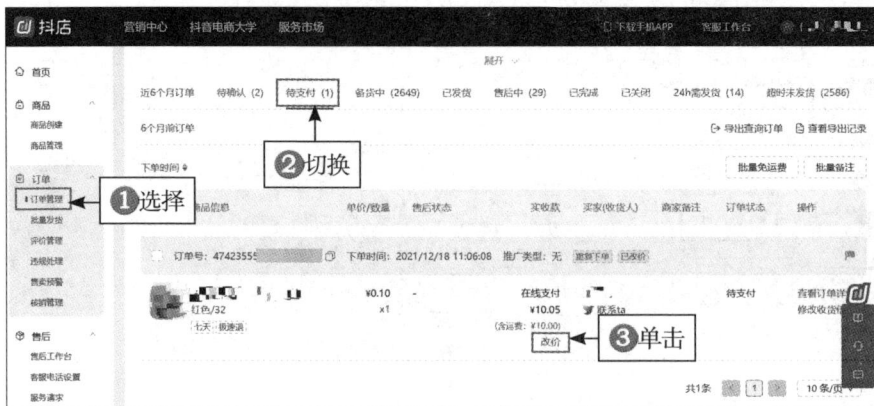

图 4-17 单击"改价"按钮

弹出"改价"对话框，运营者可以利用"一键改价"功能快速修改价格，也可以在"改价"和"运费"文本框中自定义修改价格，同时系统会自动计算出"买家实付（含运费）"的价格，如图 4-18 所示。

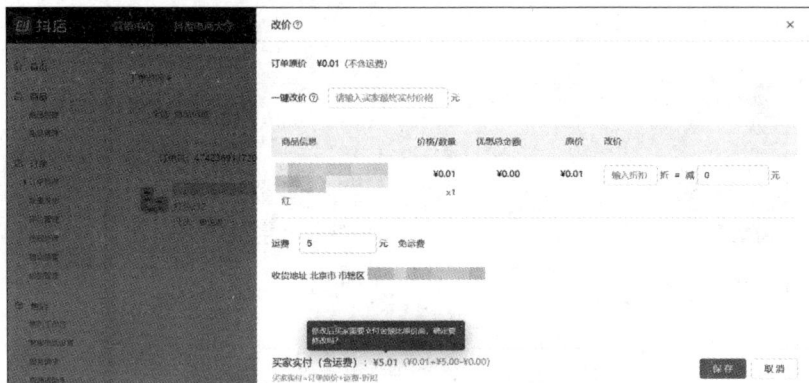

图 4-18 "改价"对话框

4.2 产品运营：抖店出单核心技巧

对于抖店的运营工作来说，产品的运营是带货出单的重中之重，包括选品、定价、上货等多个环节。虽然很多运营者都知道抖店产品运营的重要性，但仍然有很多人在这个环节上遇到各种问题。本节将介绍产品运营的相关技巧，包括选品渠道、选品技巧、上架商品、上货服务、优化商品、打造卖点等。

4.2.1　渠道：快速找到产品

目前，抖店可用的选品渠道非常多，包括抖音选品广场、头部达人直播间、优质同行店铺、蝉妈妈等，运营者可以将所有与产品相关的渠道都尝试一遍，看看哪个渠道的产品质量最优、价格最低、供应链最完善。

下面以抖音选品广场为例，介绍利用该渠道选品的操作技巧。

（1）在抖音 App 中进入"我"界面，点击"商品橱窗"按钮，如图 4-19 所示。

（2）进入"商品橱窗"界面，在"精选联盟"选项区中点击"选品广场"按钮，如图 4-20 所示。

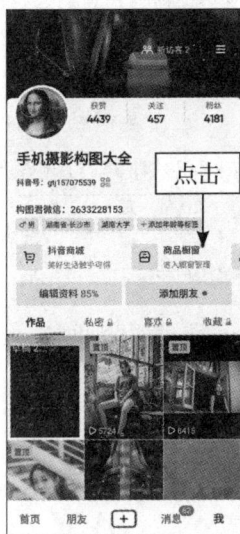

图 4-19　点击"商品橱窗"按钮　　　　图 4-20　点击"选品广场"按钮

（3）进入"抖音电商精选联盟"界面，在"选品中心"选项卡中，运营者可以根据类目标签、商家榜单、热销榜单、爆款推荐、新品专区、短视频专区、9.9 秒杀、团长好货、品牌专区、联盟带货王及精选推荐等功能筛选产品，如图 4-21 所示。在"精选推荐"选项区中，会根据运营者的历史推广记录和粉丝等情况，进行个性化的选品推荐。点击右上角的"链接"按钮，可以添加抖店或外部平台的商品链接。另外，在"合作商品"选项卡中，会根据合作类型展示内容，如专属推广、定向计划和运营者店铺等板块。

（4）❶运营者可以在搜索框中输入商品名称（或店铺名称）；❷点击"搜索"按钮；❸在搜索结果中选择相应商品，如图 4-22 所示。

图 4-21 "选品中心"选项卡

图 4-22 选择相应商品

（5）进入"商品推广信息"界面，在此可以查看该商品的佣金率、售价、预估每单利润、保障服务、近 30 天推广数据和评价，确认商品合适后，点击"加入橱窗"按钮将该商品添加到商品橱窗中，如图 4-23 所示。

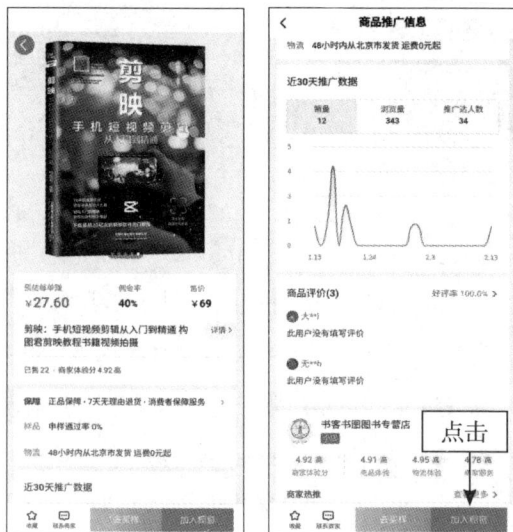

图 4-23 点击"加入橱窗"按钮

（6）如果运营者还想进一步了解该商品，可以点击"详情"按钮进入商品详情页，查看该商品的详细介绍，并决定是否选择该商品，如图 4-24 所示。

图 4-24　商品详情页

4.2.2　选品：找出优质产品

在抖音盒子平台上带货，选择的产品质量好坏会直接影响用户的购买意愿，运营者可通过以下几点来选择带货的产品。

1. 选择高质量的产品

抖店中不能出现"假货""三无产品"等伪劣产品，这属于欺骗消费者的行为，平台会给予严厉惩罚。因此，运营者一定要本着对消费者负责的原则进行选品。

用户在运营者的店铺进行下单，必然是信任运营者，运营者选择优质的产品，既能加深用户的信任感，又能提高产品的复购率。因此，运营者在产品的选择上可以从以下几点出发，如图 4-25 所示。

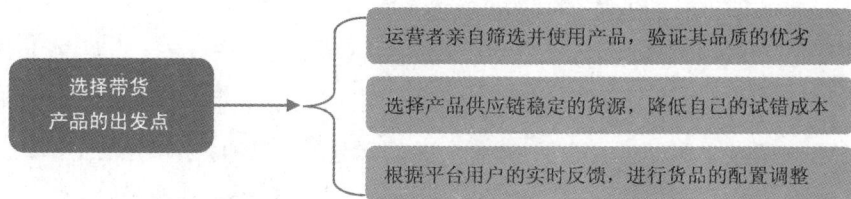

图 4-25　选择带货产品的出发点

2. 选择与人设定位相匹配的产品

如果是网红或者明星进行带货，在产品的选择上，首先，选择符合自身人设的品牌。例如，作为一个"吃货"，运营者选择的产品一定是美食；作为一个健身博主，运营者选择的产品可以是运动服饰、健身器材或者代餐产品等；作为一个美妆博主，运营者选择的产品一定是美妆品牌。

其次，产品要符合运营者的人设性格。例如，某明星要进行直播带货，该明星的人设是"天真烂漫，活泼可爱"，那么其所带货的产品，品牌调性可以是有活力、明快、个性、时尚或者新潮等风格的产品；如果运营者是认真且外表严谨的人设，那么他所选择的产品更侧重于高品质，具有优质服务的可靠产品，也可以是具有创新的科技产品。

3. 选择一组可配套使用的产品

运营者可以选择一些能够搭配销售的产品，进行"组合套装"出售，还可以利用"打折""赠品"等方式，吸引用户观看直播并下单。

用户在抖音盒子平台上购买产品时，通常会对同类产品进行对比，如果运营者单纯利用降价或者低价方式，可能会让用户对这些低价产品的质量产生怀疑。

但是，如果运营者利用搭配销售产品的优惠方式，或者赠品方式，既不会让用户对产品的品质产生怀疑，也能在同类产品中体现出一定的性价比，从而让用户内心产生"买到就是赚到"的想法。

例如，在服装产品的直播间，运营者可以选择一组已搭配好的衣服和裤子进行组合销售，既可以让用户在观看直播时，因为觉得搭配好看而下单，还能让用户免去自己搭配服饰的烦恼。因此，这种服装搭配的销售方式，对于不会穿搭的用户来说，既省时又省心，吸引力相对来说会更高一些。

4. 选择一组产品进行故事创作

运营者在筛选产品的同时，可以利用产品进行创意构思，加上场景化的故事，创作出有趣的带货脚本内容，让用户在观看直播的过程中产生好奇心并进行购买。

故事创作可以是某一类产品的巧妙利用，介绍这个产品并非平时所具有的功效，在原有基础功能上进行创新，在满足用户痛点（满足刚需）的同时，为用户带来更多痒点（满足欲望）和爽点（即时满足）。另外，内容的创意构思也可以是多个产品之间的妙用，或者是产品与产品之间的主题故事讲解等。

4.2.3 上架：创建店铺商品

运营者选到合适的商品后，即可将商品上架到抖店中，这样用户才能在抖音盒子平台上看到并购买你的商品。下面介绍在抖店中上架商品的具体操作方法。

（1）进入抖店后台的"首页"页面，在左侧导航栏中选择"商品"|"商品创建"选项，如图 4-26 所示。

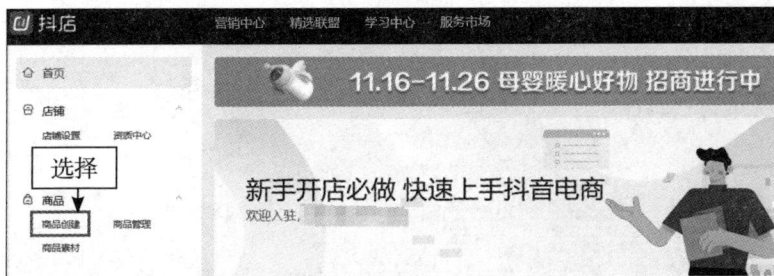

图 4-26　选择"商品创建"选项

（2）进入"商品创建"页面，在"选择商品类目"选项区中，❶根据商品类别选择合适的类目；❷单击"下一步"按钮，如图 4-27 所示。

图 4-27　单击"下一步"按钮

专家提醒：运营者需要先做好店铺的精准定位，然后根据定位风格选择商品类目，让店铺的整体风格更加清晰，这样抖音盒子平台也可以给你的店铺打上更加明确的标签，同时匹配更精准的用户去展现店铺。运营者可通过店铺定位快速找到市场的着力点，并开发或选择符合目标市场的商品，避免店铺绕弯路。

（3）进入"商品创建"页面的"基础信息"板块，如图 4-28 所示。在该板块中填写商品的相关信息，并单击"发布商品"按钮，即可提交商品的相关信息。

然后运营者只需根据系统提示设置商品的图文内容、价格库存、服务与履约的相关信息，即可完成商品的创建。

图 4-28　"基础信息"板块

4.2.4　上货：批量添加商品

运营者如果有其他平台的店铺，也可以借助上货服务来批量添加商品，这样效率会更高。运营者可以进入"抖店丨服务市场"后台的"首页"页面，在"管理工具"菜单中单击"一键搬家"或"一键上架"超链接，如图 4-29 所示。

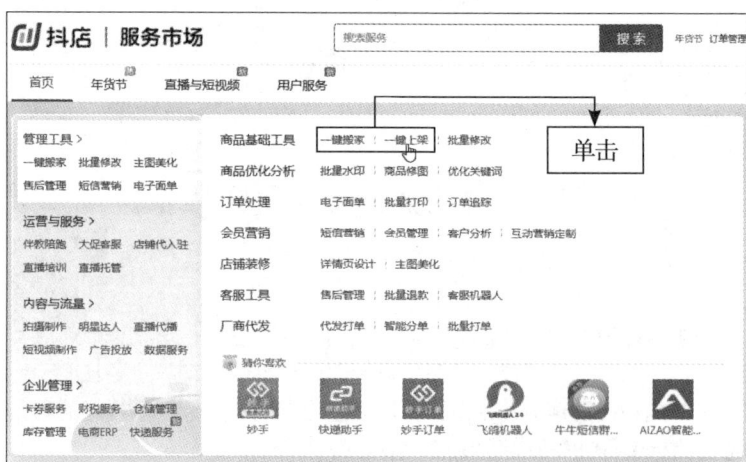

图 4-29　单击"一键搬家"或"一键上架"超链接

即可搜索到大量的上货服务，如图 4-30 所示。运营者可以根据销量、评分和发布时间等维度来选择合适的上货服务。

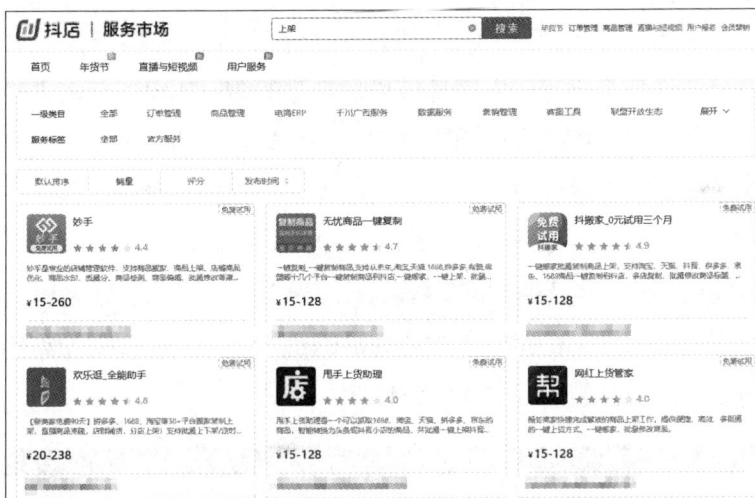

图 4-30　上货服务搜索结果

选择相应的上货服务后进入其详情页面，可以查看该服务的功能介绍、服务详情、使用教程和服务评价等内容，❶选择相应的版本和周期后；❷单击"立即订购"按钮即可订购该服务，如图 4-31 所示。上货服务可以抓取天猫、京东、微店、阿里巴巴、拼多多、淘宝等平台的店铺商品，快速将其添加到抖店平台上。

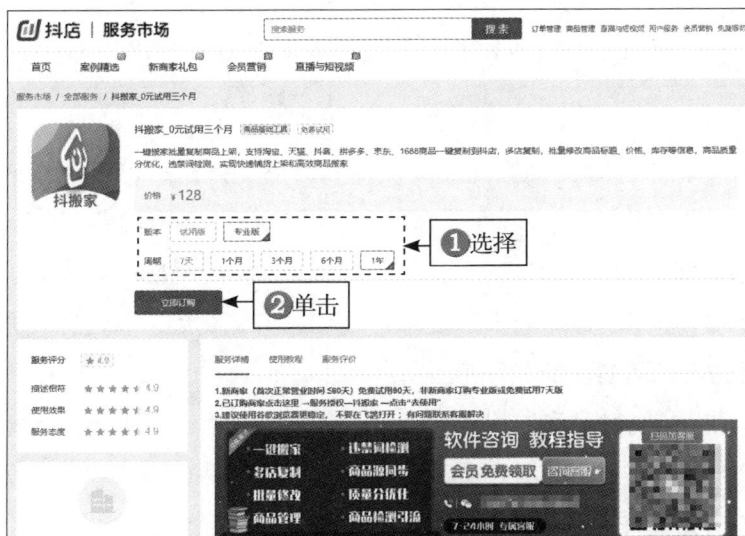

图 4-31　单击"立即订购"按钮

4.2.5　优化：提高商品点击率

抖店中的商品信息包括主图、标题、详情页，用户在抖音盒子平台上也能看到这些信息。其中，标题和主图是用户对商品的第一印象，运营者一定要反复琢磨如何优化商品信息更能吸引用户点击进去查看。详情页则保持内容的客观真实即可，尽量与实物描述一致，切勿夸大宣传。

运营者可以在抖店后台进入"商品成长中心"页面，查看系统自动对店铺中所有在售的商品进行问题评估的内容，如图4-32所示。运营者可以及时按照优化建议对商品进行优化，有助于规避商品的违规行为、提高商品点击率及转化率等指标，进一步完善店铺的总体经营情况。

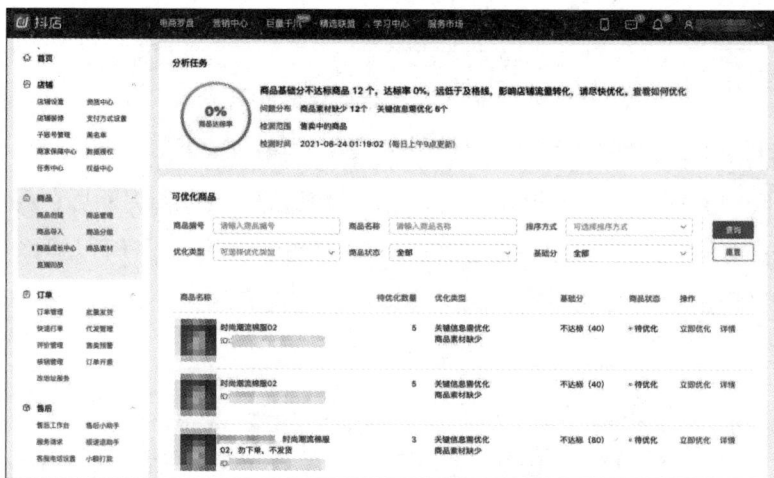

图 4-32　"商品成长中心"页面

在商品列表中，单击相应商品右侧的"详情"按钮，可以查看该商品的全部待优化内容和优化建议，如图4-33所示。单击"立即优化"按钮，即可跳转至商品信息编辑页面，单击其中的输入框可在屏幕右侧查看修改提示和填写规则，如图4-34所示。运营者按照提示对商品进行优化后，单击"发布商品"按钮，审核通过后即可修改商品信息。

例如，优化商品标题的作用是为了让用户能搜索到、能点击该标题，最终进入店铺产生成交。标题优化的作用则是为了获得更高的搜索排名、更好的用户体验、更多的免费有效点击量。

在商品的标题文字中，要能够体现出商品的品牌、属性、品名和规格等信息。运营者在创建商品时，还需要在商品标题下方填写商品的相关属性。好的商品标题可以给商品带来更大的曝光量，能够准确地切中目标用户，所以，运营者一定要重视标题。

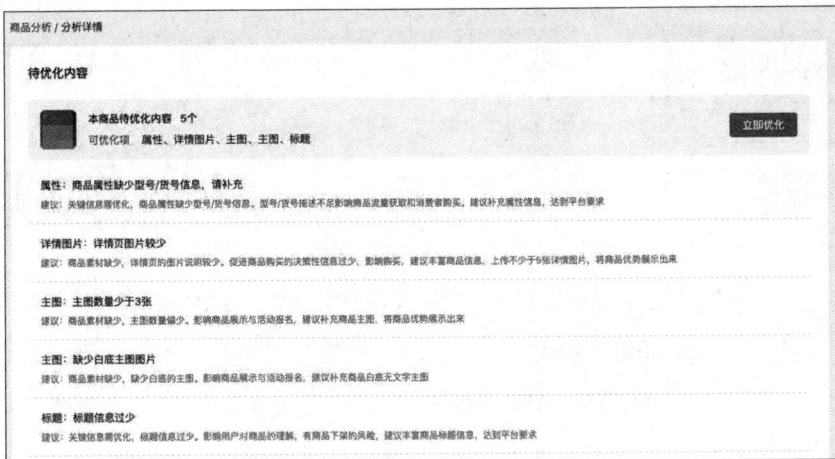

图 4-33　查看商品的全部待优化内容和优化建议

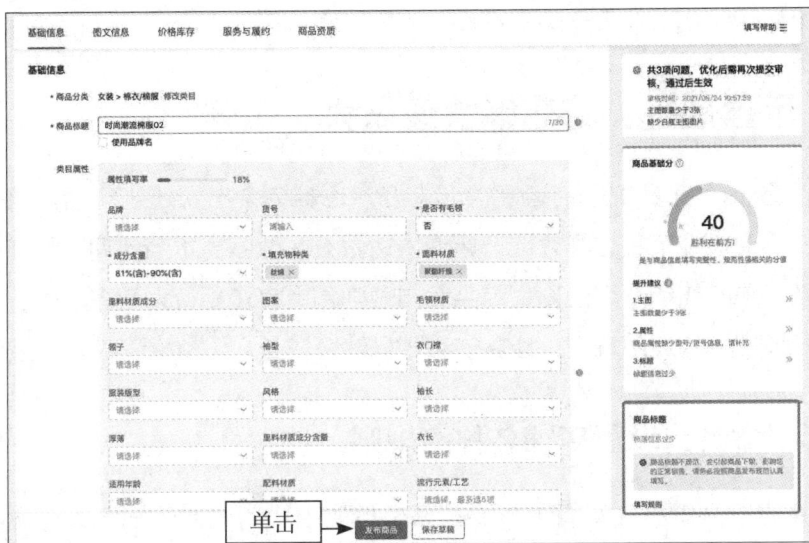

图 4-34　商品信息编辑页面

4.2.6　卖点：增加商品吸引力

运营者在抖音盒子平台上带货时，需要深入分析产品的功能并提炼相关的卖点，然后亲自去使用和体验产品，并将产品卖点与用户痛点相结合，通过直播或短视频来展现产品的真实应用场景。打造产品卖点的四个常用渠道如图 4-35 所示。

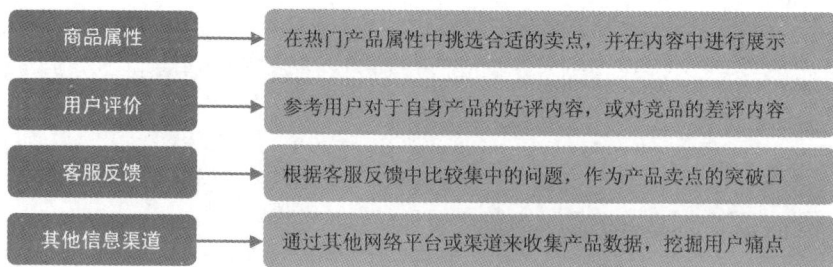

图 4-35　打造产品卖点的四个常用渠道

总之，运营者只有深入了解自己所带货的产品，对产品的生产流程、材质类型和功能用途等信息了如指掌，才能提炼出产品的真正卖点。在做抖音盒子的内容时，运营者可以根据用户痛点需求的关注程度来排列产品卖点的优先级，全方位地介绍产品信息，吸引用户加购或下单。

运营者要想让自己的产品吸引用户的目光，就要知道用户想要的是什么，只有抓住用户的消费心理来提炼卖点，才能让产品更吸引用户并促进他们下单。

4.3　运营规则：将店铺快速做大、做强

抖店的商家就是把店铺运营得非常好，也难免会出现违规行为。因此，商家必须做到合规经营，这样才能让店铺快速做大、做强。本节整理了抖店的一些运营规则，包括店铺命名规则、商品发布规则和商家违规行为管理规则，帮助运营者更好地理解和运用规则，让店铺和账号健康成长。

4.3.1　命名：设置店铺名称的规则

从抖店的品牌推广来看，想要在整个抖店中让店名便于记忆，在命名上需要具备新颖、易于传播等特点。在店铺主页中，店铺名称通常位于最顶端，其作用与实体店铺的名称相同，是大部分消费者最先了解和接触到的信息。

店名是店铺的名称和招牌，一个好的店名，除了能给人传达明确的信息外，还可以表现出店铺产品的品牌和品质。运营者在设计店名时需要遵循一定的平台规则，清晰地告诉用户你在卖什么，或者你的店铺有什么特色与影响力。

抖店的店铺类型可细分为官方旗舰店、旗舰店、专卖店、专营店、企业店和个体店，下面分别介绍这些店铺的定义和命名规则，如表4-1所示。

表4-1 抖店的店铺类型和命名规则

店铺类型	定 义	授 权	申请主体	品牌力	命名形式
官方旗舰店	以自有品牌（商标为R标或TM标）或由商标权利人（商标为R标）提供独占授权的品牌，入驻平台开设的企业店铺	针对独占授权的品牌，"品牌授权书"模板应为"官方旗舰店授权模板"	应为企业，个体工商户/个人不得申请	高	品牌名+官方旗舰店
旗舰店	以自有品牌（商标为R标或TM标）或由商标权利人（商标为R标）提供独占授权的品牌，入驻平台开设的企业店铺	根据品牌授权书类型，可申请"旗舰店"或"官方旗舰店"	应为企业，个体工商户/个人不得申请	高、中	品牌名+一级类目（可选）+旗舰店
专卖店	以商标权利人提供普通授权的品牌入驻平台开设的企业店铺	入驻品牌应为已经注册的商标（R状态），或申请时间满6个月且无驳回复审的TM标	应为企业，个体工商户/个人不得申请	高、中	品牌名+企业商号+一级类目（可选）+专卖店
专营店	以商标权利人提供普通授权的品牌入驻平台开设的企业店铺，经营两个及以上品牌	入驻品牌应为已经注册的商标（R状态），或申请时间满6个月且无驳回复审的TM标	应为企业，个体工商户不得申请	高、中	企业商号+一级类目（可选）+专营店
企业店	以商标权利人提供普通授权的品牌入驻平台开设的企业店铺，经营一个及以上品牌	入驻品牌应为已经注册的商标（R状态），或申请时间满6个月且无驳回复审的TM标	应为企业，个体工商户不得申请	低	自有品牌："品牌+一级类目（可选）+企业店"；授权品牌："品牌+一级类目（可选）+授权企业店"；无授权品牌："企业商号+企业店"
个体店	以商标权利人提供普通授权的品牌入驻平台开设的企业店铺，经营一个及以上品牌	入驻品牌应为已经注册的商标（R状态），或申请时间满6个月且无驳回复审的TM标	应为个体工商户，不能为企业	低	自定义+个体店

注意：个体店的店铺名称同时需遵守以下规则。

（1）个体店的店铺名称不得使用"旗舰""专卖""专营""官方""直营""官字""官方认证""官方授权""特许经营""特约经销"或其他带有类似含义的内容。

（2）如店铺名称出现品牌（企业商号包含品牌且该品牌的权利人为商家店铺入驻主体的情况除外），需提供品牌授权。

（3）部分类目不允许出现部分品牌名。

对于旗舰店、专卖店和专营店来说，如果店铺同时经营多类目，则选择其中一个经营类目即可。另外，如果专卖店的企业商号与品牌名重复，则可命名为"品牌名＋企业商号（公司名称中任意字段）＋一级类目（可选）＋专卖店"。同时，专营店不得以"××（品牌名）专营店"命名。图 4-36 所示为抖店的命名限制规则。

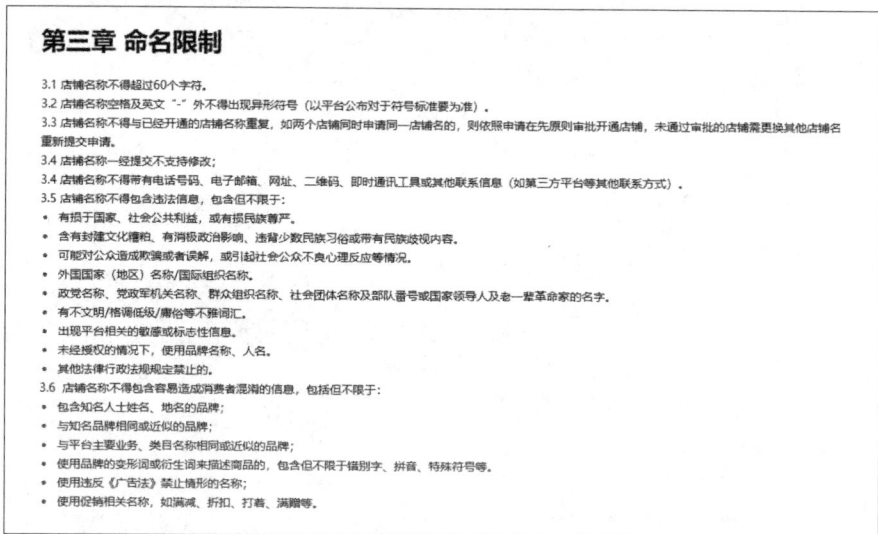

图 4-36　抖店的命名限制规则

官方旗舰店、旗舰店、专卖店、专营店必须且仅能绑定一个认证企业号（蓝 V 标识），同时店铺绑定的认证企业号命名需遵守以下规则。

（1）官方旗舰店：品牌名＋官方账号，与电商侧的店铺名称保持完全一致。

（2）旗舰店：品牌名＋一级类目（可选），与电商侧的店铺名称保持完全一致。注意：一级类目需要和电商侧一致，仅限店铺命名中加了一级类目的情况下，且要一致。

（3）专卖店：与店铺名称保持完全一致。

（4）专营店：与店铺名称保持完全一致。

4.3.2　发布：商品信息的发布规则

抖店为了营造良好的平台生态秩序和购物氛围，根据相关的法律法规和规章制度制定了《商品信息发布规范》，从而给商家和用户带来更加优质的使用体验。《商品信息发布规范》中对于商品信息的发布制定了明确的规则，具体包括商品类目、商品标题、商品主图、商品详情、商品价格、商品 SPU/SKU 设置、商品品牌和商品保质期等内容。

（1）商品类目：根据商品实际属性，填写正确的商品类目。

（2）商品标题：标题字数控制在 16 ～ 60 个字符，1 个汉字占 2 个字符的空间，同时标题内容应包含商品的品牌、品名、基本属性（如材质、功能、特征）和规格参数（如型号、颜色、尺寸、规格、用途、货号）等，不能出现其他与品牌或商品无关的信息，相关示例如图 4-37 所示。

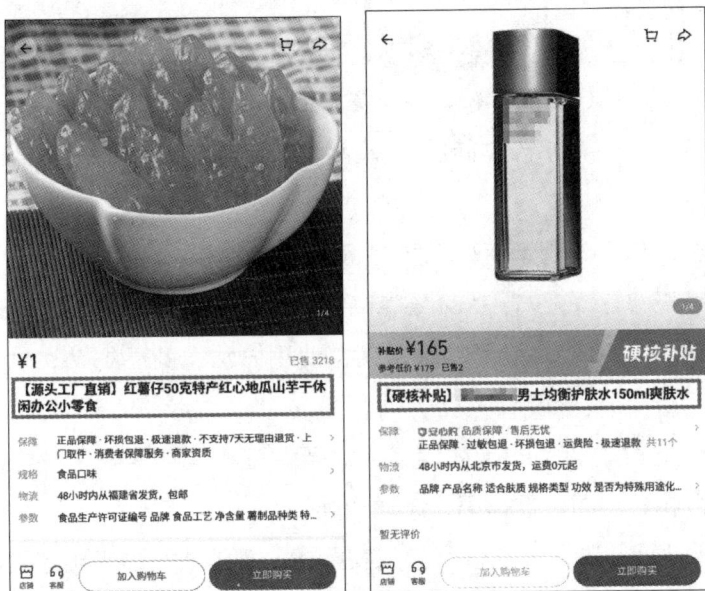

图 4-37　商品标题示例

（3）商品主图：第一张主图必须为商品主体正面实物图，其他辅图可以放商品的侧面、背面、平铺及细节等图，同时主图中除 Logo 外不能出现其他的文字和水印，相关示例如图 4-38 所示。部分类目要求主图数量需要超过三张，而且不能包含完全一样的图片，具体以产品页面提示为准。

> 专家提醒：不能将所有主图中的商品都采用相同的展示角度，而需要从多角度、多方位展示商品。同时，主图中体现的商品个数需要与销售单位完全一致，商品颜色、规格等也要与文字介绍一致，其他与所售商品无关的商品和物体不能出现在主图上。

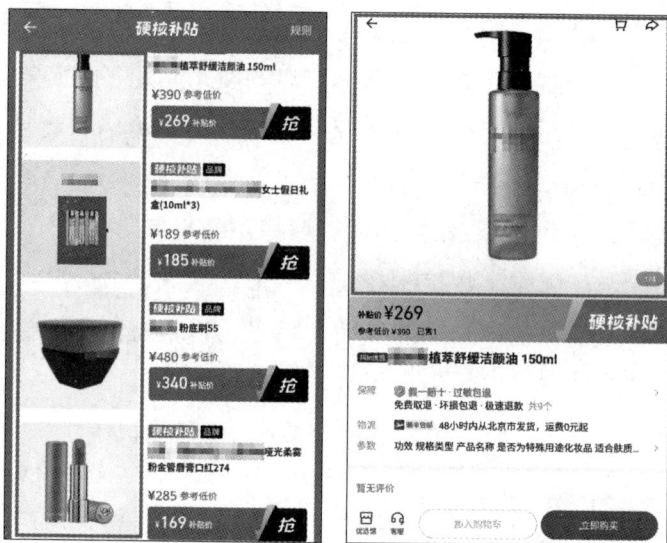

图 4-38　商品主图示例

（4）商品详情：商品详情的内容需要保持完整性、一致性和真实性的原则。

• 完整性：包含可明示商品主要信息的图文内容，同时需保证主要信息的真实、正确、完整、有效，如品牌介绍、商品名称、生产厂商、厂址、许可证编码、生产日期、规格、尺寸、重量、保质期、使用方法、商品细节、优势、注意事项等。

• 一致性：对于商品的描述信息，需要保证相同要素在不同板块中的一致性，如商品标题、主图、推荐语、详情描述等。

• 真实性：商品的实际功效必须如实描述，不能进行虚假和夸大宣传。

（5）商品价格：商品价格需要合理设置，其实际价格不能虚标，且不能随意进行修改和在促销活动中虚假降价。

（6）商品 SPU/SKU 设置：商品 SPU（Standard Product Unit，标准化产品单元）的基本组合形式为颜色、尺寸、系列等属性，相同 SPU 下不能出现跨品牌、类目或系列的其他无关联商品。对于套装类的商品，必须在 SKU 信息中清楚说明商品明细。如图 4-39 所示，某品牌的 10X Pro 智能手机就是 SPU，是商品聚合信息的最小单位；"液态银 8+256 官方标配"就是 SKU，是商品不可再分的最小单元。

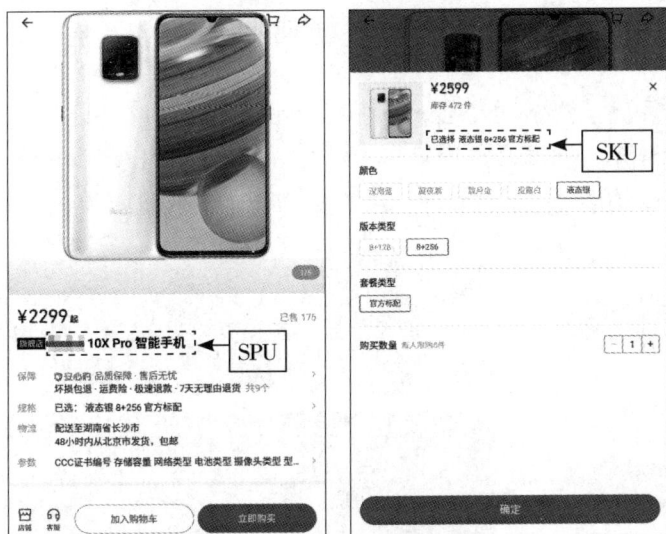

图 4-39　商品的 SPU 和 SKU 信息示例

（7）商品品牌：旗舰店、专卖店、专营店等类型的店铺在上架商品时，必须提供相应的品牌资质，普通店铺在上架部分类目的商品时需要按照相关要求提供品牌资质。只要在店铺名称或商品详情页中出现品牌信息，就必须提供相应的品牌资质。

（8）商品保质期：必须提供正确的商品保质期信息，并要符合《商品信息发布规范》的相关要求，如图 4-40 所示。

1.1 商家须遵守《商品信息发布规范》中的相关要求，同时在商品信息中如实描述商品的保质期；
1.2 对于临近保质期的商品，根据所剩余时间的长短，分为"可销售临期商品"和"不可销售临期商品"两个部分，是否可销售的标准如下：

保质期	可销售的临期商品	不可销售临期商品
730天≤保质期	90天≤临近保质期＜150天	临近保质期＜90天
365天≤保质期＜730天	45天≤临近保质期＜90天	临近保质期＜45天
180天≤保质期＜365天	30天≤临近保质期＜60天	临近保质期＜30天
90天≤保质期＜180天	20天≤临近保质期＜1/3保质期（至多40天）	临近保质期＜20天
30天≤保质期＜90天	10天≤临近保质期＜1/3保质期（至多20天）	临近保质期＜10天
15天≤保质期＜30天	5天≤临近保质期＜1/2保质期（至多10天）	临近保质期＜5天
6天≤保质期＜15天	2天≤临近保质期＜1/2保质期（至多5天）	临近保质期＜2天
2天≤保质期＜6天	1天≤临近保质期＜2天	临近保质期＜1天

- 可销售的临期商品：须在商品标题上写明"临期商品"字样，且必须在商品详情页面最上方显著标示"此商品为临近保质期商品"。

图 4-40　《商品信息发布规范》的部分内容

4.3.3　违规：商家违规行为管理规则

抖店平台针对所有的入驻商家推出了《商家违规行为管理规则》，作为对平台规则的有效补充，商家必须遵守国家法律、行政法规、部门规章、平台规则及与平台签订的各项协议。《商家违规行为管理规则》的基本内容如图 4-41 所示。

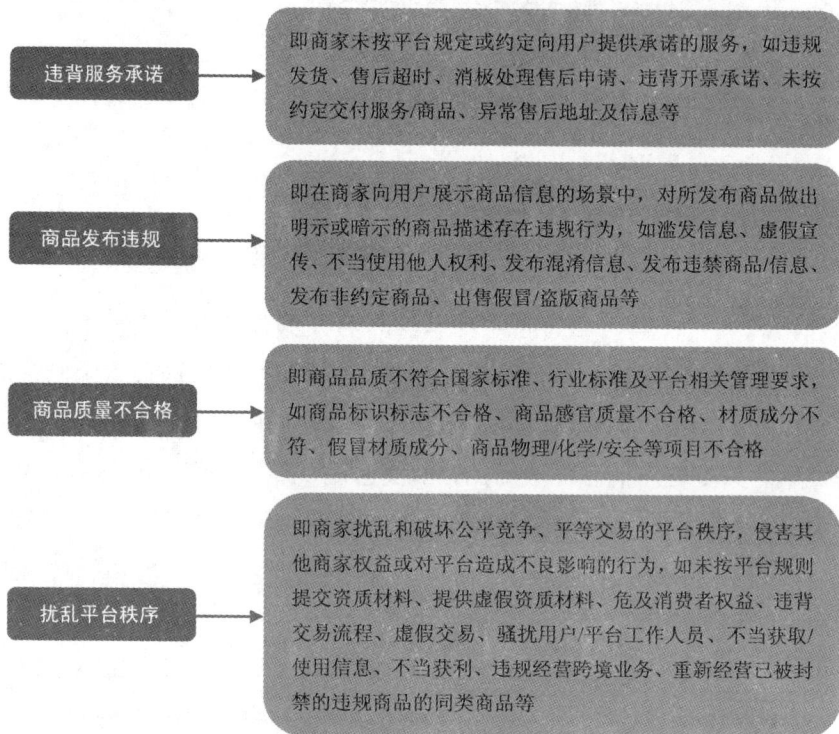

违背服务承诺	即商家未按平台规定或约定向用户提供承诺的服务，如违规发货、售后超时、消极处理售后申请、违背开票承诺、未按约定交付服务/商品、异常售后地址及信息等
商品发布违规	即在商家向用户展示商品信息的场景中，对所发布商品做出明示或暗示的商品描述存在违规行为，如滥发信息、虚假宣传、不当使用他人权利、发布混淆信息、发布违禁商品/信息、发布非约定商品、出售假冒/盗版商品等
商品质量不合格	即商品品质不符合国家标准、行业标准及平台相关管理要求，如商品标识标志不合格、商品感官质量不合格、材质成分不符、假冒材质成分、商品物理/化学/安全等项目不合格
扰乱平台秩序	即商家扰乱和破坏公平竞争、平等交易的平台秩序，侵害其他商家权益或对平台造成不良影响的行为，如未按平台规则提交资质材料、提供虚假资质材料、危及消费者权益、违背交易流程、虚假交易、骚扰用户/平台工作人员、不当获取/使用信息、不当获利、违规经营跨境业务、重新经营已被封禁的违规商品的同类商品等

图 4-41　《商家违规行为管理规则》的基本内容

商家一旦出现上述违规行为，将会被平台处罚，如公示警告、扣除违约金、店铺权限限制、扣除违规所得货款、店铺清退、关联店铺/账号处理、信用分扣除及平台认为必要的其他处理措施。商家在运营抖店时，如果对相关规则不了解，那么，在违规后只能是"徒增伤悲"。

第 **5** 章

内容运营：
兴趣电商内容
流量运营逻辑

抖音盒子的内容运营与普通短视频区别很大，它是一种电商形式的内容，也就是说，要能够实现带货、卖货的功能，可以用内容创造出一个虚拟的销售人员，通过内容的展现来获得流量并向消费者推介产品。

5.1 内容电商：布局短视频的六个理由

当传统电商逐渐走向落没时，必然会出现新的电商模式取而代之，而内容电商就是其中一支"新秀"，正在慢慢发光、发热，显示出其巨大的能量。如今，各种短视频平台将内容电商带入高潮，成为新时代的商业趋势。

那么，商家或带货达人为什么一定要做短视频内容呢？随着时代发展，商业模式也在不断地发展中，不管你身处哪个行业，在面对火爆的短视频潮流时，都要积极做出改变，否则你的思路将跟不上时代的发展而被淘汰。尤其对于做抖音盒子运营的商家和达人来说，更要改变思维，抓住这波短视频流量红利，通过内容运营将"弱关系"打造成"强关系"，并学会利用电商来获得更多盈利。

5.1.1 理由1：商品即内容，内容即广告

用户刷短视频的行为其实有点儿类似于逛街，都是在形形色色的"世界"里漫无目的地"逛"。而运营者的内容就像是大街上的一个个店铺，当用户被运营者的内容吸引，很容易在这种内容场景中购买商品。

相对于图文内容来说，短视频可以使产品"种草"的效率大幅提升。因此，短视频有着得天独厚的带货优势，可以让用户的购物欲望变得更加强烈，其主要优势如图5-1所示。

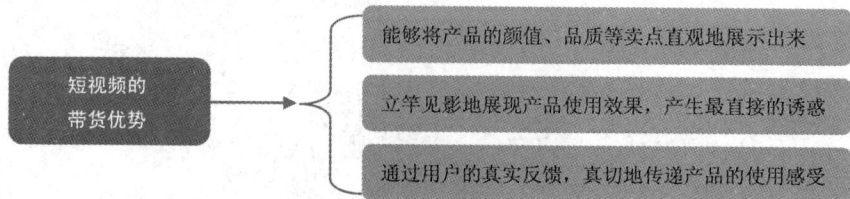

图 5-1 短视频的带货优势

对于年轻人来说，有很多人可能第一次网购就是在短视频或直播间中完成的。在他们看来，短视频或直播间就是用来卖货的，能够给他们带来网购的乐趣。因此，运营者在做抖音盒子内容时，需要明白一点，那就是"商品即内容，内容即广告"，要让商品和内容做到无缝衔接，相关技巧如下。

1. 准确描述时间和特点

首先，运营者要在短视频中将准确的时间告诉消费者，让他们做到胸中有

数，不会错过各种既得利益，同时能够增加用户的获得感。运营者通过短视频向用户推荐产品时，就可以通过准确描述时间的方式给他们造成紧迫感，也可以通过文案内容来提醒用户。

其次，运营者还需要在短视频中准确描述产品的特点和效果，且能够与用户的需求实现精准对接，让产品特色和用户痛点完美结合，相关示例如图 5-2 所示。要在短视频中突出产品的特点，运营者要全身心地去亲自体验产品，用自己的真实感受来打动用户。

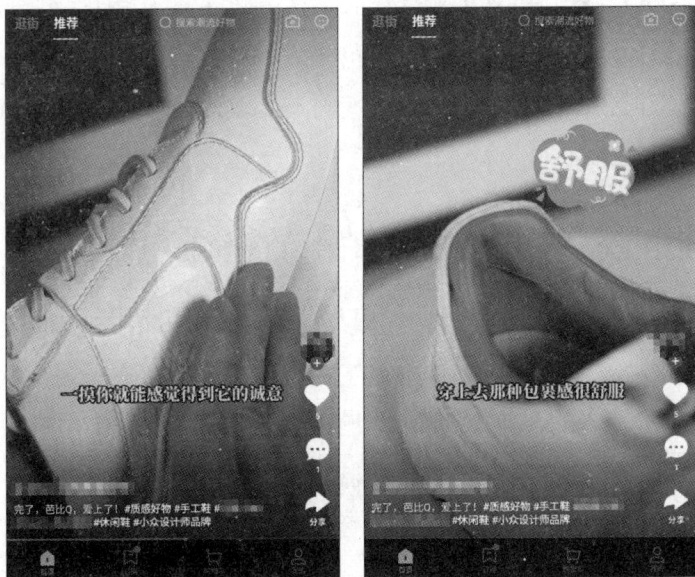

图 5-2　精准描述特点的产品视频文案示例

2. 精准表达产品拥有感

在短视频中，运营者可以适当抬高产品的使用价值，将用户拥有该产品后的感受描述出来，让他们在视频中产生短暂的"拥后感"，这样更能刺激用户的购买欲望。

3. 准确使用描述形容词

运营者可以在短视频中使用准确的感官形容词，包括味觉感官、嗅觉感官、视觉感官、听觉感官及动态感官等，加强用户对产品的主观感受，同时使内容的可信度更高。

4. 准确体现产品独特性

运营者可以认真研究产品的卖点，做出能够展现产品独特性的短视频内容，避免出现同质化的内容。只要运营者能够做出百分之百的独特性内容，就能够达到快速占领用户心智的目的，相关方法如下。

- 参考竞品的短视频内容，从中找到不同的切入点。
- 参考跨类别的短视频内容，将其中的精华内容与自己的产品结合。

5. 准确体现产品针对性

在短视频中准确体现产品针对性是指针对用户的某个需求或痛点来说的，可以多用"你"这个字，能够让展现效果更加生动。

与卖点不同，痛点强调用户的诉求和体验，主要从用户自身出发。比如，小米击中了大多数消费者觉得智能手机价格太高的痛点，支付宝、微信支付解决了很多人觉得带现金出门麻烦的痛点。而打造爆款短视频内容的重点，就在于能够准确击中用户的痛点。

5.1.2 理由2：短视频"种草"，直播间"拔草"

在抖音盒子平台中，短视频和直播是一对相辅相成的内容形式，很多运营者通过短视频来涨粉引流，进一步丰富了短视频的内容生态。短视频"种草"＋直播间"拔草"，两者的深度联动所产生的商业化学反应，正在吸引越来越多的商家、达人、主播和明星们深度参与进来。

电商短视频主要包括商品"种草"型、直播预热型和娱乐营销型三种类型，不同类型的短视频其内容定位也有所差异，如图5-3所示。

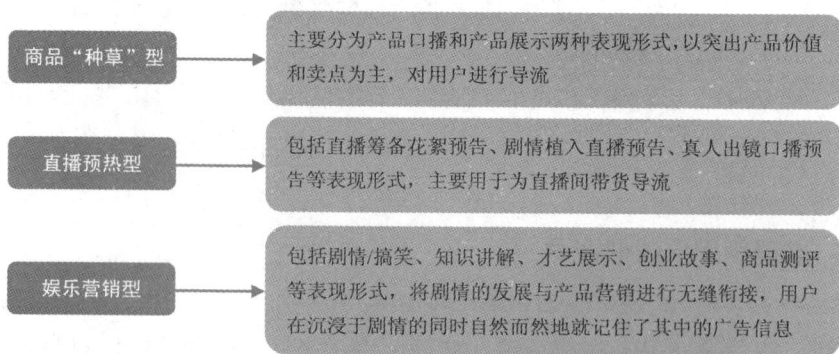

商品"种草"型	主要分为产品口播和产品展示两种表现形式，以突出产品价值和卖点为主，对用户进行导流
直播预热型	包括直播筹备花絮预告、剧情植入直播预告、真人出镜口播预告等表现形式，主要用于为直播间带货导流
娱乐营销型	包括剧情/搞笑、知识讲解、才艺展示、创业故事、商品测评等表现形式，将剧情的发展与产品营销进行无缝衔接，用户在沉浸于剧情的同时自然而然地就记住了其中的广告信息

图 5-3 电商短视频的三种类型

优秀的"种草"短视频通常包括产品卖点、品牌故事、设计理念等内容，在拍摄时尽量要多一些创意，用创意将产品的功能和卖点展现出来。

运营者可以想一想自己做短视频的目的是什么？是想用来推广新品？还是想讲解商品的使用方法？或者是做商品促销推广？总之，运营者要先明确短视频的使用目的，才能做出符合要求的作品，从而精准定位好视频受众，相关技巧如下。

（1）明确受众：这是拍摄短视频的基本前提，也就是说，运营者的短视频拍出来是给谁看的。运营者需要根据不同的受众进行市场分析，了解视频受众的年龄、地域、兴趣、习惯等数据，从而得到精准的客户诉求，这样才能拍摄出更有针对性的短视频，而且播放率会更高，转化效果也会更好。

（2）添加创意：要实现差异化的产品宣传，创意必不可少，如果仅用老套固化的视频拍摄方式，很容易让用户厌倦。因此，在短视频中添加创意已成为刚需，运营者需要提高自身的构思能力，将产品的价值和内涵与视频画面的视觉冲击进行结合，并将其转化为能够看得见、摸得着的体验，同时还要注重价值的表达。

总而言之，"种草"短视频的目的是让潜在用户更加全面、直观地了解产品卖点，因此，拍摄时需要满足以下要求，如图5-4所示。

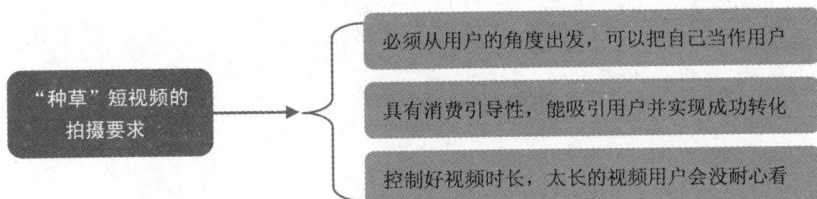

```
                          ┌─────────────────────────────────────────┐
                          │ 必须从用户的角度出发，可以把自己当作用户 │
┌──────────────┐         ├─────────────────────────────────────────┤
│ "种草"短视频的│────────▶│ 具有消费引导性，能吸引用户并实现成功转化 │
│   拍摄要求    │         ├─────────────────────────────────────────┤
└──────────────┘         │ 控制好视频时长，太长的视频用户会没耐心看 │
                          └─────────────────────────────────────────┘
```

图 5-4 "种草"短视频的拍摄要求

运营者可通过短短十几秒的短视频内容，将产品的特点和卖点清晰地呈现出来，场景代入感极强，能够很好地吸引用户关注，实现"种草"的效果。另外，这种被产品吸引的用户非常精准，如果运营者此时正在直播，则用户很可能会进入直播间下单，即可快速完成"拔草"，如图5-5所示。

如今，短视频与直播的内容联动变得越来越密切，这也是抖音、快手等短视频平台的主要带货模式，通过短视频"种草"＋直播间"拔草"完成电商交易闭环，成为平台流量生产的"发动机"。

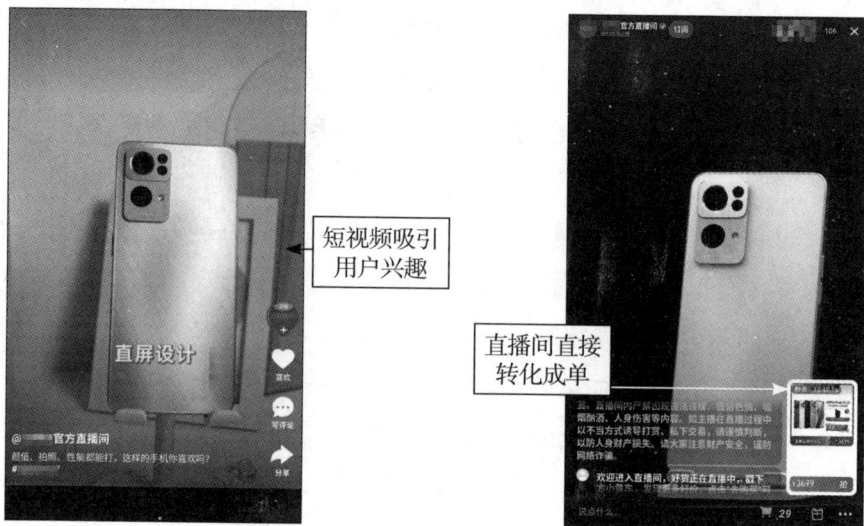

短视频吸引
用户兴趣

直屏设计

直播间直接
转化成单

图 5-5　短视频"种草"，直播间"拔草"的示例

5.1.3　理由3：直播人带货，视频货带人

直播是一种典型的"人带货"模式，主播是一个非常重要的角色，只要主播有人气、有流量，不管什么产品在他手中都能成为爆款。

图 5-6 所示为抖音盒子平台上某头部主播的直播间，其粉丝高达 1 900 多万，可以看到他带货的产品类型非常多，不管是品类还是价格的跨度都非常大，更是创下过"两天卖出 3 400 万元"的惊人业绩。

图 5-6　某头部主播的直播间

正是因为主播拥有"人带货"的属性，因此，很多店铺的合作主播非常不稳定，经常会看到主播不配合或者"直接跑路"的现象。

而短视频的"货带人"属性可以实现商品的精准"种草"，用户之所以下单并不是因为主播的影响，而是被短视频中的商品折服，从而进入商家的直播间下单。因此，短视频的"货带人"属性可以带来更好的转化效果。

商家可以用短视频带货，降低对于主播的依赖性和要求。只要你的"种草"短视频足够优质，能够满足用户的需求，即使直播间的主播"颜值"很低，即使店铺或商品没有做任何促销活动，用户也会在直播间下单。

如图 5-7 所示，如果用户被短视频中的场景吸引，他觉得自己也需要这样一款可以折叠的小桌子，那么肯定会点击"搜索视频同款宝贝"按钮去下单。

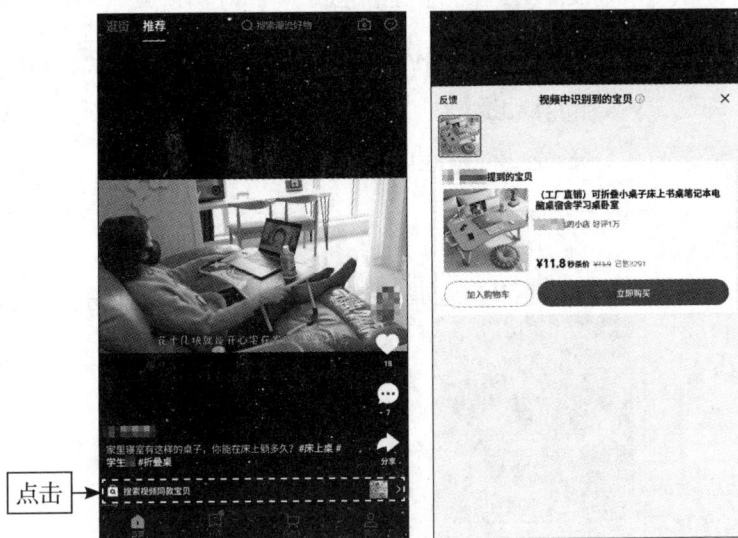

图 5-7 短视频的"货带人"示例

也就是说，很多不懂直播带货的达人，或者直播带货效果差的商家，也可以试试做短视频带货，说不定能让你更加省心、省力、省钱。

5.1.4 理由4：个性化推荐，流量更精准

抖音盒子除了推荐流量外，还有更加精准的搜索流量，而且这种流量基本上是免费的，同时转化效果也是最好的。如果用户在抖音盒子平台搜索商品，说明该用户的购物需求非常明确，只要商家的商品或短视频标题文案切中了用户搜

索时输入的关键词，即可给相应商品带来流量和转化。

据悉，抖音的日均视频搜索量已突破4亿。因此，未来整个抖音电商平台都会将搜索作为一个重点功能来打造，将搜索与电商业务进行深度的整合。

如图5-8所示，在抖音App中搜索"电饭煲"关键词，除了可以在"商品"选项卡中搜索商品外，用户还可以在"综合"选项卡中看到各种"种草"短视频，点击视频下方的小黄车图标🛒，即可跳转到商品详情页下单。

因此，运营者一定要多发短视频，短视频的标题文案和话题一定要与自己的行业、品类或者品牌相关，从而提升内容的搜索权重。

同时，抖音盒子通过推荐算法来给用户推荐他们喜欢的内容，能够为产品带来精准的流量。运营者可以对自己的内容垂直度进行调整，让算法更好地去给内容和账号贴标签，从而获得更多的推荐流量。

这样，不管是运营者的短视频还是直播间，都能展现到精准用户的眼前，这些精准用户对于内容的互动反馈，又会再一次增加内容标签的精准度，进一步获得更大的精准流量，形成一种良性循环。

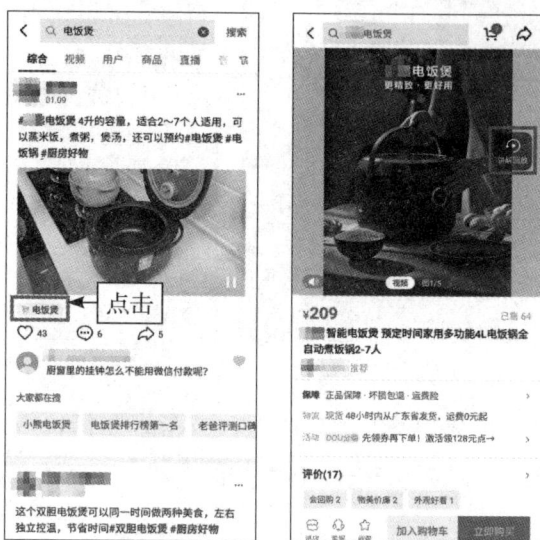

图5-8　搜索"电饭煲"关键词的示例

因此，运营者需要对短视频作品的标题、封面、内容等进行优化，让用户标签的垂直精准度更高，从而获得更多的播放量，让自己的短视频推送到更大的精品流量池中，涨粉速度也会越来越快。

专家提醒：在抖音盒子的后台中，系统有一个内容标签库，也就是说，将所有内容都贴上对应的标签。给内容贴标签，简单来说，就是给内容进行分类。通过算法机制给内容贴标签，不仅准确而且效率很高。

抖音盒子的算法机制会根据用户的行为路径分析其兴趣爱好，再给用户贴上对应的标签，同时还会根据用户的使用习惯不断优化这个标签，最终形成精准的用户画像。字节跳动平台的用户账号数据是相通的，同时会记录用户在不同应用中的标签，并以用户为中心来个性化地推送内容。

5.1.5　理由5：兴趣化电商，实现货找人

抖音盒子平台通过内容推荐的方式来识别用户兴趣，用户一旦持续关注某些商品内容，则平台也会持续推荐相关的内容，以此激发用户对于商品的使用期待和情感共鸣，从而创造消费动机。

在这种兴趣电商模式下，通过将商品内容匹配给兴趣用户，形成"货找人"的"发现式"商业逻辑，其用户消费路径为"兴趣→需求→购买"。图5-9所示为《2021抖音电商商家经营方法论白皮书》中对于这种"货找人"模式的解说。

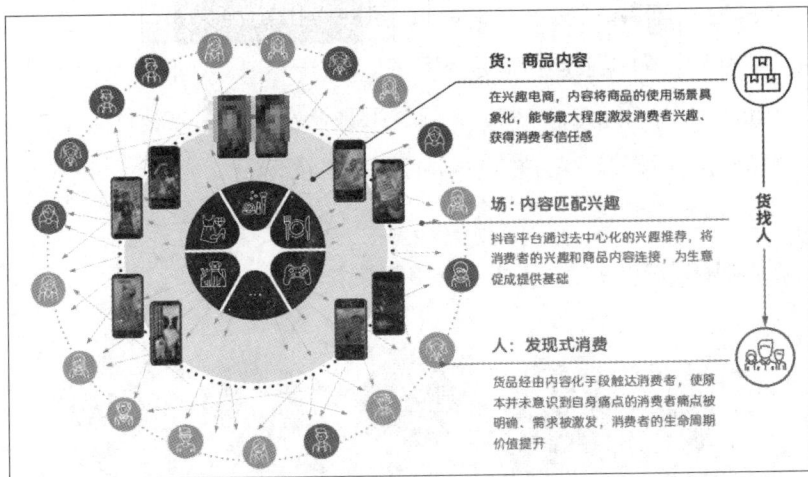

图5-9　"货找人"模式

在《2021抖音电商商家经营方法论白皮书》中还提出了"以内容为中心构建抖音电商经营团队，推动组织结构转型与升级"的观点。由此可见，内容仍然是兴趣电商的基础，因此，内容的生产非常重要，如图5-10所示。

在"货找人"的商业逻辑下，新品牌或新品类可以更快地实现冷启动，这

一点在传统电商平台上很难实现。当然，前提是运营者可以做出优质的短视频内容，这样抖音盒子平台才能将内容推荐给精准用户。

---

① 内容生产：抖音电商的运营核心

内容是商家和品牌实现抖音电商长期运营的核心，内容质量不仅决定了流量的曝光，还决定了转化和沉淀的数据表现，可以说没有好的内容，就没法把雪球滚起来。因此，商家需要把培养产出高质量视频内容的能力置于首位，以内容凸显账号人设，以鲜明的人设内容匹配目标人群，从而沉淀高质量的忠实粉丝。通过**加强内容制作团队的能力建设**，将内容团队与其他运营团队紧密结合，让内容生产贯穿于抖音电商业务的各个部分。

图 5-10　《2021 抖音电商商家经营方法论白皮书》对于内容重要性的强调

5.1.6　理由 6：矩阵化内容，营销更有效

正所谓"巧妇难为无米之炊"，运营者之所以要构建矩阵化内容，不仅可以在更多的平台上展现自己创作的更多内容，而且还可以将自己打造成更加丰富而立体的 IP 形象。

在抖音盒子乃至整个抖音电商平台上，表面上大家竞争的是流量，其实本质上是一场内容的比拼。抖音，归根结底是一个以短视频为主的内容平台，运营者需要使用"种草"内容来连接商品和用户。对于这一点，波士顿咨询公司（The Boston Consulting Group，BCG）和腾讯联合发布的《2020 中国"社交零售"白皮书》中早就有所提及，相关内容如图 5-11 所示。

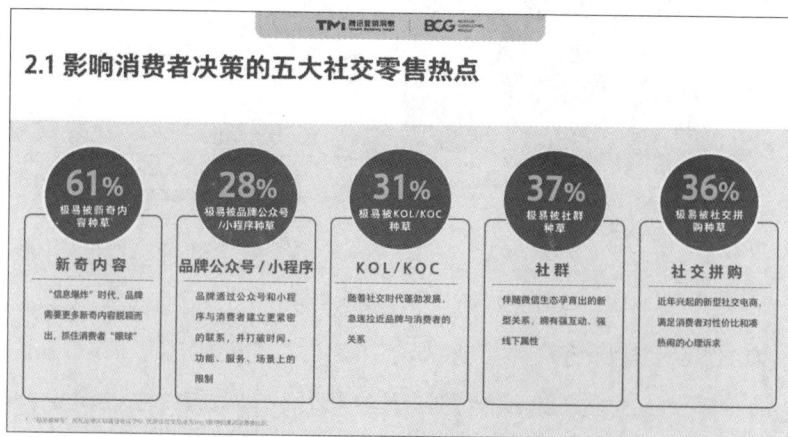

图 5-11　《2020 中国"社交零售"白皮书》的相关内容

由此可见，运营者不能过于依赖某个内容渠道，而必须构建强大的全渠道、

多触点的矩阵化内容运营能力，通过"短视频＋直播＋图文＋音频"等内容形式，使优质商品能够更好地展示给用户，大幅降低用户的决策成本。同时，运营者也能更精准地找到自己的用户，获得更大的市场和机会。

5.2　内容定位：抖音盒子短视频应该拍什么

如今，用户的注意力已经逐渐向短视频和直播内容上迁移，这种新的内容形式给用户带来了全新的消费体验。同时在 5G 时代，短视频和直播内容的质量与规模也将获得爆发式增长。

对于抖音盒子的短视频内容来说，感性和理性都需要兼顾，同时还要通过用户的角度去进行换位思考，用户的需求就是短视频的卖点。本节将介绍一些短视频的内容定位技巧，帮助商家快速提升短视频的点击率和转化率。

5.2.1　"种草"：拍摄商品或具体使用场景

"种草"短视频最常拍摄的内容就是商品本身或者商品的具体使用场景，这样可以给用户带来极强的代入感，更有利于对用户进行"种草"。例如，如果商家有自己的工厂，可以直接拍摄工厂的生产环境，这样的短视频内容显得更真实，能够增强用户的信任度，如图 5-12 所示。

图 5-12　拍摄工厂的生产环境

另外，运营者也可以在短视频的场景或情节中引出产品，这是非常关键的一步，这种软植入方式能够让营销和内容完美融合，让人印象颇深，相关创作技巧如图 5-13 所示。

简而言之，归纳当前短视频的产品植入形式，大致包括台词表述、剧情题材、特写镜头、场景道具、情节捆绑，以及角色名称、文化植入、服装提供等，手段非常多，不一而足，运营者可以根据自己的需要选择合适的植入方式。

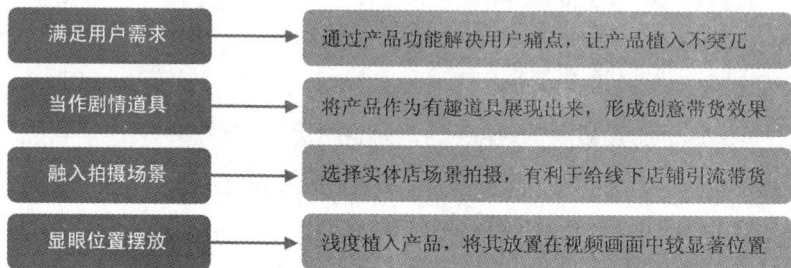

满足用户需求	→ 通过产品功能解决用户痛点，让产品植入不突兀
当作剧情道具	→ 将产品作为有趣道具展现出来，形成创意带货效果
融入拍摄场景	→ 选择实体店场景拍摄，有利于给线下店铺引流带货
显眼位置摆放	→ 浅度植入产品，将其放置在视频画面中较显著位置

图 5-13　在短视频场景植入产品的相关技巧

例如，卖吸尘器的运营者可以策划一个家庭难以触及的卫生盲区的场景，然后拍摄自己的吸尘器可以攻克各种清洁难题的视频，采用代入式的体验来激发消费者的内心需求，从而提升商品的转化率，如图 5-14 所示。

图 5-14　带入用户体验场景的短视频内容

很多时候，用户打开抖音盒子时只是随意翻看，并没有很明确的购买需求，但如果用户完整看完了某个短视频，说明他已经对该商品产生了浓厚的兴趣。此时，运营者需要深挖这些用户的潜在购物需求，通过短视频将他们带入具体的场景中，将其转化为自己的意向客户。

5.2.2　干货：分享知识，传递实用价值

运营者可以将很多碎片化的知识通过数据来量化，分析这些碎片化知识的基本功能及相关案例，快速找到其中有实用价值的干货内容，从中获取用户痛点并转化为知识产品需求，可以从以下三个方面入手，如图5-15所示。

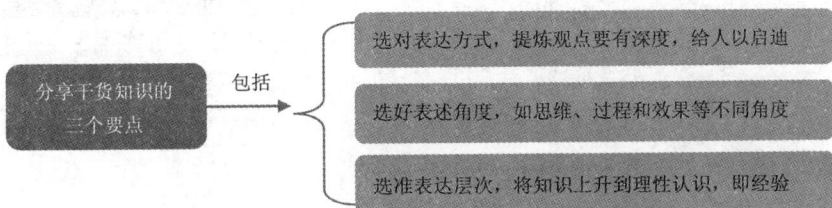

分享干货知识的三个要点	包括	选对表达方式，提炼观点要有深度，给人以启迪
		选好表述角度，如思维、过程和效果等不同角度
		选准表达层次，将知识上升到理性认识，即经验

图 5-15　分享干货知识的三个要点

在学习各种碎片化知识的过程中或在工作生活中，运营者可以对其中的典型经验进行总结，找出经验教训，引出规律性的内容，推而广之，从而去掉盲目性，提高科学性。例如，卖厨具的运营者可以将自己打造成高级厨师的人设，在短视频中拍摄一些美食的制作技巧，然后向用户推荐制作这些美食时用到的厨具产品，如图5-16所示。这样不仅可以直接给自己的直播间引流，甚至还可以给线下门店引流。

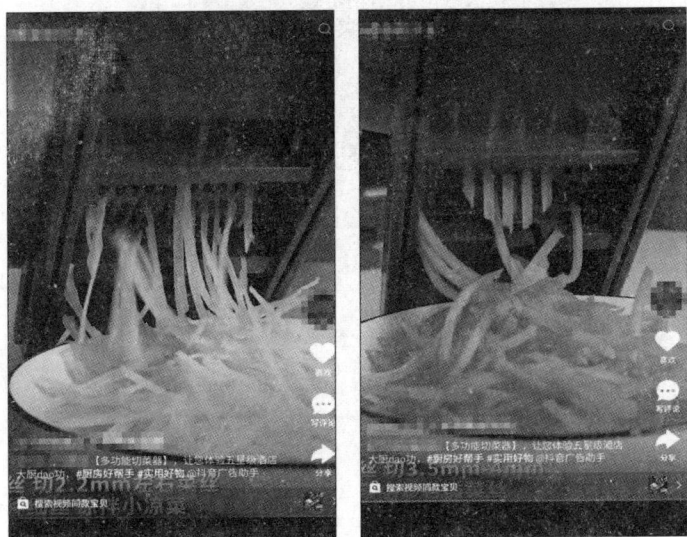

图 5-16　向用户分享美食的制作技巧

另外，运营者可通过课堂笔记来分享知识干货。在抖音盒子 App 中进入"我的"界面，点击选择想要添加笔记的视频。进入视频播放界面，在下方可以看到"添加笔记章节，获更多流量"的提示，点击该文字提示，如图 5-17 所示。即可输入相应的笔记内容，笔记可通过章节功能进行分段，如图 5-18 所示。

图 5-17　点击文字提示

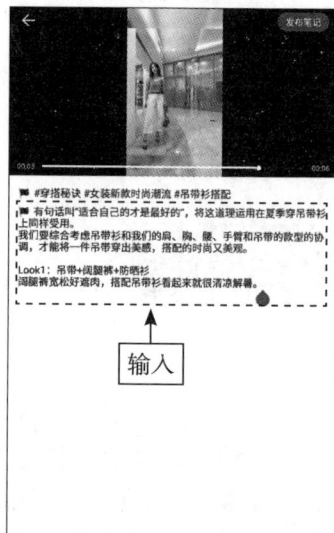

图 5-18　输入相应的笔记内容

笔记编辑完成后，❶点击"发布笔记"按钮，弹出"确认发布吗？"对话框；❷确认无误后点击"确认发布"按钮，如图 5-19 所示。

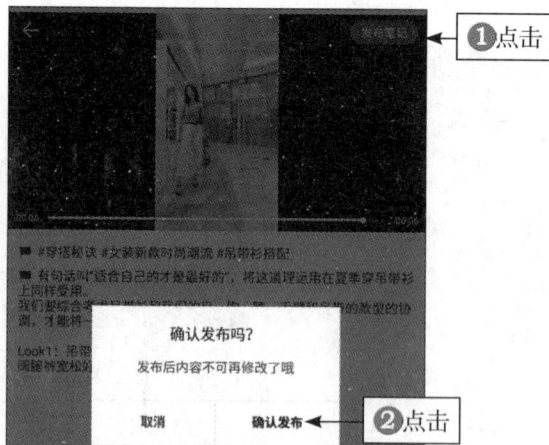

图 5-19　点击"确认发布"按钮

即可发布笔记，如图 5-20 所示。单击"查看笔记"按钮，即可查看该短视频的笔记，优质的视频笔记可以让视频获得更多的推荐，如图 5-21 所示。

抖音盒子平台希望运营者可以将自己作为"课代表"，把视频中出现的单品、穿搭心得、化妆技巧等转化为文字，这样用户在看完视频以后，即可在课堂笔记的章节中进行查找和学习。

图 5-20 发布笔记

图 5-21 查看笔记

运营者可以提炼视频内容作为笔记，使用精简的文字将视频中的穿搭、化妆用到的单品等内容罗列出来，让用户快速获取关键信息。另外，运营者也可以在笔记中对视频内容进行补充，为用户带来更多新的知识点。最后，运营者还可以在笔记里体现自己的个人风格和个性，使用有趣的文字来吸引用户关注。

5.2.3 借鉴：模仿同行的优质短视频

如果运营者没有任何创作方向，也可以直接模仿同行的优质内容去拍摄短视频。这些优质内容本身就是经过广大用户验证过的，模仿这样的内容更容易获得用户认可。

运营者可以借鉴优质短视频的背景音乐、标题文案、拍摄脚本和背景场景等，甚至连视频时长也可以做到一模一样。另外，在模仿同行短视频时，运营者还可以加入自己的创意，对文案、场景和道具等进行创新，带来新的亮点。很多时候，模仿拍摄的短视频，甚至比原视频更加火爆，这种情况十分常见。

运营者可以借助抖音 App 的"拍同款"功能一键使用爆款视频中的背景音乐和道具，在视频播放界面中，❶点击右下角的碟片图标，进入"××创作的原声"界面；❷点击"拍同款"按钮即可，如图 5-22 所示。

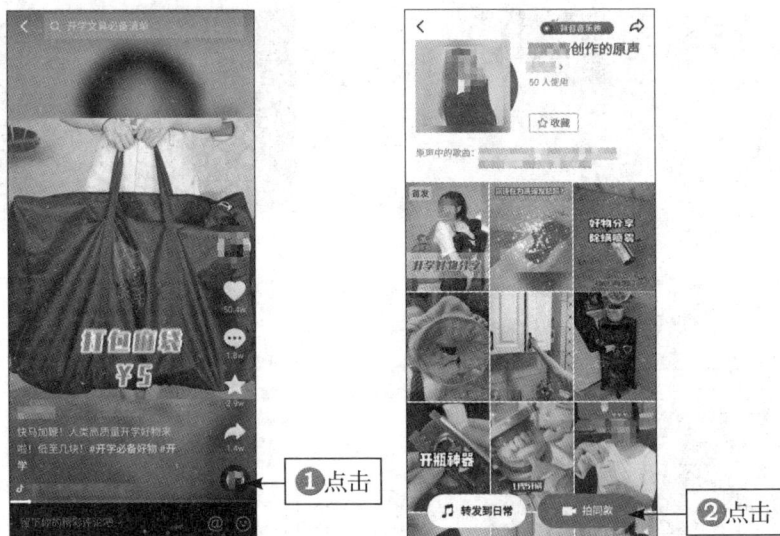

图 5-22 抖音 App 的"拍同款"功能

5.2.4 兴趣：根据用户的喜好做内容

对于抖音盒子的带货内容来说，在"货找人"的商业逻辑下，只要做出让用户喜欢和感兴趣的内容，即可让用户逗留驻足。即使视频中的商品是高客单价的产品，用户也会乐意承受。

对于运营者来说，用户的喜好必须准确把握，否则你的产品很难对准用户的胃口，那么也难以吸引他们下单。这种类型的内容需要运营者进行思考，同时还需要搭配实际使用场景来进行说明。

例如，某品牌服饰将抖音主播团队打造成"PB 女团"（PB 为网络流行词，有写真集的含义），通过鲜明的主播人设特点来传递品牌理念，在主播获得成长的同时也极大地带动了店铺人气的提升，其内容特色如图 5-23 所示。

直播内容	→	在直播带货的过程中，通过主播的风格、体型、穿搭场景来配合对应的商品，同时结合专业的主播表现力和成熟的直播间运营策略，为用户带来丰富的商品
短视频内容	→	通过深度结合品牌诉求和流行元素来打造创意化内容，拍摄各种时尚主题短视频，如穿搭、变装、人像摄影、探店等，提升用户的兴趣，快速增加粉丝量

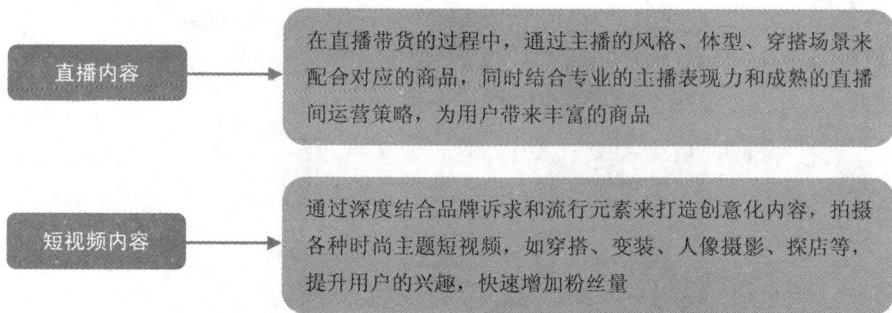

图 5-23　某品牌服饰的内容特色

因此，抖音盒子的内容创作需要始终紧跟用户喜好，无论是短视频还是直播，运营者都需要在平台内容趋势与品牌调性中去寻找结合点，从而高效产出优质的"潮流范"内容，让商品准确触达目标用户。

5.2.5　表达：抖音盒子的内容表达方式

抖音盒子的内容主要是围绕卖货产生的，那么如何让用户通过内容来更好地了解产品呢？下面介绍了五种抖音盒子平台上常见的内容表达方式，帮助运营者实现商品的"宣销"（宣传＋销售）合一。

1. 展示类

展示类的短视频内容最容易拍摄，因此被大部分商家使用。展示类的短视频拍摄要点在于让用户更加直观地看到产品的外观、用法与各种细节问题，给用户带来最直观的产品演示，从而更好地突出产品卖点，以及打消用户的顾虑。

在拍摄带货短视频前，运营者先要想好如何拍，要拍一些什么，提前在脑海里演练一下，或者做一些具体策划，不至于在拍摄时无从下手。如果运营者没有特别好的摆台思路，身边也没有什么能够增强意境的装饰物，也可通过静物台来摆放商品，采用 45° 的拍摄角度，通常可以获得不错的视频画面效果，如图 5-24 所示。

在拍摄产品短视频时，一定要多注意拍摄角度，可以从多个方向和角度进行拍摄，如俯视、仰视、平视、微距、正面、侧面及背面等，可以拍摄多段视频，在后期进行剪辑处理，让视频内容看起来更加丰富。

图 5-24　静物台

2. 知识类

知识类的短视频主要是指向用户分享一些与产品或行业相关的知识内容，如揭秘产品的生产过程，或者分享美妆、服饰的搭配技巧，也可以简单地罗列一些知识要点，让用户看完视频能够有所收获。

如图 5-25 所示，该短视频拍摄的是普通人平时很难看到的内容，向用户揭秘藤椅是如何制作出来的，但其核心还是突出产品货真价实的卖点。

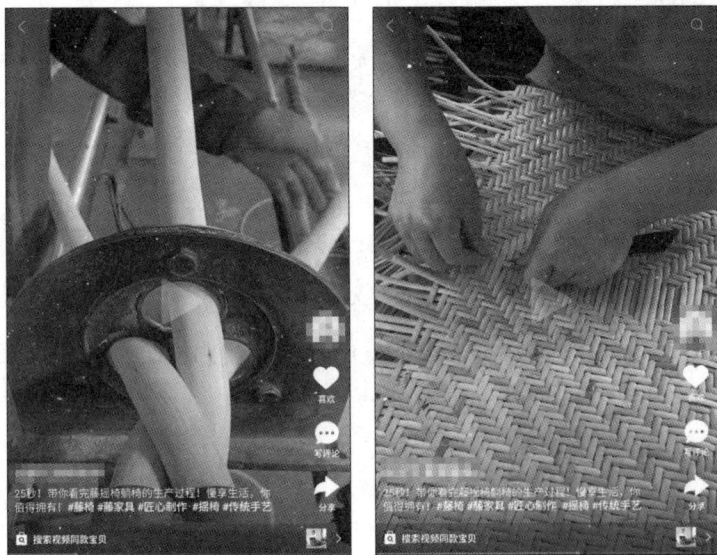

图 5-25　揭秘产品生产过程的短视频示例

3. 对比类

在短视频中，将自家产品与市场同类产品进行对比，告诉大家你的产品有哪些特点和优势，这等于是帮助用户省去了自己对比的烦恼。对比类的短视频核心是通过直观地描述产品优点，影响用户最初的决策认知，让用户产生"买错了""买贵了""买差了"等想法。

注意：在进行产品对比时，尽量用自己的同类产品去对比，不要故意贬低同行。例如，对于手机产品，可以将新品与上一代产品进行对比，突出新品的优势，如拍照更清晰、功能更多等。

另外，运营者也可以拍摄使用产品的前后效果进行对比。例如，拍摄化妆品的短视频，可以先拍摄没有使用化妆品的皮肤效果，然后再拍摄使用化妆品后的皮肤效果；或者一半脸使用化妆品，另一半脸不使用化妆品，这样的对比非常直观。

4. 功能类

对于功能型的产品，运营者可将该产品的使用方法拍成短视频，让看到视频的用户快速了解产品的功能特点和使用技巧。

如图 5-26 所示，这个短视频拍摄的是一款破壁机，运营者不仅详细介绍了破壁机的基本功能，而且还演示了每种功能的使用方法和成品效果，让用户对产品的功能一目了然。

图 5-26　拍摄破壁机产品的功能使用方法的短视频

5. 场景类

最后，回到本节的第一个主题——场景，这种内容形式几乎适合所有的产品，因为用户购买产品通常是有需求的，因此，运营者可将这种需求通过场景化的剧情内容表现出来，吸引力会更强。

例如，下面这个短视频拍摄的是一款多功能充电宝产品，不仅可以给手机充电，而且还能当作手机支架用来看电影和听歌，如图 5-27 所示。运营者要尽可能地为产品营造更多的使用场景，这样可以让用户产生更强烈的购买动机。

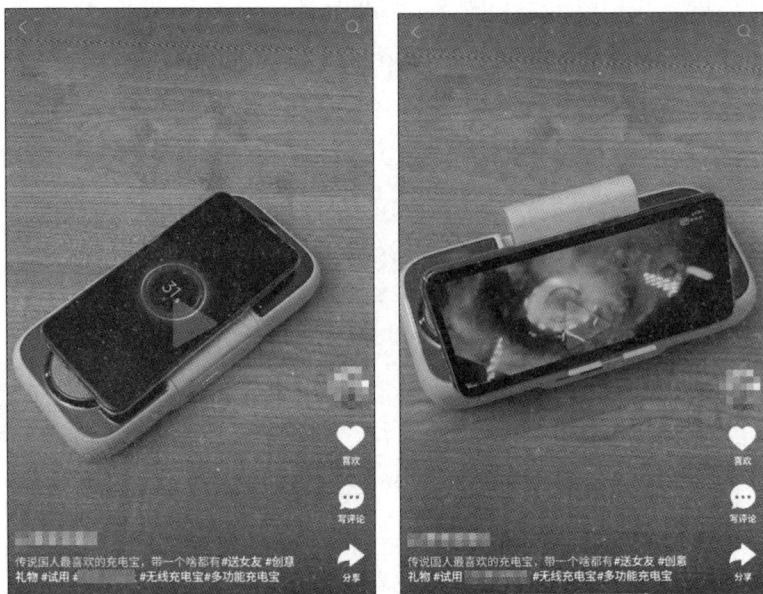

图 5-27　拍摄多功能充电宝产品使用场景的短视频

专家提醒：运营者在拍摄短视频时，也可以结合上述五种内容表达形式的两种或多种，这样可以做出更多风格的内容，提升内容的"种草"效果，以及帮助运营者持续产出优质的内容。切记一个短视频只要体现一个主题即可，这样可以让用户对这个主题产生更深刻的印象。

5.3　素材来源：通过数据分析平台寻找热点

要做出爆款内容，热点是不可缺少的元素，运营者除了可以利用抖音盒子本身的"热点"功能拍摄短视频外，还可以借助第三方数据分析平台来寻找热点。

5.3.1　来源1：参与热门话题挑战赛

不管是做短视频还是传统电商，只要内容与热点挂钩，通常都能得到极大的曝光量。那么，如何通过抖音盒子"蹭"热门话题，让短视频播放量快速破百万呢？

大家千万不要小看了抖音盒子的"热点"功能，尤其是对于想涨粉和带货的运营者来说，一定要多留意这些热门话题挑战赛。热点的传播速度非常快，运营者只要在热点出现的第一时间，马上发布一个"蹭"热门话题的短视频，即可大幅增加播放量和粉丝量的提升概率。

运营者可以在有"热点"标签█的短视频中，点击下方的"热点"按钮，如图 5-28 所示。进入热门话题挑战赛的主界面，这里不仅会展现与该热点相关的热门视频，而且还会列出视频中的同款产品，运营者只需点击"参与热点"按钮即可参加该热门话题挑战赛，如图 5-29 所示。

运营者发布短视频后，平台会根据这个热点的热度，以及内容与热门话题的相关性，为短视频分配相应的流量。

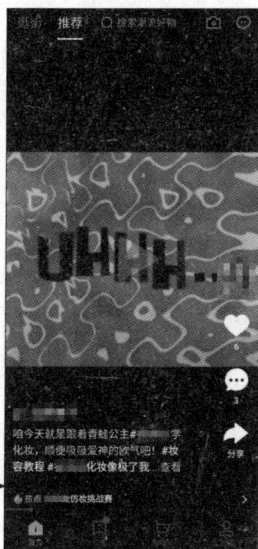

图 5-28　点击"热点"按钮　　　图 5-29　点击"参与热点"按钮

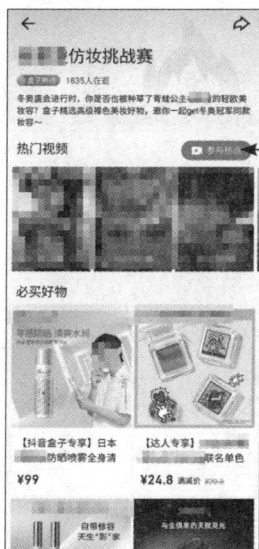

5.3.2　来源2：用巨量算数洞察趋势

巨量算数平台主要服务于以用户内容消费分析与内容创作指导数据需求为特征的泛内容创作者。针对泛内容创作者，巨量算数平台主要围绕内容创作相关课题细分场景进行观点输出、数据与内容的查询、洞察服务，主要应用场景如下。

（1）发现垂类（垂直类目）赛道，搭建账号矩阵：挖掘内容创作的垂类赛道机会，完善内容创作的领域覆盖，构建账号矩阵的生态体系。

（2）指导内容创作：指导优质内容的创作、排产与发布。

（3）寻找流量获利机会：探寻内容的商业化获利机会与模式，同时还可以用于指导电商选品。

例如，巨量算数推出的"算数榜单"是一个平台工具型产品，主要用于洞察热词和热点内容趋势，支持抖音、今日头条等多端热词的关联分析、用户画像等功能，同时还支持热点事件发现和热点事件分析功能，如图5-30所示。

图5-30　"算数榜单"产品页面

"算数榜单"产品会综合衡量品牌及影视综"影视综"（电影、电视）作品在泛娱乐生活类平台上的综合影响力，以此为泛内容创作者的话题热点与商业获利等分析需求提供最直接的排名查询与分析参考。

再如，"算数指数"产品的主要功能包括洞察热词的热度、变化趋势与相关热点内容查询，并支持内容创作的热门话题发现和热点事件分析功能，同时还支持抖音、今日头条等多端热词的关联分析（舆情声量与调性）、用户画像等分析功能，如图 5-31 所示。

图 5-31　"算数指数"产品页面

5.3.3　来源 3：抖查查数据分析平台

抖查查是一个短视频和直播电商大数据聚合服务平台，致力于帮助众多达人、商家、MCN 机构提高运营效率，实现精准营销。抖查查拥有海量实用的数据分析功能，并支持分钟级的数据监测功能。

例如，抖查查的"热门话题"功能可以帮助运营者发现最近使用人数上涨多的话题，查看昨日播放量增量最高的话题，以及精准筛选与视频内容相关的热门话题，如图 5-32 所示。

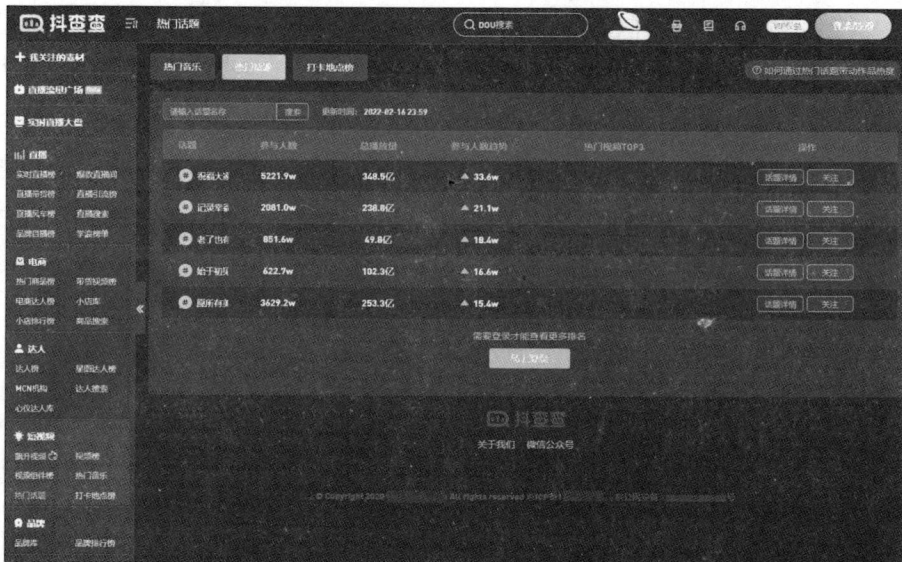

图 5-32　抖查查的"热门话题"功能

运营者可以在短视频的标题上添加一些相关的热门话题，不仅有助于短视频推荐量的提升，而且还可以让系统将短视频精准地推荐给目标用户，提高涨粉概率。

第 **6** 章

流量运营：流量精准就意味着转化更高

　　在抖音盒子平台上带货，流量是至关重要的因素，没有流量，货是无法卖出去的，因此，运营者需要掌握产品的引流技巧。目前，抖音盒子的引流渠道主要包括搜索流量、短视频、直播及付费推广等，本章将介绍具体的引流方法。

6.1 被动引流：抢占平台的搜索流量

在抖音盒子平台上，由于用户有着非常明确的交易属性，因此，搜索流量是非常精准、优质的被动流量，而且其转化率不亚于短视频流量。只要运营者的短视频文案或商品标题与用户搜索的关键字相匹配，就有机会获得展现并带来流量和转化。本节主要介绍提升搜索流量的相关技巧，帮助运营者使用抖音盒子快速打造爆款、提升口碑、引爆流量及做成品牌。

6.1.1 前提：提升流量的精准性

对于电商行业来说，流量的重要性不言而喻，很多商家都在利用各种各样的方法来为店铺和产品引流，目的就是希望能够提升产品销量，打造爆款。流量的提升说难不难，说容易也不容易，关键是看你怎么做，舍得花钱的可以采用付费渠道来引流，规模小的店铺则可以充分利用免费流量来提升产品曝光量。

运营者所做的图文、短视频或直播内容，都要围绕能够直接种草或引流到直播间，并为最终 GMV 转化而服务。也就是说，流量一定要精准。

例如，很多运营者在抖音盒子平台上拍摄段子内容，然后在剧情中植入商品。拍段子相对来说会比较容易吸引用户关注，也容易产生爆款内容，能够有效触达更多的用户，但获得的往往是"泛流量"，用户关注更多的是内容，而不是商品。很多运营者内容做得非常好，但转化效果却很差，通常就是流量不精准造成的。

当然，并不是说这种流量一无是处，有流量自然要好过没有流量，但运营者更应该注重流量的精准度。如果一定要拍段子，那么就要注意场景的代入，在段子中突出产品的需求场景及使用场景，这样的内容会更符合抖音盒子的算法机制，从而获得更多的曝光量。

6.1.2 整合：视频搜索与电商业务

如今，搜索业务已成为抖音盒子乃至整个"字节系"产品的重中之重，未来将会更加深度地整合搜索与电商业务。为此，今日头条还专门发布了《2021今日头条年度搜索报告》，从年度热词、新闻等多个维度回顾过去一年中人们搜索的内容，如图 6-1 所示。

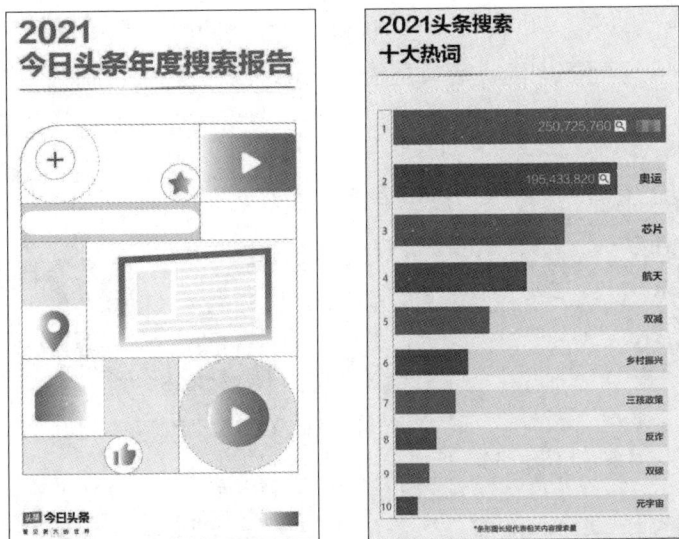

图 6-1　《2021 今日头条年度搜索报告》的部分数据

从今日头条的搜索数据量来看，说明字节跳动的搜索业务已经非常成熟，在抖音电商中布局搜索功能也会更加如鱼得水，而且抖音上某些关键字的搜索指数甚至已经超过百度。

另外，抖音还向百度搜索开放了索引，这就意味着用户可以直接在百度中搜索到抖音的内容。对于运营者来说，其发布的作品可以获得来自百度的搜索流量，从而触达更多的抖音站外流量。而且搜索流量是一种长尾流量，一旦布局将终身受益，最重要的是这种流量完全是免费的。

> 专家提醒：长尾流量是指前期和后期都可以获得流量，具有长尾效应。

6.1.3　排序：搜索流量的排名规则

搜索优化是每个电商运营者必须知道的技术，目的就是让更多的人知道或者看到自己店铺内的商品。

在抖音盒子 App 的"首页"界面上方，可以看到一个"搜索潮流好物"的搜索框，在其中输入关键词"短裙"，下面就会自动弹出"短裙"的关键词信息，如"短裙半身裙""短裙冬季""短裙套装"等，如图 6-2 所示。

在搜索结果中，系统会根据店铺好评率、产品销量等维度进行综合排序，将热卖商品排在前面，如图 6-3 所示。抖音盒子通过完善搜索功能，不仅可以让流量的分配变得更加均衡，而且还能够降低对平台算法机制的依赖，同时从也侧面证明了平台上商品种类的丰富度，已达到满足用户搜索商品并下单的需求。

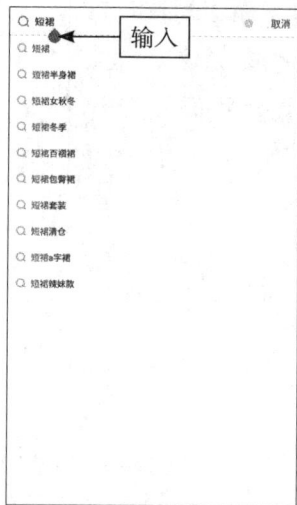

图 6-2 弹出"短裙"的关键词信息　　图 6-3 "短裙"关键词搜索结果

抖音盒子的自然搜索流量排名规则主要包括综合、销量和价格等排序方式，同时还可以搜索相关的视频／直播内容和用户账号，下面分别进行介绍。

1. 综合排序

综合排序主要是根据运营者的商品在一段时间内产生的销量、价格、质量、售后和商品评分等条件，进行综合评分来排名并更新的。例如，在搜索"女鞋"关键词后，系统默认为综合排序方式排列所有商品，如图 6-4 所示。

运营者可通过提高商品质量分，或者利用推广工具提升商品的基础数据，提升综合排序的自然搜索排名。

2. 销量排序

销量排序主要根据商品近期的销量数据进行排名，并采用个性化的展示逻辑。采用销量排序模式时，排在靠前的商品基本上都是销量上万的商品，如图 6-5 所示。

细心的运营者可能会发现，很多商品销量明明比较小，但却能够排在搜索结果页的前面。这是因为销量排序依据的是商品近一段时间的销量，而搜索结果页面展现的是商品的所有销量，所以，只要做好近期的销量，即可获得更好的销量排名。

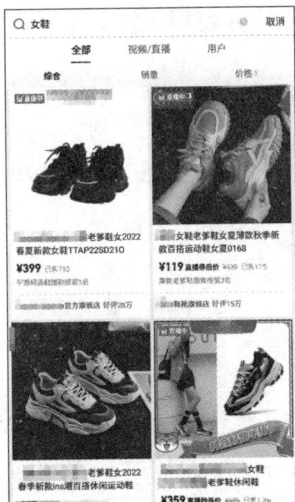

图 6-4　综合排序

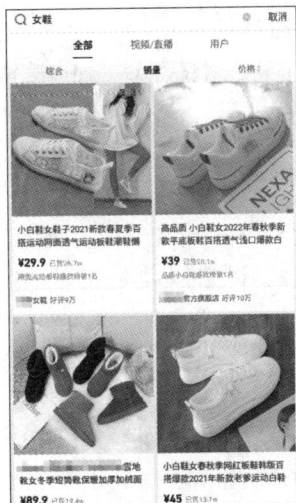

图 6-5　销量排序

3. 价格排序

价格排序主要根据商品价格从高到低或者从低到高进行排序，并采用个性化的展示逻辑，如图 6-6 所示。运营者可通过提高商品质量分，或者利用付费推广和营销活动等方式提升商品权重，获得更好的价格排名。

4. 视频 / 直播搜索

视频 / 直播的搜索结果采用信息流的展现模式，展现所有与搜索关键词相关的视频和直播内容，如图 6-7 所示。视频 / 直播搜索的主要依据包括视频标题文案、话题、达人名字和店铺名称等。

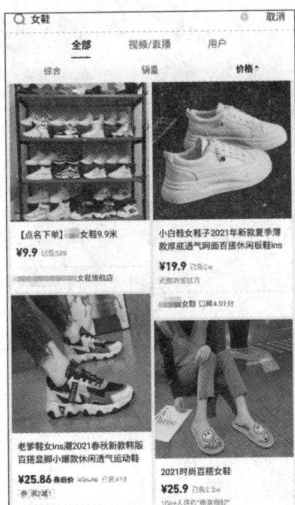

图 6-6　价格排序

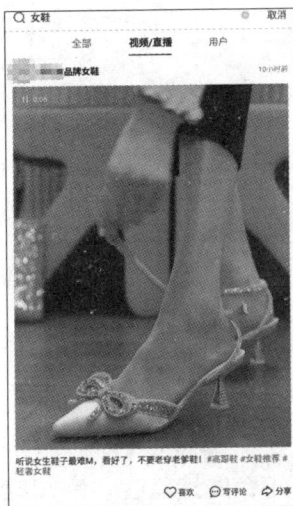

图 6-7　视频 / 直播搜索

即使是新开通的抖店，只要运营者利用好短视频和直播等带货内容，也可以在抖音盒子平台上获得较高的搜索权重。

5. 用户搜索

点击"用户"按钮，可以搜索到所有与关键词相关的运营者账号。在"用户"搜索结果页面中，只要运营者的名字中包含用户搜索的关键词，即可被用户搜索到，同时还可以被直接订阅。

6.1.4 原理：搜索流量的构成模型

搜索流量主要来自抖音盒子 App 的搜索入口，自然搜索流量是免费的流量，而且它引来的流量非常精准，能够有效提高商品的转化率。例如，某用户在抖音盒子上搜索"蚊帐"时，他在搜索结果中找到并点击你的店铺商品，而你却没有做任何宣传广告，这就是免费的自然搜索流量，如图 6-8 所示。

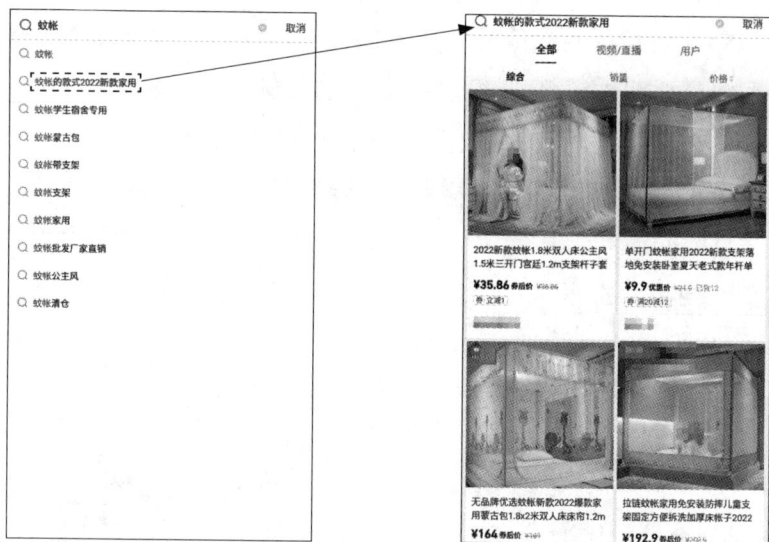

图 6-8 搜索流量示例

搜索排名受到诸多因素的影响，具体包括商品标题、关键词适配度、上架时间、点击率、转化率、产品类目、销量、客单价、售后服务、质量评分和商品评价等，而且这些因素对于搜索排名的影响作用也有大有小，同时搜索结果还会遵循个性化的展示逻辑。

搜索排名影响最大的元素就是标题，包括商品、短视频和直播间的标题。做过其他电商平台的运营者，都知道商品标题的重要性，但至于为什么要做好标题，标题到底有什么作用，大家可能都是一知半解。

专家提醒：正确的标题有以下两个原则。

（1）效果：获得的搜索词组合越多越好，同时搜索人气越高越好。

（2）前提：标题中的关键词与产品高度相关，不要顾虑这些词的竞争度。

运营者在设计内容或商品标题时，可以采用包含性规则，也就是说，在标题中是否必须包含某个关键词，才能被用户搜到。例如，"运动服饰女"这个关键词，在标题中不体现"服饰"这个词，能不能被用户搜索出来，如图6-9所示。

图 6-9 搜索不同关键词的结果

从图6-9中可以看到，搜索"运动服饰女"这个关键词时，在一些商品标题中，部分词并没有完全连在一起出现，因此，说明这个关键词是可以拆分的，如"运动""服饰"和"女"都是可以分开的。

因此，运营者只要在对应类目中找到符合商品属性的关键词，然后经过拆分组合形成标题即可。也就是说，标题经过拆分组合可以形成更多的词组。因此，在制作商品标题时，运营者不要只按照常规顺序来选词，还要分析更多潜在的关键词组合，否则会错过很多搜索流量。

搜索流量的基本公式为"搜索流量＝搜索展现量 × 搜索点击率"。其中，搜索展现量是由平台决定的，而搜索点击率则是由用户决定的。在这两个指标中，运营者都可以进行优化调整来提升搜索流量。在抖音盒子平台上，商品想要获得展现量和流量，还必须了解搜索流量的构成模型，如图6-10所示。

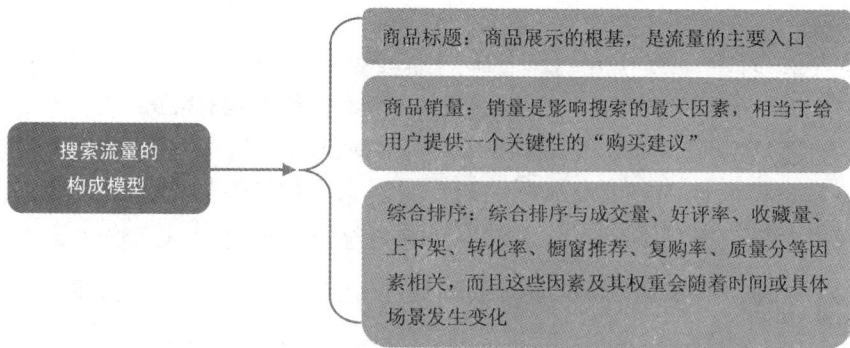

图 6-10　搜索流量的构成模型

当用户搜索一个关键词时，抖音盒子的搜索机制就会在后台筛选相关的商品，最终选择 SEO（Search Engine Optimization，搜索引擎优化）做得好的商品展示在前面。如果运营者在发布商品时，类目属性放错了，或者商品的标题不够准确，抑或是店铺的相关性不够高，则商品就会被搜索引擎筛选掉，这是抖音盒子 SEO 精准性"小而美"的体现，也是所有运营者需要注意的事项。搜索优化的关键指标如图 6-11 所示。

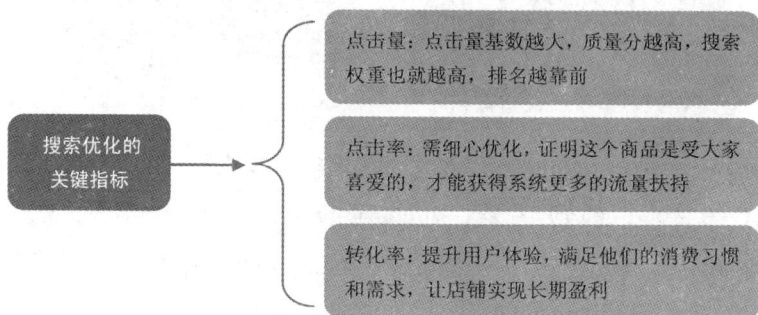

图 6-11　搜索优化的关键指标

专家提醒：权重是一个相对概念，是针对某一指标而言，如抖音盒子上的权重就是平台根据商品表现给出的一个估值，可以用于评估商品获取流量和排名的能力。

在同等的推广花费下，商品的点击率越高，则获得的点击量就会越大，平均点击扣费（获客成本）则相对来说就越低，即商家的盈利也就越多。

搜索排名的匹配是由商品标签（所在类目、属性、标题关键字）和用户标签共同决定的。其中，用户标签的组成部分如下。

（1）用户基本属性：用户在注册平台账号时设置的基本资料，如年龄、地区、性别等，这些资料会形成部分基本标签。不过，用户可能会随时修改这些资料，因此，这种标签的稳定性比较差。

（2）用户行为标签：用户浏览、加购、购买某个商品的记录，形成的用户行为标签，这种老客标签对于搜索结果的影响非常大。

如果运营者无法在短期内快速拉新，不妨回头看看自己的老客户，这些老客户的作用是新客户无法替代的。维护老客户不仅可以帮助运营者减少广告支出、沟通成本和服务成本，还能获得相对稳定的销量。运营者在打造爆款产品时，可以转换一下思路，利用用户标签来吸引和维护店铺的老客户，让店铺的生意更长久、更火爆。

同时，搜索引擎会计算出商品的综合分数，综合分数越高，在综合排序中排在前端的时间就越长。最后，系统会按照所有商品各自获得的综合分数来排序，将其一个个排列在搜索结果页面中，等待用户选择和点击。当然，如果店铺还没有老客户，则运营者可以根据产品的人群定位来选择精准的关键词作为引导标签，并通过优化商品"内功"，给商品打上精准的用户标签。

6.1.5　优化：搜索关键词的布局

关键词是英文 Keywords 的翻译，是指用户在搜索时输入的能够表达用户个体需求的词汇。关键词在抖音盒子平台上起到用户索引和匹配商品／内容的作用。系统通过搜索识别商品或内容标题，将标题拆分成词根，进行检索匹配。图 6-12 所示为关键词的排序规则。

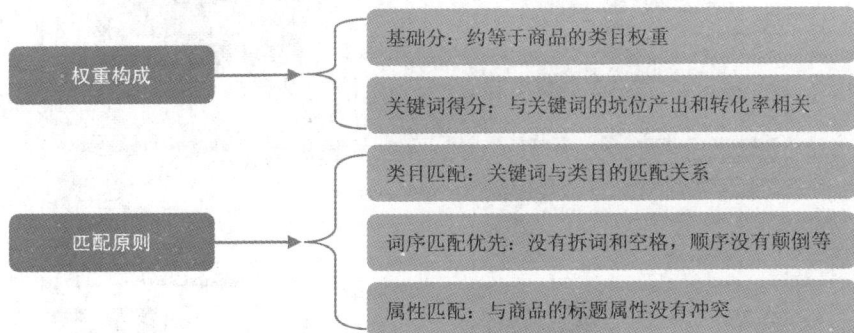

図 6-12　关键词的排序规则

关键词匹配的四大逻辑如图 6-13 所示。运营者在设置商品标题的关键词时，注意采用热词优先的基本原则，即根据后台的数据，先布局热搜词和热搜词的下拉词作为标题。同时，运营者在做标题时还需要注意设置合理的词序。

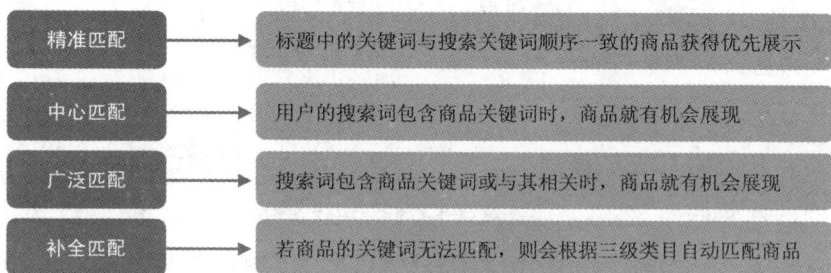

精准匹配	→	标题中的关键词与搜索关键词顺序一致的商品获得优先展示
中心匹配	→	用户的搜索词包含商品关键词时，商品就有机会展现
广泛匹配	→	搜索词包含商品关键词或与其相关时，商品就有机会展现
补全匹配	→	若商品的关键词无法匹配，则会根据三级类目自动匹配商品

图 6-13 关键词匹配的四大逻辑

从关键词的属性来看，可以分为物理属性关键词和抽象属性关键词。

（1）物理属性关键词：从商品的图片上即可看出来的关键词。例如，"短款""高腰""休闲裤"这些词都属于物理属性关键词，如图 6-14 所示。

（2）抽象属性关键词：是指概念和人群需求比较模糊，难以界定属性的产品关键词。如图 6-15 所示，标题中的"商场同款""2022 春季""新款"等关键词，在图中并不能很好地进行判断和界定，因此，这些关键词就是抽象属性关键词。

图 6-14 物理属性关键词示例

图 6-15 抽象属性关键词示例

用户在抖音盒子平台上搜索某个商品关键词时，在众多的商品中系统有一个搜索排名规则，搜索排名越靠前，在展现页面的位置也会相对应的靠前。其中，这个搜索排名就是靠关键词权重来衡量的。自然搜索流量可以为店铺带来最精准的访客，转化和销量自然也会更好。

关键词的选择精髓在于两个字——"加减"，运营者需要不断地通过数据的反馈来加关键词或者减关键词。选择关键词的相关技巧如下。

（1）关键词的数量足够多。在商品标题中，精准关键词的数量越多，获得的曝光量自然会越大。

（2）关键词的搜索热度高。搜索热度是指关键词搜索次数，数值越大，代表搜索次数越多。搜索热度低的关键词说明其搜索人气也非常低，搜索该关键词的用户群体自然也会很少，从而影响关键词的整体曝光量。

（3）选取的关键词要足够精准。如果运营者选择的关键词与商品属性相差比较大，或者毫无关系，也会影响商品的整体曝光量。

6.2 主动引流：利用站内外流量渠道

如今，短视频和直播已成为新的流量红利阵地，具有高效曝光、快速涨粉和有效获利等优势。另外，运营者还可以利用各种站内外渠道给自己的产品、直播间和短视频引流，在增加账号粉丝量的同时，为产品带来更多的流量和销量。

6.2.1 渠道1：爆款"种草"短视频

"种草"是一个网络流行语，表示分享推荐某一商品的优秀品质，从而激发他人购买欲望的行为。如今随着短视频的火爆，带货能力更好的"种草"视频也开始在各大新媒体和电商平台中流行起来。"种草"视频的基本类型如下。

（1）混剪解说类：通过收集同行业账号的视频素材，或者其他"种草"平台的相关图片和文案进行混剪，并重新配音和加字幕进行二次创作，能够快速、低成本地产出大量带货视频。但这种"种草"视频存在版权风险，必须先获得授权才能使用。

（2）商品展示类：纯粹地在视频中展示商品，没有真人出镜和口播，但注意拍摄环境要干净整洁、光线明亮，同时视频能够呈现商品的最大亮点和使用效果的前后对比，并选用热门的背景音乐。

（3）口播视频类：即在视频中展示商品的同时加上真人口播，真人不用露脸，可通过声音和字幕来打动消费者。

（4）线下带货类：对于拥有线下实体店铺、企业或工厂的运营者来说，可以将这些线下场景作为视频的拍摄背景，在视频中展示产品的生产环境或制作过程，能够体现运营者的备货、供货能力。

抖音盒子 App 中也设置了拍摄和上传"种草"视频的功能，如图 6-16 所示。与抖音 App 的拍摄功能基本相似，目的是激励更多年轻人群体成为好物分享达人。"种草"视频不仅可以告诉潜在用户你的产品是如何如何得好，还可以快速建立信任关系。

图 6-16　抖音盒子 App 的视频拍摄和编辑功能

任何事物的火爆都需要借助外力，而爆品的锻造升级也是如此。在这个产品繁多、信息爆炸的时代，如何引爆产品是每一个抖音盒子运营者都应该去思考的问题。从"种草"视频的角度来看，打造爆款需要做到以下几点，如图 6-17 所示。

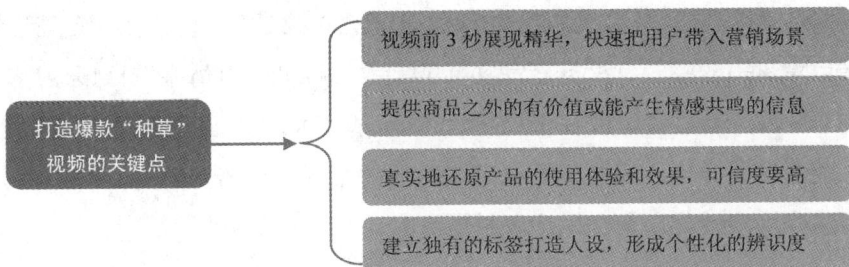

图 6-17 打造爆款"种草"视频的关键点

6.2.2 渠道 2："DOU ＋上热门"

"DOU ＋上热门"是一款视频"加热"工具，可以实现将视频推荐给更多兴趣用户，提升视频的播放量与互动量，以及可以提升视频中带货产品的点击率。运营者可以将抖音盒子发布的视频同步到抖音平台，然后在抖音上打开该视频，点击"分享"按钮 ，在弹出的菜单中点击"上热门"按钮，如图 6-18 所示。即可进入"DOU ＋上热门"界面，如图 6-19 所示。

图 6-18 点击"上热门"按钮

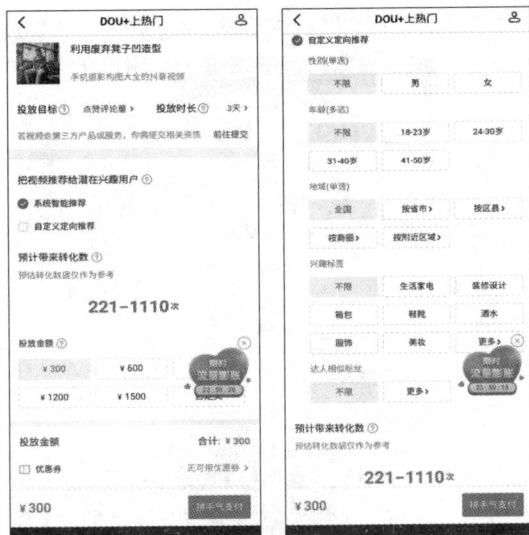

图 6-19 "DOU ＋上热门"界面

"DOU ＋上热门"工具适合有店铺、有产品、有广告资源或者有优质内容但账号流量不足的运营者。投放 DOU ＋的视频必须是原创的，内容完整度好，视频时长超过 7 秒，且没有其他 App 水印和非抖音站内的贴纸或特效。

需要注意的是，系统会默认推荐给可能感兴趣的用户，建议有经验的运营者选择自定义投放模式，根据店铺实际的精准目标消费群体来选择投放用户。投放 DOU＋后，运营者可以在设置界面中选择"DOU＋订单管理"选项进入其界面，查看订单详情。只要运营者的内容足够优秀，广告足够有创意，就有很大概率将这些用户转化为留存用户，甚至变为二次传播的跳板。

6.2.3　渠道 3：小店随心推

"小店随心推"是一款专用于推广抖音小店商品的轻量级广告产品，是为了适配电商营销场景而打造的 DOU＋电商专属版本，与抖店的结合更紧密，有助于电商营销新手在移动端更好地推广店铺和商品。

运营者可以进入抖音创作者服务中心的"功能列表"界面，在"进阶服务"选项区中点击"小店随心推"按钮进入其界面，可以选择推广视频或直播，如图 6-20 所示。例如，点击"直播推广"按钮后选择要推广的直播间，在此可以设置投放金额、直播间优化目标、你想吸引的观众类型、选择加热方式、期望曝光时长等选项，同时系统会自动计算出预估流量，如图 6-21 所示。

图 6-20　"小店随心推"界面　　　图 6-21　创建直播推广计划

6.2.4　渠道 4：直播间主播券

主播券主要针对开通了精选联盟功能的达人，可以帮助达人提升所带货品的销量，以及帮助商家提升收益。需要注意的是，主播券的成本由带货达人来承担，商家付出的佣金和最终的货款收入不受影响。

商家可以进入巨量百应平台的"直播管理"页面，在左侧导航栏中选择"营销管理"|"主播券管理"选项进入其页面，单击"新建主播券"按钮即可创建主播券，如图 6-22 所示。

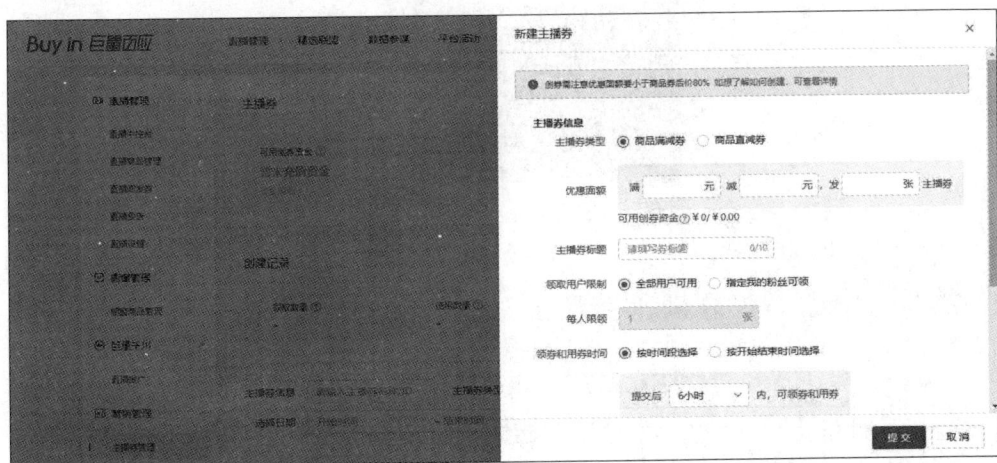

图 6-22　创建主播券

例如，某商品的价格为 200 元，商家设置了 20% 的佣金比例，达人为该商品带货时创建面额为 10 元的主播券。则用户下单时只需实际支付 190 元，另外 10 元由达人支付给商家，但商家仍按照 40 元佣金结算给达人。

达人设置主播券后，相当于达人将自己的部分佣金让利给用户，从而为产品带来更多的销量。同时，用户需要关注达人才能领券购买商品，如图 6-23 所示。这种引流方式对于精准用户的吸引力极大，能够快速增加达人的粉丝量。

用户侧的主播券领取入口

将"领取用户限制"设置为"订阅我才可以领券哦"，即可刺激直播间用户关注主播，从而提升粉丝数量和用户黏性

图 6-23　主播券

6.2.5　渠道5：直播预告功能

很多主播在直播过程中，都遇到过引流效果差、直播观看人数不稳定、缺少粉丝互动等问题。另外，对于用户来说，也有可能会遇到自己喜欢的主播开播了，但自己却不知道的情况，从而错过了精彩内容和优质商品。

下面介绍两种通过直播预告快速引流吸粉的方法，帮助主播让自己的直播间触达更多潜在用户，提升直播间的精准推荐与转化效果。

1. 利用直播预告贴纸吸粉

主播可以发布直播预告视频，将直播时间和主题提前告诉用户，提升看播量和流量转化效率，同时还可以进行精准"种草与收割"。另外，主播还可以分析直播预告视频的观看和互动数据，提前预估直播流量，做好充分的准备工作，为直播间观众带来更好的互动体验。

在抖音 App 中拍摄或上传一段直播引流短视频，进入视频编辑界面，点击"贴纸"按钮，在弹出的"贴图"对话框中，选择"直播预告"贴纸，如图 6-24 所示。弹出"选择开播时间"对话框，选择相应的开播时间，如图 6-25 所示。

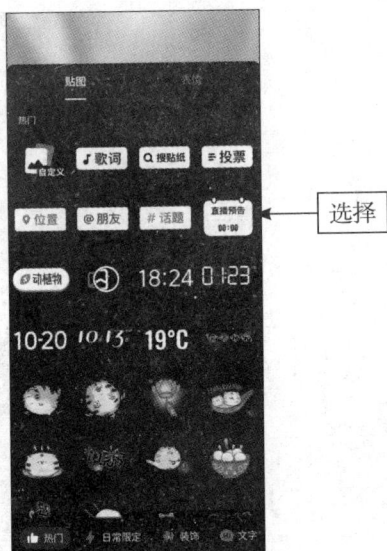

图 6-24　选择"直播预告"贴纸　图 6-25　选择相应的开播时间

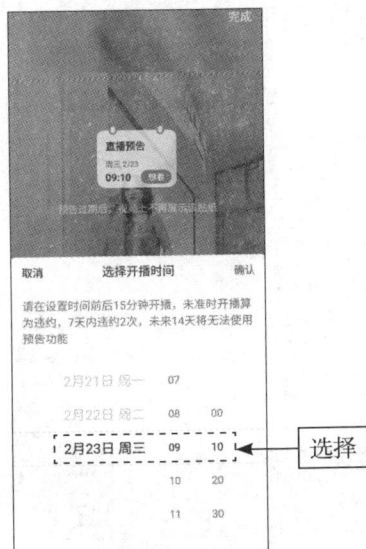

点击"确认"按钮，即可添加"直播预告"贴纸。发布直播预告视频后，即可在短视频界面中显示"直播预告"贴纸，同时主播也会在开播前收到对应的预告开播提醒。用户看到直播预告视频后，点击预告贴纸中的"想看"按钮进行预约，不管预约的用户是否关注主播，都会收到主播开播的推送消息。

2. 主播个人页直播动态吸粉

主播可以在自己的个人主页中设置与修改直播公告，当用户访问主播的主页时，可以随时在"直播动态"栏中看到主播发布的直播公告信息，❶点击后进入其详情界面；❷点击"想看"按钮进行预约，如图 6-26 所示。

在主播的"直播动态"详情界面中，所有粉丝都可以看到主播过去直播场次的历史回顾，让开播历史有迹可循，同时让主播形象更加丰富立体。对于新用户来说，可通过直播动态的回顾加强与主播的互动与情感共鸣，增强用户黏性，促进转化率。

设置"直播动态"的具体方法为：在抖音 App 中进入"开直播"界面，点击"设置"按钮，弹出"设置"对话框，选择"直播公告"选项，然后设置相应的开播时间和公告内容，如图 6-27 所示。点击"保存"按钮，即可添加直播公告，等待系统审核通过后，即可展示到主播的个人主页中。

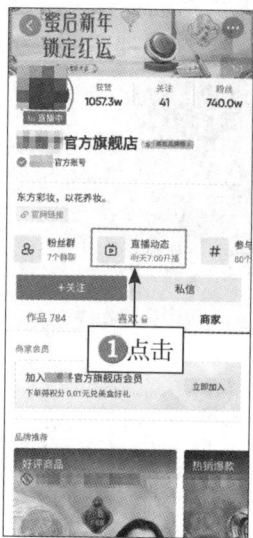

图 6-26 "直播动态"的展示位置和详情界面　　图 6-27 "直播公告"设置界面

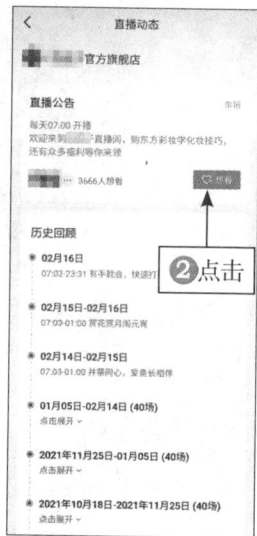

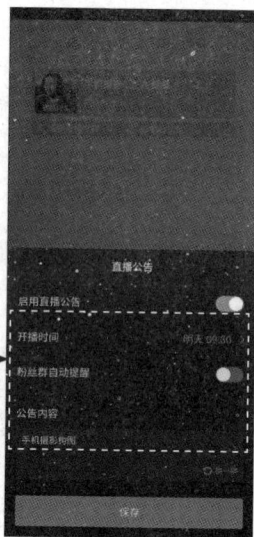

3. 直播引流的相关技巧

下面总结了一些直播引流的相关技巧。

（1）开播预热：在直播开始前 3 小时左右，发布一个短视频进行预热，这样开播时能够快速吸引粉丝进入直播间观看。

（2）同城定位：主播可以开启直播间的同城定位功能，吸引更多附近的粉丝观看直播，如果附近的人较少也可以切换定位地点。

（3）直播预告：主播可以在个人主页的简介区中，发布直播预告动态内容，告诉粉丝你的直播时间和主题。

（4）开播时间：主播必须根据自己的粉丝群体属性来确定开播时间，确保在你开播时粉丝也有空，这样直播时才会有更多粉丝观看。

（5）标题封面：好看的封面能够让直播间获得更多曝光量，标题则要尽量突出主播的个人特点和内容亮点，展示主要的直播内容。

（6）分享直播间：当主播开播后，将直播间分享给好友和粉丝，同时充分展示自己的才艺，并通过各种互动玩法提升直播间人气。

（7）参与直播活动：主播积极参与平台推出的直播活动，赢取更多曝光机会和流量资源。

6.2.6 渠道6：站外社交平台

运营者可以将抖音盒子上的带货短视频或直播间分享给微信好友、朋友圈、QQ空间及微博等站外社交媒体平台，通过私域流量来给产品进行引流。

下面以微信为例，在抖音盒子上打开要分享的视频，❶点击"更多"按钮；❷在弹出的"更多"对话框中点击"微信好友"按钮，弹出"分享至"对话框，运营者可通过"发送视频到微信"或"复制口令给好友"两种方式来分享视频，如图6-28所示。

图 6-28 将抖音盒子的短视频分享至微信好友

相比之下，通过"发送视频到微信"的方式虽然要下载视频，但其展示效果更好，收到视频的用户直接在微信聊天界面中点击该视频，即可打开查看视频内容，同时还会展示运营者的抖音盒子账号，引流效果更好。

"复制口令给好友"则需要用户复制该口令，然后去抖音中查看短视频，用户可直接在视频中下单，因此，这种方式的转化率要更好一些。

需要注意的是，在社交媒体上发布带货内容时，由于一些不恰当的刷屏，常常会受到好友或粉丝的排斥、屏蔽、拉黑，不但使带货效果大打折扣，还会影响与好友、粉丝建立的情感。

运营者想要在社交媒体上赢得好友和粉丝的好感，增加信任度，需要多提升自己的存在感。例如，"颜值"高的运营者可以展现帅气甜美的形象，"颜值"越高吸引力就越强，可以间接引发情感上的共鸣。

在社交媒体上，运营者除了在进行营销时需要发产品的短视频和基本信息以外，为了让粉丝信任自己，也可以分享一些工作内容、工作环境、工作进展等，这些都是与粉丝增进关系的情感利器。

第 **7** 章

直播带货：收入破万的直播间带货技巧

　　主播在抖音盒子的直播间带货时，如何把产品销售出去，是整场直播的核心要点。主播不仅要善于和用户进行互动、交流，同时还要通过活动和利益点来抓住用户的消费心理，从而促使他们完成最后的下单行为。

7.1 直播卖货：创建直播间并售卖商品

抖音盒子的主要卖货渠道为用户主动搜索、直播间购物车和短视频搜同款，其中直播间的用户下单量最大。如今，越来越多的用户习惯于通过直播来"发现商品"和"产生兴趣"，直播成为未来电商消费的重要场景与渠道。

本节主要介绍直播间开播技巧和售卖商品的操作方法，帮助大家快速掌握抖音盒子的直播带货玩法。

7.1.1 开播：创建电商直播间

抖音针对年满 18 周岁以上并完成实名认证的用户提供了直播功能，下面介绍创建抖音带货直播间的操作方法。

（1）打开抖音 App，点击底部导航栏中间的"＋"按钮，如图 7-1 所示。

（2）进入"视频"拍摄界面，点击右下角的"开直播"按钮，如图 7-2 所示。

图 7-1　点击"＋"按钮

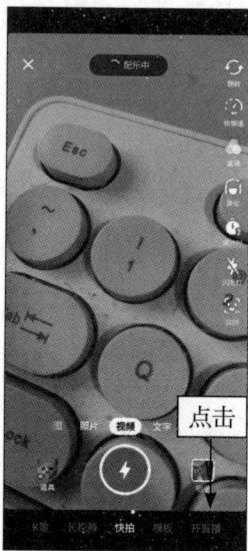

图 7-2　点击"开直播"按钮

（3）进入"开直播"界面，主播可以在此完善直播信息，包括封面、标题、直播内容和话题等，如图 7-3 所示。直播封面要与直播内容贴合，也可以使用主播的真人照片，这样能够有效促进用户进入直播间。直播标题要能够反映直播内容，增加对用户的吸引力。另外，添加与直播间适配的话题，能够获得更多精准的流量曝光。

（4）例如，点击"选择直播内容"按钮，在弹出的对话框中选择相应的直播内容形式，带货直播间通常选择"购物／电商"选项，这样有助于获得更多兴趣相投的用户，如图7-4所示。完成直播间的信息设置后，点击"开始视频直播"按钮，即可创建直播间。

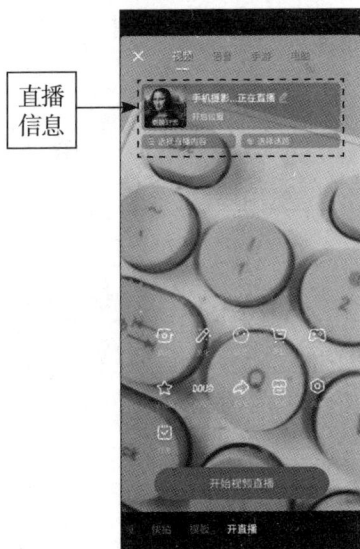

图 7-3　"开直播"界面

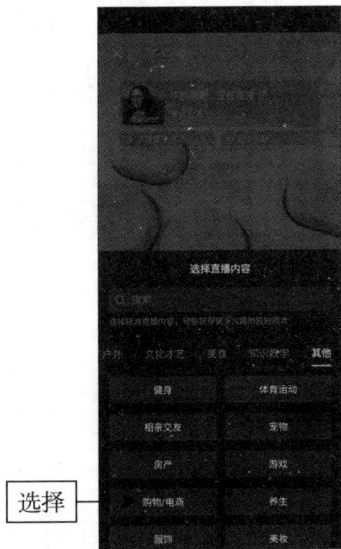

图 7-4　选择相应的直播内容形式

7.1.2　添加：直播间带货商品

主播可以先添加商品再开播，在"开直播间"界面中，点击"商品"按钮，进入"添加商品"界面，如图7-5所示。在"我的橱窗""我的小店""专属商品"列表框中选择相应的商品，点击"添加"按钮即可将其添加到直播间购物车列表中。

如果主播选择在创建直播间后再添加商品，可以在开播界面点击购物车图标，然后再点击"添加直播商品"按钮，进入"添加商品"界面。

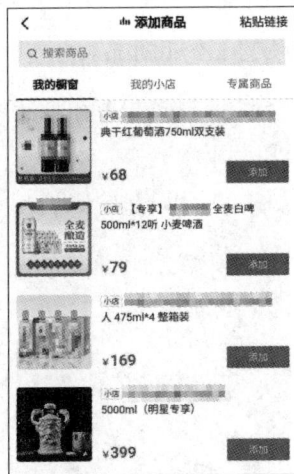

图 7-5　"添加商品"界面

专家提醒："我的小店"渠道适用于与店铺有绑定关系的抖音号，可以直接添加对应店铺内的商品到直播间。另外，主播还可以通过粘贴商品链接的方式，将其他商家提供的商品添加到自己的直播间。

另外，主播也可以在 PC 端后台添加直播商品，进入巨量百应平台的"直播管理"页面，❶在左侧导航栏中选择"直播中控台"选项；❷在右侧窗口中单击"添加商品"按钮，如图 7-6 所示。

图 7-6 单击"添加商品"按钮

弹出"添加商品"窗口，如图 7-7 所示，主播可以在"选择商品"列表中通过橱窗、店铺、定向商品或专属商品等方式添加商品，也可以通过粘贴商品链接的方式添加商品。

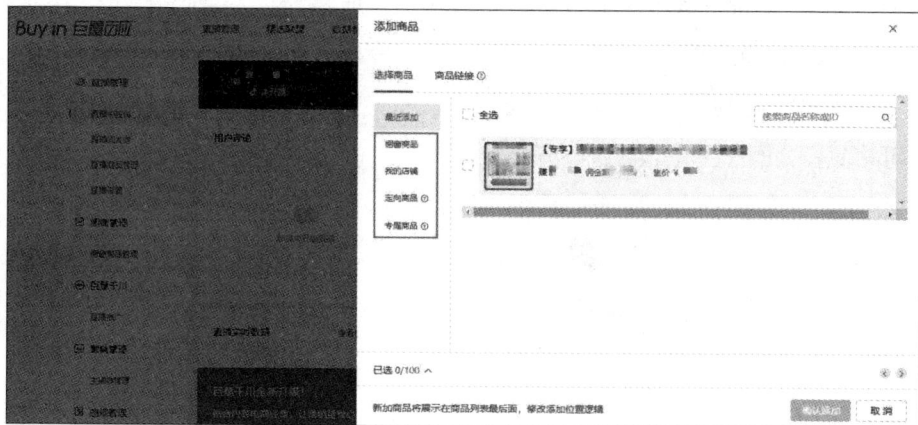

图 7-7 "添加商品"窗口

7.1.3 管理：为商品设置卖点

在直播间添加商品后，主播可以给商品设置内容易懂且有吸引力的卖点信息，不仅可以让商品更好地与用户进行"交流"，而且还能够有效引导用户转化。如图 7-8 所示，商品卖点会展示在直播间的购物车列表中。

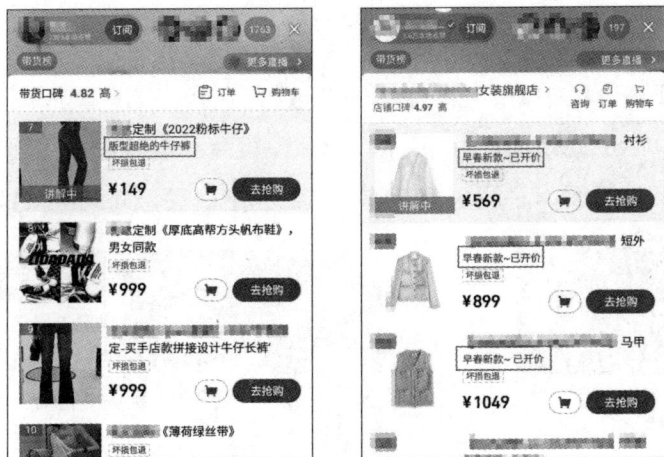

图 7-8　直播商品卖点示例

进入巨量百应平台的"直播中控台"页面，❶单击相应直播商品中的铅笔图标✐，弹出"修改商品卖点"对话框；❷在文本框中输入 15 字以内的商品卖点，如图 7-9 所示。

图 7-9　输入商品卖点

在"直播商品"列表中，按住商品卡片前方的 ⠿ 图标并上下拖动，即可调整商品的排列顺序。主播也可以通过修改商品序号的方式，快速将商品移动到指定位置。将鼠标指针移动到相应商品卡片上，单击右上角的 × 图标，即可在直播间删除该商品。

7.1.4 讲解：设置商品讲解卡

主播在开播过程中，点击购物车图标 🛒，在弹出的"直播商品"对话框中点击"讲解"按钮，如图 7-10 所示。主播设置商品讲解卡后，用户端即可看到"讲解中"的标签提示，了解主播当前在介绍哪个商品，如图 7-11 所示。

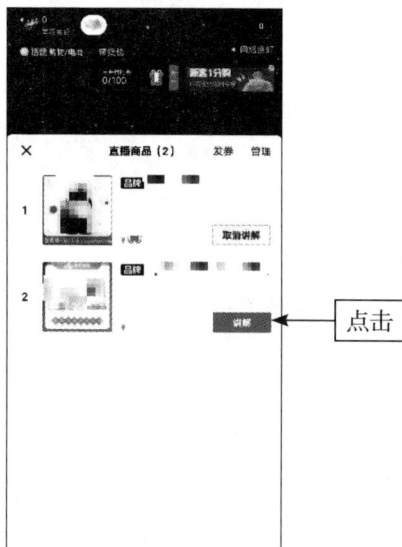

图 7-10　点击"讲解"按钮　　　　图 7-11　商品讲解卡展示效果

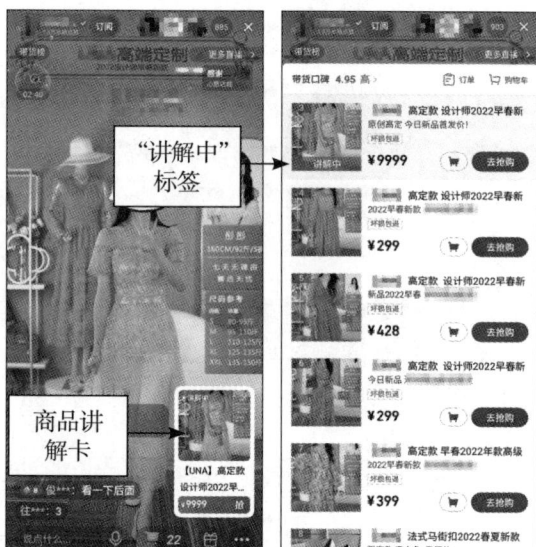

商品讲解卡只会展现一段时间就会自动消失，此时主播再次点击"讲解"按钮显示商品讲解卡。当商品讲解完毕后，主播可以点击"取消讲解"按钮关闭商品讲解卡功能。

另外，主播也可以进入巨量百应平台的"直播中控台"页面，单击相应直播商品卡片右侧的"讲解"按钮，即可在用户端展示商品讲解卡，如图 7-12 所示。

图 7-12 单击"讲解"按钮

7.1.5 配置：直播间主推商品

过去，主播通常都是通过口播或商品讲解卡的形式，引导用户去购买直播间的主推款。现在，抖音电商平台推出了"主推商品"功能，主播可以直接添加直播间主推商品。图 7-13 所示为主推商品的两种展现效果。

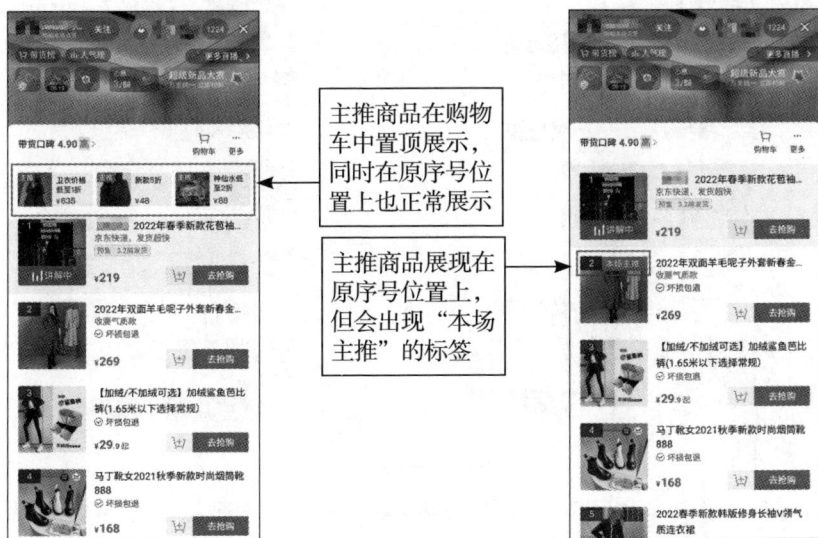

图 7-13 主推商品的两种展现效果

如果直播间中的商品太多，用户一时很难找到推荐商品，这样会影响用户购买的积极性，此时即可配置主推商品来有效解决这个问题，其好处如图 7-14 所示。

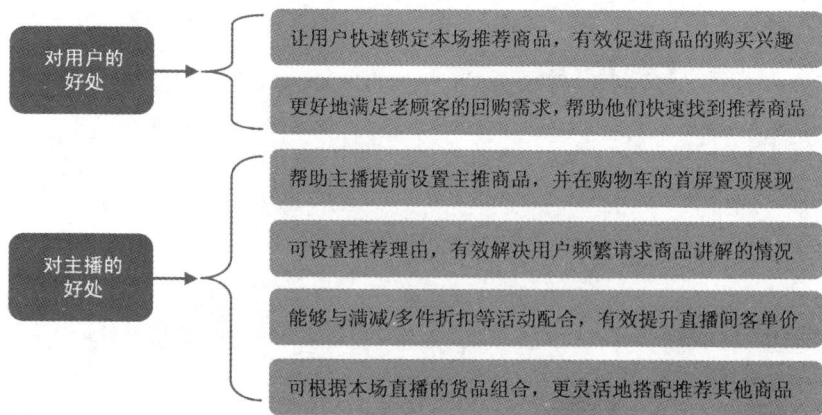

图 7-14　配置主推商品的好处

主播可以在"直播商品"界面中，❶点击"设置主推"按钮；❷选中相应商品（2～3个）前的复选框；❸点击"已选3个，下一步"按钮，如图 7-15 所示。然后为每个商品设置相应的主推理由并确认即可。

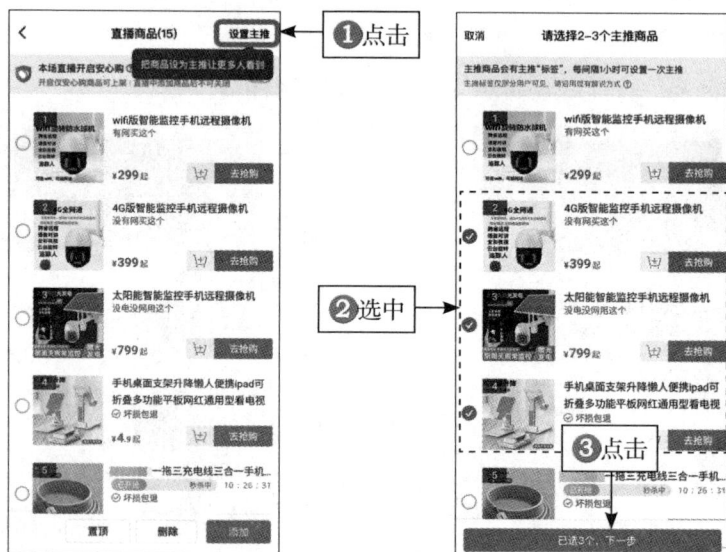

图 7-15　设置主推商品

主播在选择主推商品时，可以参考商品的历史销售数据和本场直播的招商选品情况，同时还可以提前策划好主推商品和推荐理由，从而提高直播间购物车首屏商品的转化效果。

7.1.6 同步：显示抖音直播间

当主播在抖音 App 上创建好电商直播间并添加直播商品后，即可将直播间同步展现到抖音盒子 App 上。

主播需要授权抖音盒子使用自己的抖音号下的短视频和直播间信息，才能将抖音直播间同步显示到抖音盒子平台上，具体操作方法见 3.1.1 节，此处不再赘述。图 7-16 所示为同一个抖音账号发布的直播间可以同时在抖音和抖音盒子两个平台上同步展示，为商品带来更多的流量。

> 专家提醒：虽然直播内容和带货商品相同，但两者的功能略微有些许差别。例如，抖音的直播间多了"申请连线"功能，用户可以向主播发起视频连线或语音连线。抖音盒子的直播间则比较简约，只有基本的购物车和礼物功能，更像是一个电商直播间。

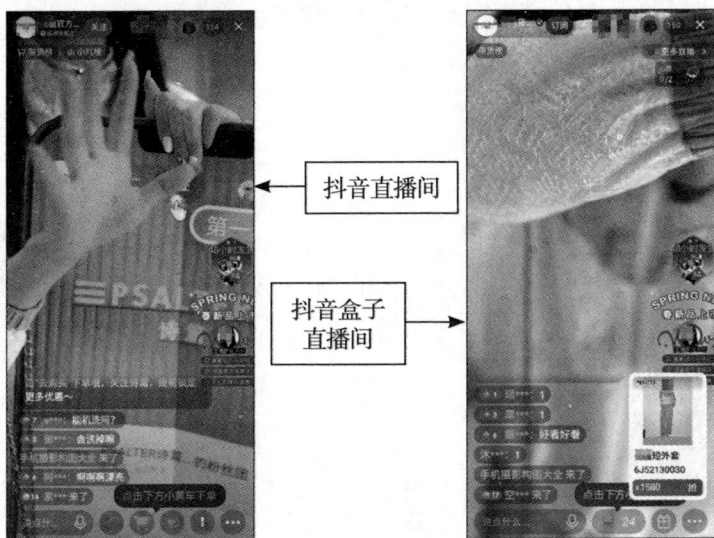

图 7-16　同一个抖音账号发布的直播间

7.2　全新玩法：提升直播带货的转化率

抖音盒子 App 可以说是抖音电商的一个重要卖货渠道，不仅完全对接了抖店的电商功能，而且还为抖音平台上的商品带来了更多的曝光机会。

在抖音盒子平台上，想要打动直播间观众的心，让他们愿意下单购买，主播需要掌握一定的直播间商品售卖技巧。本节将分享一些关于抖音电商平台直播带货的全新玩法，帮助主播有效提升直播间的商品转化率。

7.2.1　排名：进入直播间带货榜

不管是在抖音还是抖音盒子端，在直播间的左上角都可以看到一个"带货榜"的标签，点击该标签，如图 7-17 所示。

在弹出的"带货榜"列表中，即可查看抖音及抖音火山版所有主播的实时热度排名，如图 7-18 所示。主播的排名依据为热度值，是根据当前直播间和小店商品的售卖情况、直播间人气、主播带货口碑等指标进行综合计算得来的，同时榜单会每小时更新一次。

"带货榜"的入榜门槛如下。

● 主播带货口碑不低于 4.2 分。

● 主播账号符合平台安全规范，不存在作弊等安全风险。

● 直播间在当前小时需添加过购物车并成功售卖抖音小店商品。

图 7-17　点击"带货榜"标签　　　图 7-18　"带货榜"列表

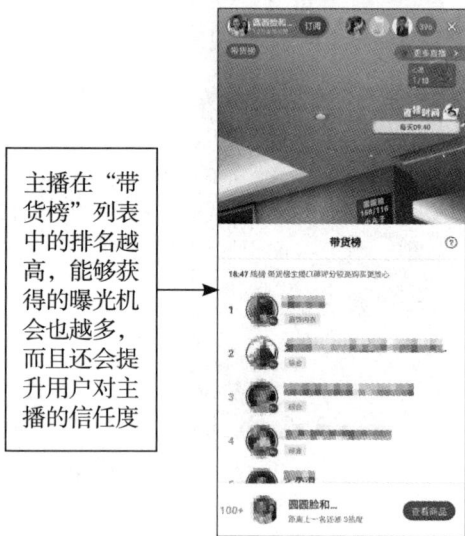

7.2.2　回放：录制商品讲解视频

很多时候，用户进入直播间后可能并不想看主播当前讲解的商品，而是看中了已经讲解过的商品，此时主播可以录制讲解视频，让用户直接查看刚才讲解的回放内容。

用户在购物车中看到感兴趣的商品后，点击商品卡片上方的"看讲解"按钮，回看该商品的讲解视频，如图 7-19 所示。

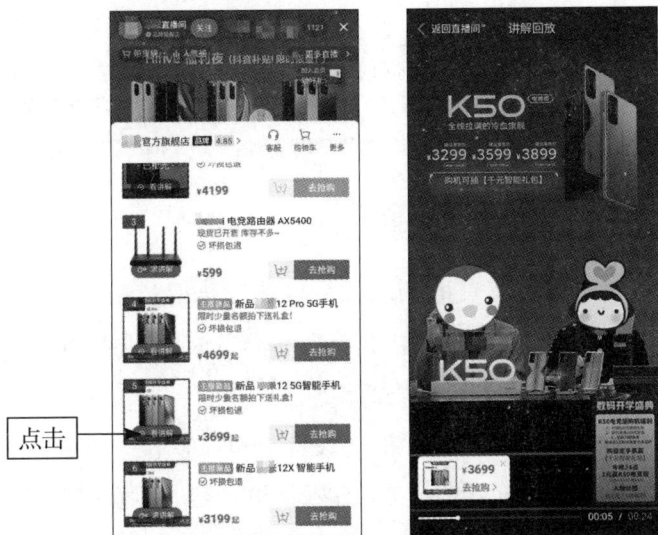

图 7-19　回看该商品的讲解视频

主播可以在抖音的"开直播"界面中，❶点击"设置"按钮；❷然后开启"录制高光"功能即可，如图 7-20 所示。

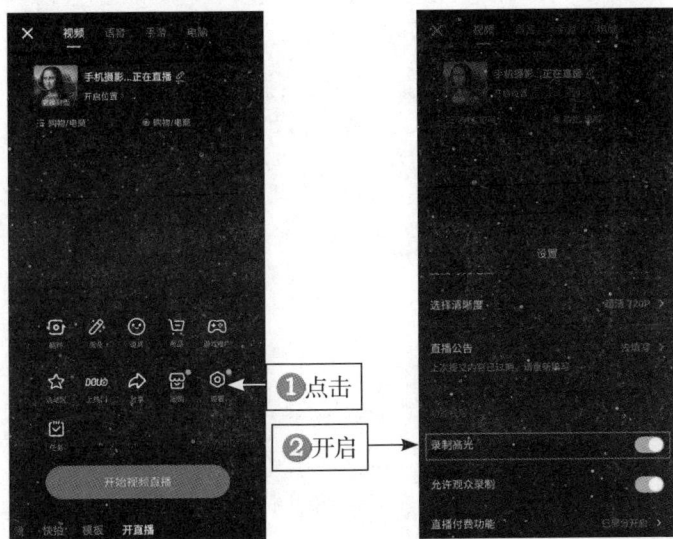

图 7-20　开启"录制高光"功能

执行操作后，主播在直播间点击购物车列表中的"讲解"按钮开始讲解商品，讲解完毕后点击"取消讲解"按钮或者其他商品的"讲解"按钮，系统会自动截取商品对应的录制视频。通过录制商品讲解视频，对直播带货起到很好的辅助和补充作用，当主播没有时间讲解时，即可使用讲解回放视频来满足用户需求和促进用户下单。

> 专家提醒：主播录制商品讲解视频后，这个视频只会保留在本场直播中，下场直播不会再展示上场直播录制的视频，而是需要重新开启"录制高光"功能并进行商品的讲解。

7.2.3 提词：提升主播开播体验

主播在直播间带货时，对于直播节奏的把控和氛围的营造非常重要，会对直播间的商品销量产生影响。很多主播会在直播前准备大量的提词板，甚至购买专业的提词设备，避免出现忘词的尴尬场面。

其实，主播可以利用巨量百应平台的"设置提词"功能，在备播期间提前配置提词内容，同时还可以在开播期间实时编辑提词内容，以及分窗口查看主播看板，全方面提升开播体验，让主播的卖货过程更加顺畅。

进入巨量百应平台的"直播管理"页面，创建一个直播商品计划，在"商品列表"选项区中单击相应商品标题下方的"设置提词"按钮，如图 7-21 所示。

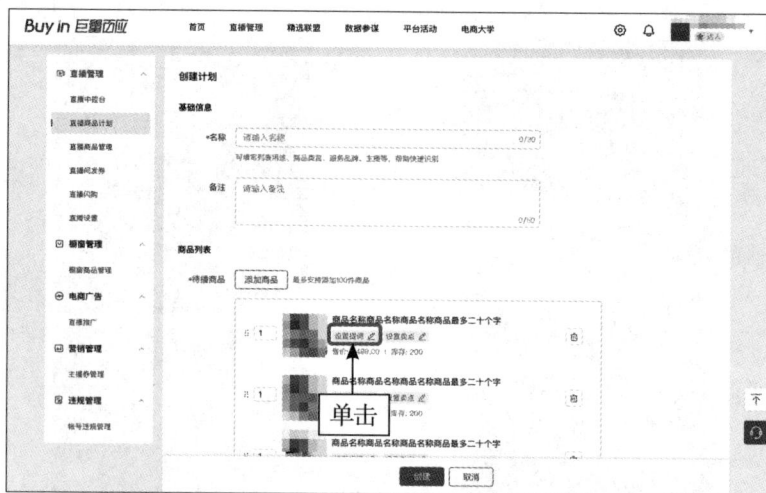

图 7-21 单击"设置提词"按钮

弹出"标题文案"窗口，在"题词内容"文本框中输入相应的文案，同时还可以设置文字的大小和颜色，方便突出商品卖点，如图 7-22 所示。

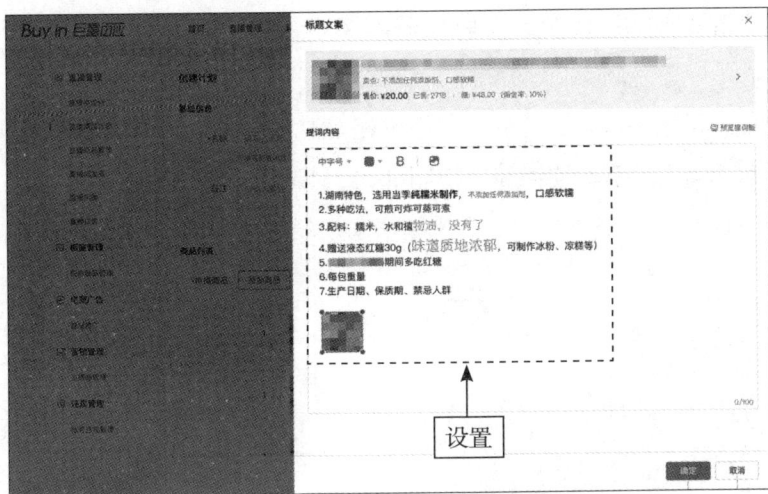

图 7-22　设置题词内容

当主播开播后，点击"提词"按钮，通过主播看板来查看提词内容，了解当前讲解商品的提词信息，同时还会显示当前商品已讲解的时间、商品价格、当前库存和已加购数量等信息，如图 7-23 所示，能够更好地帮助主播判断与调整商品讲解的时间和节奏。

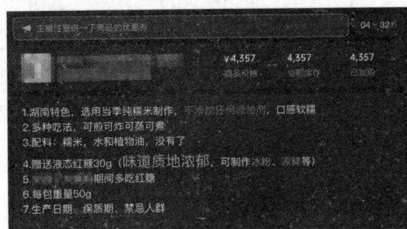

图 7-23　主播看板

7.2.4　闪购：促进买卖快速成交

主播通过"闪购"功能在直播间发布非标商品，并向直播间内的所有用户或定向用户发送闪购邀请，促进买卖双方快速成交。

主播可以进入巨量百应平台的"直播管理"页面，在左侧导航栏中选择"直播闪购"选项，进入"闪购"页面，在"新建闪购"选项区中单击"全量类型"按钮，如图 7-24 所示。

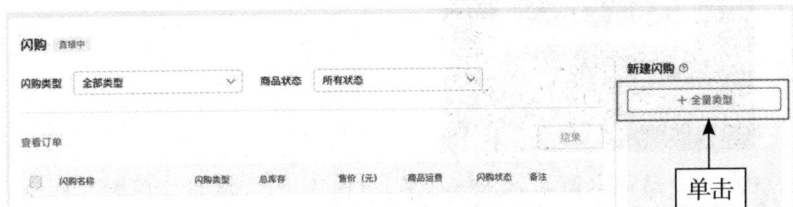

图 7-24　单击"全量类型"按钮

弹出"新建闪购"窗口，可以设置闪购名称、商品图片（系统会自动截图，注意对准开单卡片和商品）、商品数量、商品价格、运费和备注等选项，单击"新建"按钮即可，如图7-25所示。

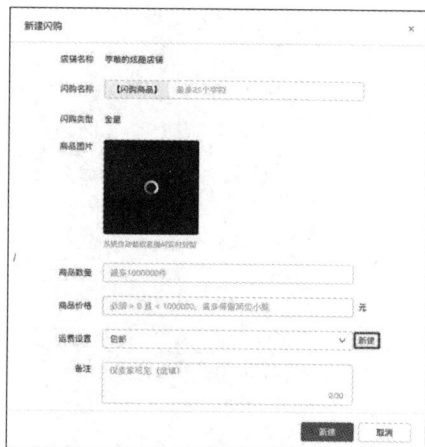

图7-25　"新建闪购"窗口

> 专家提醒：标品是指有规格化的产品，有明确的型号等，如笔记本电脑、手机、电器、化妆品等；非标产品是指无法进行规格化分类的产品，如服装、鞋子、珠宝玉石等。注意：只有平台认可的非标商品类目才能使用"闪购"功能，如珠宝玉石。

创建闪购商品后，用户进入直播间时，会自动弹出商品的介绍信息，方便用户下单，如图7-26所示。同时，在购物车中的活动商品上还会展示"闪购"标签，如图7-27所示。

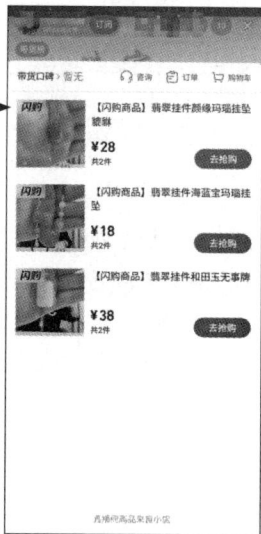

图7-26　自动弹出商品的介绍信息　　图7-27　展示"闪购"标签

用户选择相应商品并点击"去抢购"按钮后，直接进入付款下单界面，而不会进入商品详情页面，也就是缩短了用户的消费路径，可有效促进用户转化，并配合主播的口播快速实现成交。

7.2.5 伴侣：使用绿幕智慧大屏

主播可以使用抖音官方的电脑直播伴侣软件开播，然后使用"绿幕大屏"功能为直播间配置商品背景模板，为用户带来更加专业、稳定的直播间画面效果和更多样化的商品展现场景，从而提升用户的看播体验。

直播伴侣中的"绿幕大屏"功能需要用到绿幕背景素材，主播可通过上传自定义的商品图片素材或使用官方提供的商品模板，在直播间背景中实时展示商品信息，包括品牌名称、商品名称、商品主图、直播间活动价格、商品卖点、折扣力度等关键信息，如图 7-28 所示。

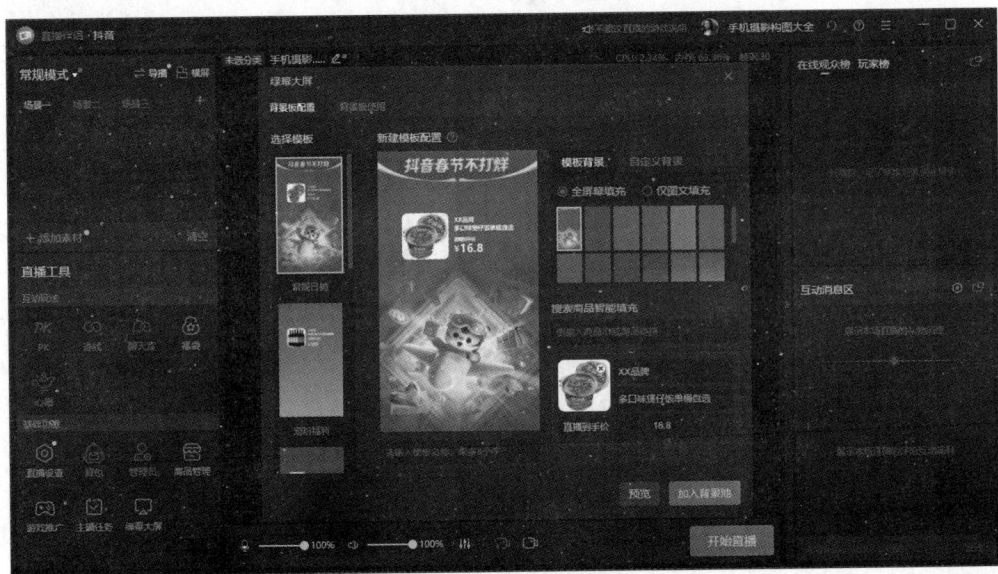

图 7-28　直播伴侣软件中的"绿幕大屏"功能

图 7-29 所示为使用直播伴侣软件的"绿幕大屏"功能设置的直播间背景效果。用户进入直播间后，通过"绿幕大屏"更直观地了解到商品的核心卖点及价值，从而促进直播间商品的有效转化。

"绿幕大屏"具有成本低、操作灵活、多种使用场景无缝切换等优势，用于直播间基础商品的日常推广，或者体现商品在直播期间的活动形式与价格对比，增强促销氛围，让用户对于直播间福利的感知更强。

图 7-29　直播间的"绿幕大屏"效果

7.2.6　评论：增强直播互动氛围

作为带货主播，经常会碰到评论言论不友善的用户，此时场控人员如果通过手机端回复评论，则速度非常慢，对于这些恶意评论很难做到实时响应。

如今，巨量百应平台推出了直接回复评论和禁言功能，可以帮助主播有效管理直播间评论，提升开播体验。进入巨量百应平台的"直播中控台"页面，在"用户评论"选项区中即可查看和回复直播间的用户评论，及时解决用户的疑问，促进用户转化效果，如图 7-30 所示。

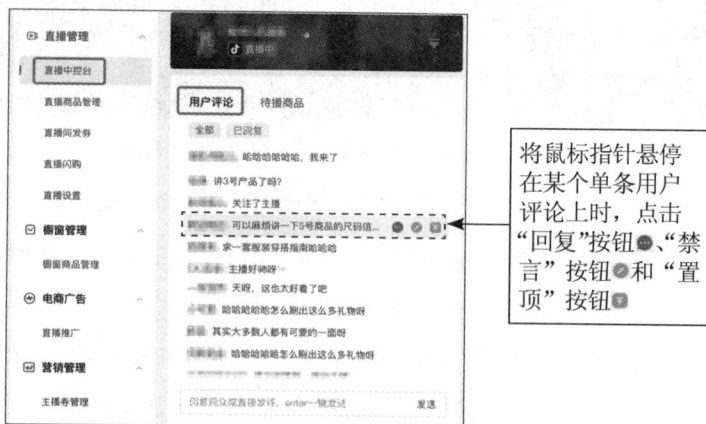

图 7-30　"用户评论"选项区

当主播想要提升直播间的互动氛围，或者想要告知用户正在讲解商品的补充信息时，可通过发送评论的方式引导用户进行互动，增加直播间有效评论数量。评论发送成功后，用户可以在直播间看到以主播身份发送的评论，如图 7-31 所示。

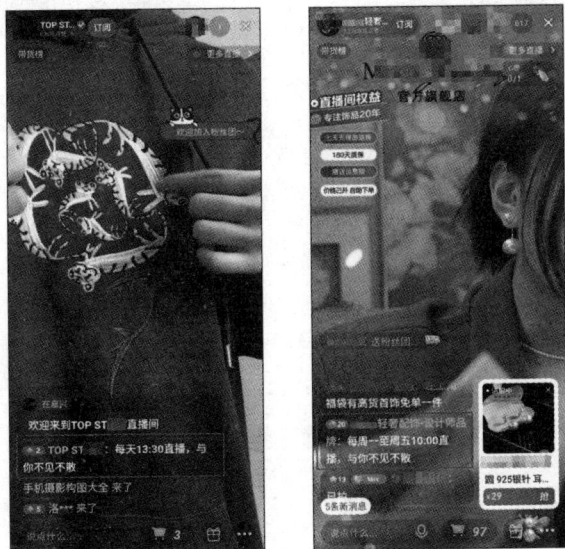

图 7-31　以主播身份发送的评论

同时，主播还可以将优质评论置顶，重点展示用户发表的优质评论或需要用户关注的商品信息 / 福利。在直播结束后且未重新开播之前，主播可以回看直播间用户发布和回复的评论，能够帮助主播复盘用户的互动效果，为下次开播提供决策参考。

7.2.7　任务：加入粉丝团做任务

主播开播后可以创建一个以自己为团长的粉丝团，能够实时查看粉丝团成员数量及完成任务的人数，后续可以根据粉丝团成员等级进行粉丝人群运营。粉丝团是专属于粉丝和主播的社区，用户加入粉丝团后通过升级来解锁不同的权益和奖励，如图 7-32 所示。

同时，主播还可以开启粉丝团的电商任务，将用户的等级和他在直播间的下单量进行关联，实现用户的持续转化，促进直播间 GMV 的提升。主播开播后，❶点击粉丝团图标 ；❷在弹出的对话框的"任务进度"选项卡中启用"开启购买商品任务"功能，如图7-33所示，用户侧即可看到电商任务。

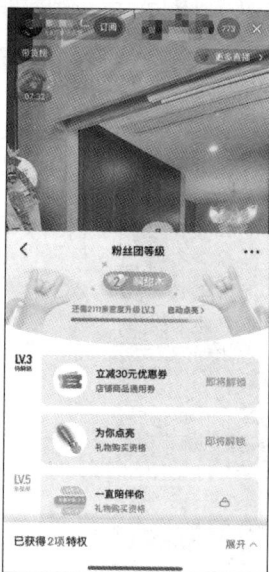

图7-32　粉丝团等级

图7-33　启用"开启购买商品任务"功能

电商任务为直播间中的高付费用户提供了明确的升级路径，帮助主播快速识别具有消费能力的粉丝和引导粉丝下单，有助于提升后续的粉丝运营效果。

7.2.8　分析：直播间的详情数据

抖音电商罗盘具有完整的直播间详情数据分析功能，具体包括各种直播指标和电商指标，以及直播详情概况、整体看板、实时趋势、流量分析、商品分析、用户画像、实时直播核心数据等功能，其入口为"抖音电商罗盘→直播分析→数据详情"。

图7-34所示为流量分析板块中的"流量来源趋势"分析功能，可以非常直观地展示直播间各流量来源的变化情况，能够帮助主播找出自然流量或付费流量的主要来源渠道，从而"强化优势，弥补不足"，提升直播间的流量。

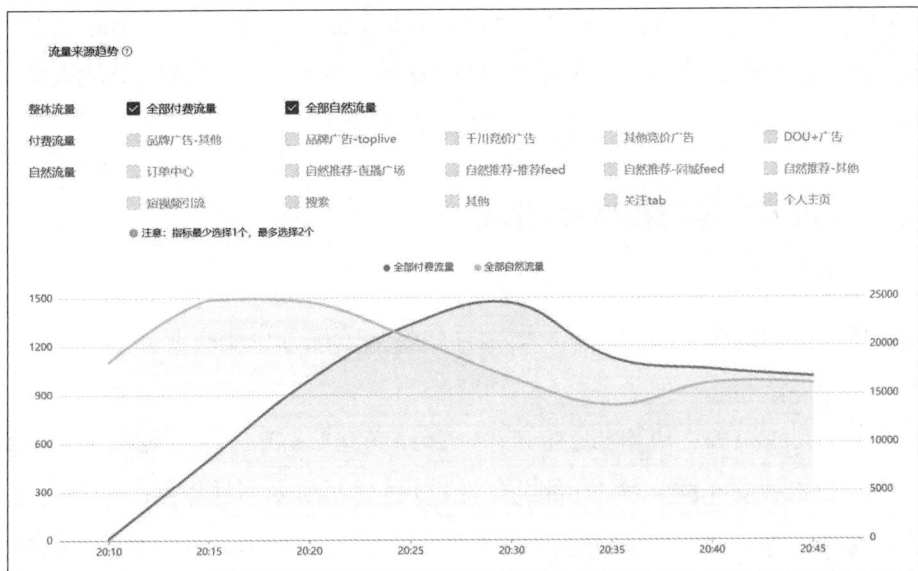

图 7-34 "流量来源趋势"分析功能

图 7-35 所示为"实时趋势"分析功能，主播可以按"分钟级"或"小时级"分别查看直播间的人气指标、互动指标、商品指标和订单指标等数据趋势图。主播可以查看一天内的直播间数据变化趋势，找到峰值数据处的运营动作进行直播复盘，保留有效的直播运营方法，积累经验，提高直播间的成交数据。

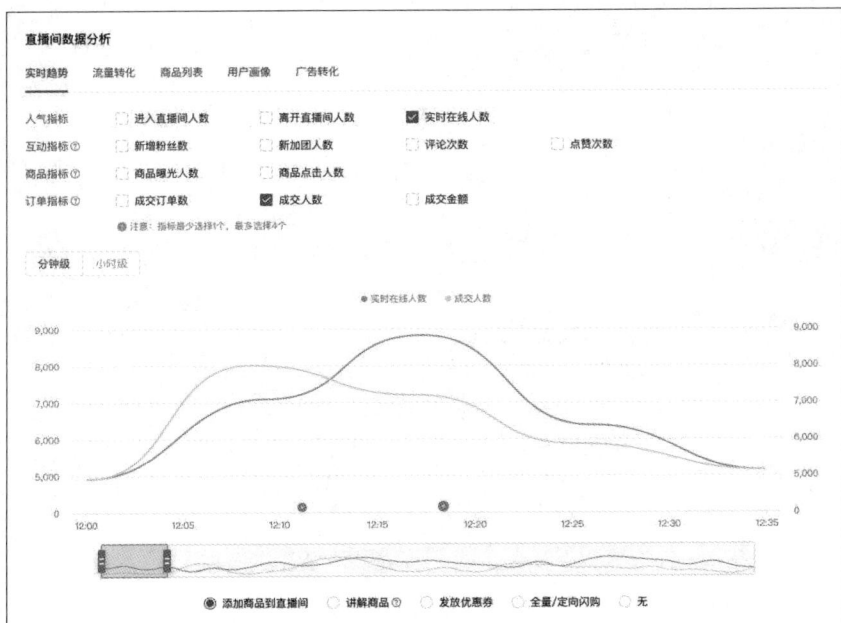

图 7-35 "实时趋势"分析功能

另外，主播还可以通过对比直播间的曝光量、点击量、成交量之间的差异和退款数据，分解整个直播带货链路各环节的转化效率，从而在后续的直播运营策略中有针对性地进行产品优化，最终实现转化效果的提升。

7.2.9　复盘：自播诊断优化策略

主播可以利用抖音电商罗盘平台的"自播诊断"功能，对自播数据进行复盘，从而帮助主播不断优化自播策略，并形成稳定的直播间日销数据，其入口为"抖音电商罗盘→诊断→自播诊断"。

图 7-36 所示为"自播诊断"中的"流量效率"分析功能，该页面展示直播间的千次观看成交金额和待改进指标，以及商品点击率、商品点击成交转化率、看播成交转化率和成交件单价等其他重点关注指标，主播可以准确地了解各项自播指标的数值，以及同行业同规模商家的数据对比和历史变化情况，从而找出直播间的问题所在，并调整相应的直播运营策略。

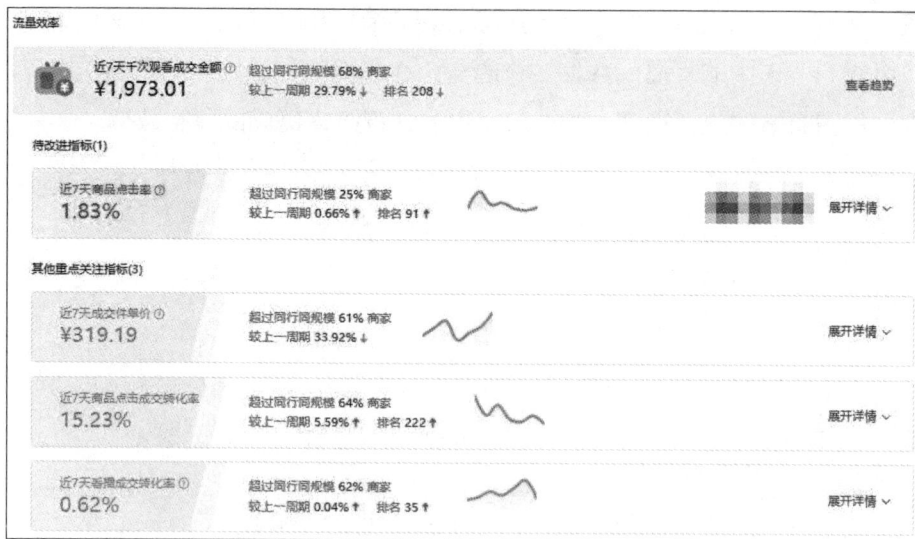

图 7-36　"流量效率"分析功能

第**8**章

视频带货：基于优质"内容"产生成交

如今，随着短视频的火爆，带货能力更好的"种草"视频也开始在各大新媒体和电商平台中流行起来。本章将介绍抖音盒子平台的视频带货技巧，帮助商家基于优质"内容"产生更多的成交机会。

8.1 创作技法：拍摄与制作视频内容

在传统电商时代，用户通常只能通过图文信息来了解产品详情，而如今视频已成为产品的主要展示形式。因此，对于运营者来说，在抖音盒子平台上带货之前，首先要拍摄一些好看的产品视频，画面要漂亮，更要真实，必须能够勾起用户的购买兴趣，这就有一定的要求。本节主要介绍不同类型的产品视频拍摄技巧，以及抖音盒子平台中的热门品类内容的创作技法，帮助大家轻松制作出爆款带货视频。

8.1.1 技法1：外观型产品的拍摄

在拍摄外观型的产品视频时，要重点展现产品的外在造型、图案、颜色、结构、大小等外观特点，建议拍摄思路为"整体→局部→特写→特点→整体"。

例如，下面这个变形跑车玩具产品的短视频，先360°拍摄跑车状态下的整体外观，然后拍摄跑车状态下的局部细节和特写镜头，最后拍摄变形为机器人状态后的整体外观效果，如图8-1所示。

图8-1　变形跑车玩具产品的短视频

如果拍摄外观型产品时有模特出镜，则可以增加一些产品的使用场景镜头，展示产品的使用效果。需要注意的是，产品的使用场景一定要真实，很多用户都是"身经百战"的网购达人，什么是真的，什么是假的，他们一眼就能分辨出来，而且这些人都是长期的消费群体，运营者一定要把握住这群人。

8.1.2 技法 2：功能型产品的拍摄

功能型产品通常具有一种或多种功能，能够解决人们生活中遇到的难题。因此，拍摄产品视频时应将重点放在功能和特点的展示上，建议拍摄思路为"整体外观→局部细节→核心功能→使用场景"。

例如，下面这个无线鼠标产品的短视频，首先拍摄无线鼠标的整体外观，其次拍摄无线鼠标的局部细节和材质，最后通过多个分镜头来演示无线鼠标的各种核心功能，如图 8-2 所示。

图 8-2　无线鼠标产品的短视频

如果拍摄功能型产品时有模特出镜，同样也可以添加一些产品的使用场景。另外，对于有条件的运营者来说，也可以通过自建美工团队或外包形式来制作3D 动画类型的功能型产品视频，更加直观地展示产品的功能。

8.1.3 技法 3：综合型产品的拍摄

综合型产品是指兼外观和功能特色于一体的产品，因此，在拍摄这类产品时需要兼顾两者的特点，既要拍摄产品的外观细节，同时也要拍摄其功能特点，并且还需要贴合产品的使用场景来充分展示其使用效果。如果是生活中经常用到的产品，则最好选择生活场景作为拍摄环境，这样更容易引起用户产生共鸣。

例如，手机就是一种典型的综合型产品，不仅外观非常重要，丰富的功能也是吸引用户的一大卖点。图 8-3 所示为一个手机产品的短视频，通过真人口播介绍和展示实物产品的方式，吸引用户的眼球，然后通过穿插官方图片的方式，全方位地展现手机的外观特色、局部细节和功能特点，让用户对该手机有更深入地了解。

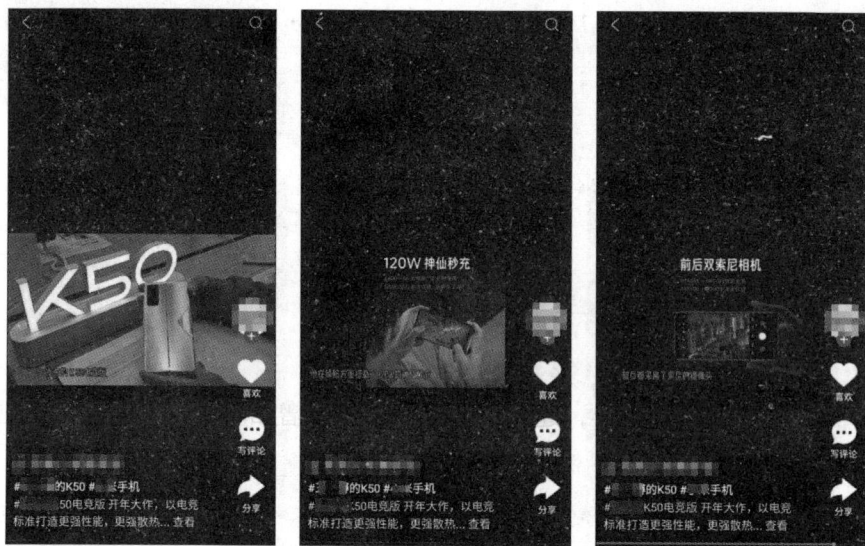

图 8-3　手机产品的短视频

8.1.4　技法 4：穿搭型内容的创作

穿搭可以说是抖音盒子平台的第一品类，而且还是人们生活的必需品，在衣食住行中排列第一。服装除了其保暖功能，现在已经上升到另一个更高的境界——服饰可以代表一个人的形象。

越来越多的人开始重视服装的合适、得体、美观、时尚，但是挑选衣服并不是一件简单的事情，它不仅仅需要花费时间，还要考虑各种特殊情况。基于这种用户痛点，为抖音盒子的运营者带来了很多销售机会。那么，穿搭类的短视频该如何创作呢？下面总结了三大要点，分别为强烈的个人风格、实用的价值、追寻时下热点。

1. 强烈的个人风格

运营者可通过突出强烈的个人风格，让用户第一时间记住你。在抖音盒子中，可以看到街头、复古、机能、国风等明确的服装风格，能让用户更快地找到自己喜欢的产品，如图8-4所示。当然，运营者也可以发挥自己的个人特色和人格魅力，甚至还可以通过自己对时尚的理解，打造独有的个人风格。

运营者可以根据自己的风格来创建品牌的风格。创建个人品牌并没有想象中那么遥不可及，市面上到处都可以看见新的品牌诞生，一个品牌最重要的就是寻找到自己最擅长的风格，并与其他品牌进行区分。

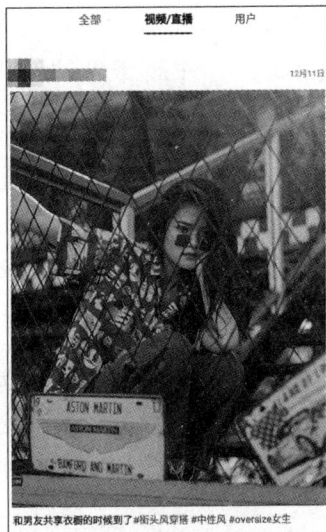

图8-4　风格强烈的穿搭"种草"视频示例

2. 实用的价值

运营者可以多做一些实用性的视频内容，更容易获得用户的点赞和互动。例如，穿搭展示的视频内容，建议运营者在视频中增加口播或文字，将搭配的要点和适用的场景告诉用户，或者把品牌或店铺罗列出来，便于用户下单。

潮品推荐类的内容，建议运营者对单品进行详细介绍，或者对同类单品进行对比测评，给出选购建议，带货效果通常会更好。

3. 追寻时下热点

潮流和趋势是并行的，流行趋势可以是季节、节日等变化，如新年穿搭，或者提前预告春夏流行色搭配，或者市面上的新品、联名款、限定款等。运营者要时刻保持敏锐的时尚嗅觉，这样可以让你先人一步制作出爆款内容。

8.1.5　技法5：美妆型内容的创作

根据字节跳动旗下巨量星图提供的数据，无论是接单总金额还是接单数量，美妆达人号都是遥遥领先其他领域的，因此，美妆在短视频领域的趋势不容忽视。下面介绍一些美妆型视频内容的创作技法。

1. 真实有趣的人设

在抖音盒子平台上，用户可以看到各类妆容教程、护肤心得、好物分享等内容，平台上的美妆短视频达人阵容正在快速增长。在整个抖音电商体系中，美妆都是一个相对成熟的品类，运营者想要脱颖而出必须要有人设。

建议运营者将真实的自己呈现给用户，用你觉得舒服的方式和节奏与用户交流。很多时候，在视频中呈现一个真实有趣的人设，对于用户来说会更有记忆点。

2. 真诚地分享知识

各种美妆知识很容易吸引用户的关注，其视频内容可分为以下几类。

（1）好物分享。抖音盒子平台鼓励详细介绍单品的内容，运营者尽量一次介绍多款产品，同时亲身试用，这种内容对和运营者有相同肤质的用户会更有参考价值，如图8-5所示。

（2）妆容教程。运营者可以将妆容教程视频中用到的单品都罗列出来，如果是仿妆或变妆等内容，则最好保留化妆的整个过程。

（3）护肤攻略。运营者既可以从专业的角度分析，也可以从个人角度谈谈自己的护肤心得，为用户带来有用的护肤建议。

3. 紧跟时尚潮流趋势

流行妆容、美妆好物是时刻变化的，运营者必须发掘出热门妆容、紧跟护肤趋势，要做到这一点，建议运营者时刻关注各种明星造型和新品上市信息，如图8-6所示，抢得市场先机。

图 8-5　好物分享类视频

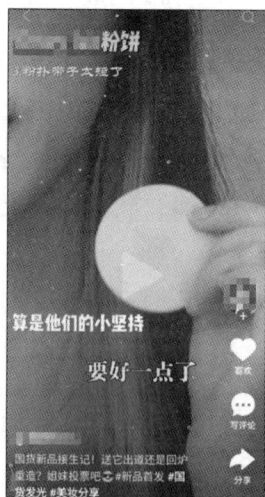

图 8-6　新品上市类视频

8.2 带货能力：发布并优化视频内容

有了优质的带货视频内容后，运营者还需要将其发布到抖音和抖音盒子平台上，吸引用户关注和购买视频中推荐的产品。本节主要介绍带货视频内容的发布和优化技巧，帮助大家让短视频具备带货的能力。

8.2.1 权益：商品分享功能的好处

商品分享功能即抖音的商品橱窗带货功能，其开通方法在 3.1.2 节中已经进行过详细介绍，此处不再赘述。开通商品分享功能后，运营者可以获得商品橱窗、带货视频等一系列权益，具体如图 8-7 所示。

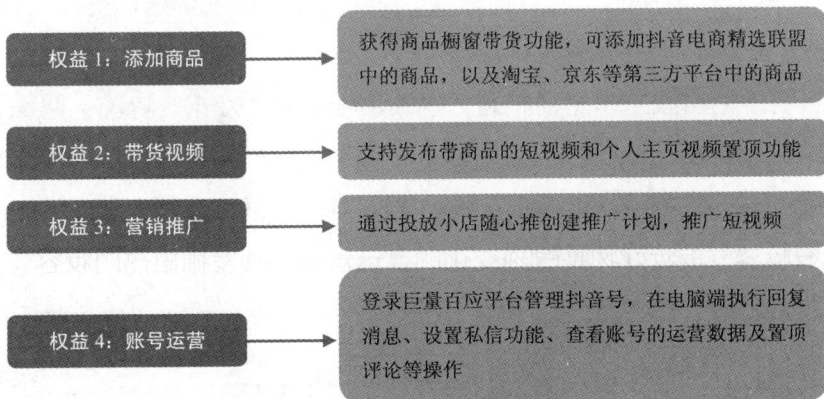

权益 1：添加商品	获得商品橱窗带货功能，可添加抖音电商精选联盟中的商品，以及淘宝、京东等第三方平台中的商品
权益 2：带货视频	支持发布带商品的短视频和个人主页视频置顶功能
权益 3：营销推广	通过投放小店随心推创建推广计划，推广短视频
权益 4：账号运营	登录巨量百应平台管理抖音号，在电脑端执行回复消息、设置私信功能、查看账号的运营数据及置顶评论等操作

图 8-7 商品分享功能的权益

8.2.2 分享：发布视频时添加商品

运营者除了可以在抖音"商品橱窗"的"选品广场"界面中添加商品外，还可以直接在视频的"发布"界面中添加商品。

在抖音"商品橱窗"界面中点击"橱窗管理"按钮进入其界面，点击相应商品右侧的编辑按钮 ，如图 8-8 所示。进入"编辑商品"界面，在此可以编辑短视频推广标题和选择商品推广图片，如图 8-9 所示。

注意：最上方的商品信息不能修改，将会展现到商品详情页和订单页面中。短视频推广标题将在视频播放页面展示。

图 8-8　点击编辑按钮　　　　图 8-9　"编辑商品"界面

在抖音中拍摄或上传短视频后，进入短视频的"发布"界面，选择"添加商品"选项，如图 8-10 所示。进入"我的橱窗"界面，选择相应的商品后点击"添加"按钮，如图 8-11 所示。进入"编辑推广信息"界面，输入相应的商品推广标题并确认，然后发布短视频即可。

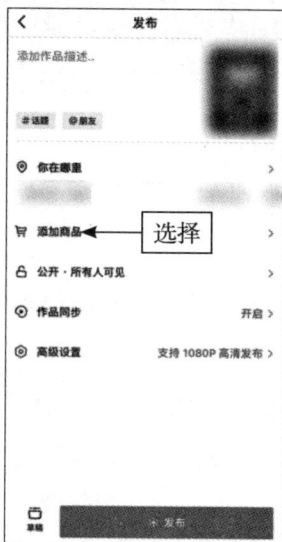

图 8-10　选择"添加商品"选项　　　图 8-11　点击"添加"按钮

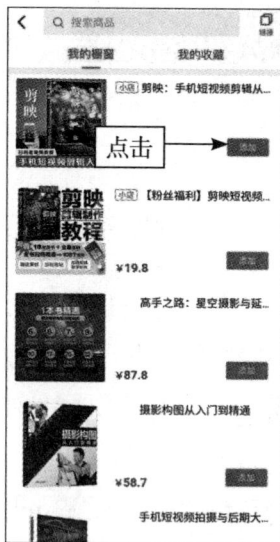

运营者要将商品橱窗中的商品卖出去，可通过直播间和短视频两种渠道来

实现，其中短视频不仅可以为商品引流，而且还可以吸引粉丝关注，提升老客户的复购率。因此，种草视频是实现橱窗商品售卖不可或缺的内容形式，运营者在做抖音盒子的过程中也需要多拍摄"种草"视频。

8.2.3　榜单：参考优质的视频内容

抖音电商平台推出了电商短视频榜单功能，旨在给运营者提供优质的电商内容案例作为参考，可以帮助运营者更好地拍摄电商短视频。同时，对于上榜的电商短视频作品，平台还会给予运营者荣誉激励，提升优质创作者的影响力。

运营者可以进入巨量百应平台，在"作者成长"页面的左侧导航栏中选择"短视频排行榜"选项，默认显示的是"带货视频榜"页面，如图 8-12 所示。

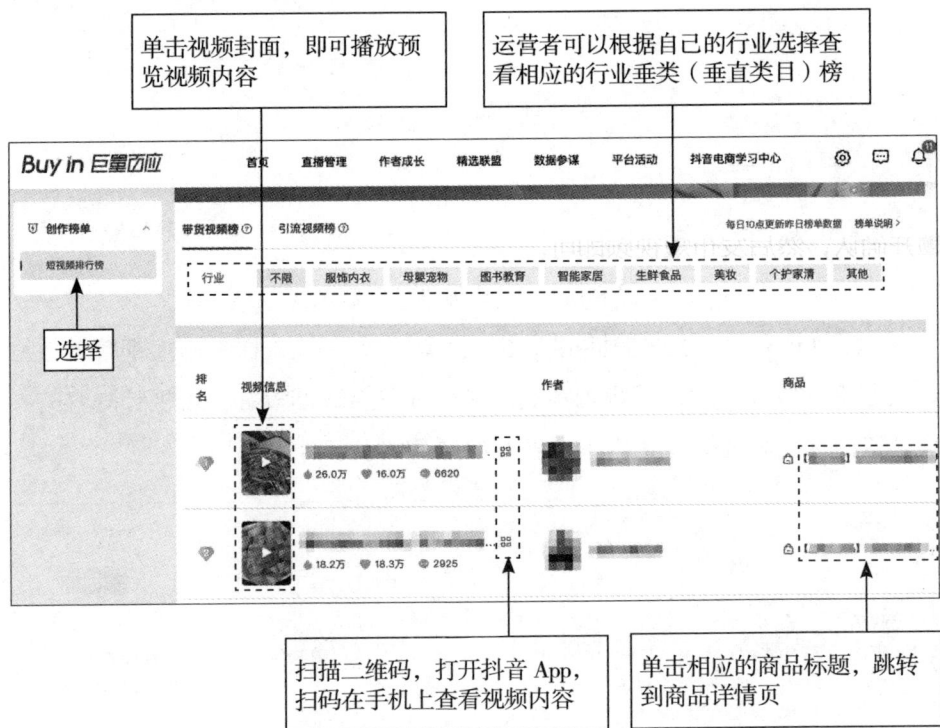

图 8-12　"带货视频榜"页面

该页面中默认显示的是添加了购物车商品的电商短视频总榜，同时运营者还可以选择查看服饰内衣、母婴宠物、图书教育、智能家居、生鲜食品、美妆、个护家清或其他行业垂类（垂直类目）榜。

8.2.4 查看：电商短视频带货数据

运营者可以进入抖店后台的"内容分析"│"抖音短视频"页面，查看短视频的整体数据和明细列表，通过分析短视频带货数据来提升短视频内容质量。

图 8-13 所示为"数据概览"模块，运营者可以根据其中的数据对店铺的整体短视频带货内容质量及效果进行评估，从而决定是否要加大短视频的投入。运营者可以根据发布月份筛选查看相应数据指标，了解当月短视频发布数据的变化趋势、累计达成的成交金额和退款金额。

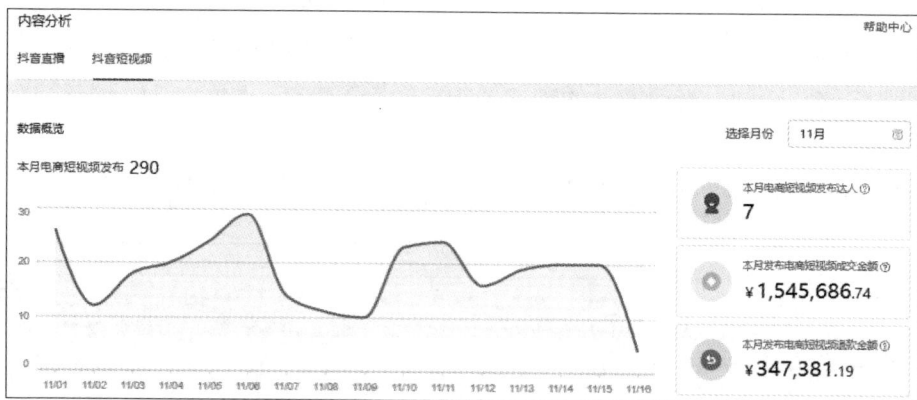

图 8-13 "数据概览"模块

图 8-14 所示为"短视频明细"模块，运营者可以分析各个短视频的数据指标，找出带货效果好的短视频内容及商品，并总结数据较好的短视频内容的共性特征，以此优化其他短视频内容及匹配更好的货品。

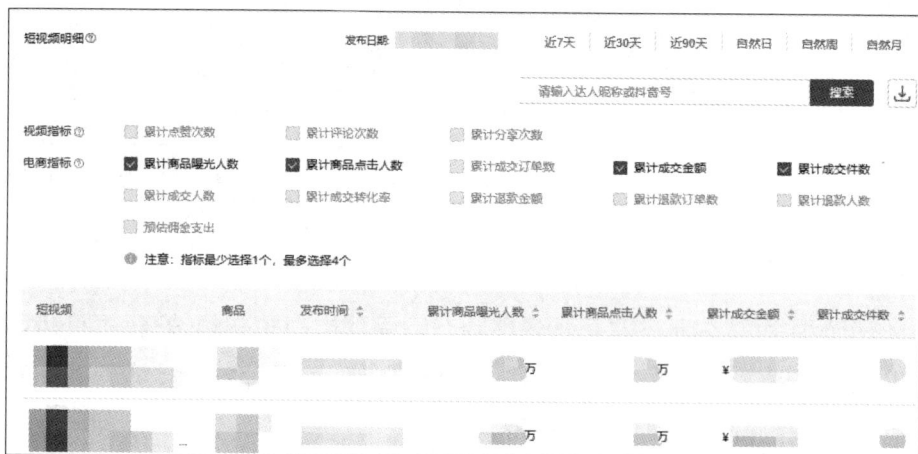

图 8-14 "短视频明细"模块

8.2.5 分析: 提升短视频获利能力

抖店后台的短视频带货数据分析功能针对的是商家, 对于没有开通抖店的带货达人来说, 则可以通过巨量百应平台的"数据参谋"功能来快速直观地获取到短视频数据, 并分析数据明细来提升短视频的获利能力。

运营者可以进入巨量百应平台的"数据参谋"I"更多数据"I"短视频数据"页面, 包括"短视频概览"和"短视频明细"两个模块。

• 在"短视频概览"模块中, 运营者可以查看某个时间段内的视频播放次数、视频点赞次数、完播率、商品展示次数和商品点击次数等核心数据的变化趋势, 如图 8-15 所示, 以及该时间段内整体短视频从商品曝光到成交的各环节转化漏斗数据。

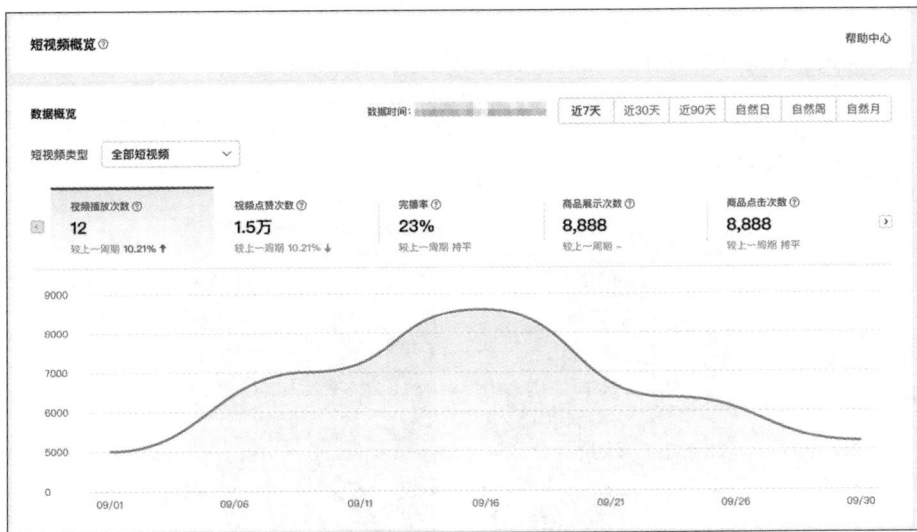

图 8-15 "短视频概览"模块

• 在"短视频明细"模块中, 运营者可以查看在不同时间内发布的每条短视频的核心数据指标和电商指标, 具体包括累计播放次数、累计点赞次数、累计分享次数、累计评论次数、平均播放时长、完播率、累计商品曝光人数、累计商品点击人数、商品点击率、累计成交订单数和累计成交金额。

8.3 带货视频：打造能卖货的优质内容

抖音盒子是抖音旗下的一个潮流时尚电商平台，在这里可以看到各种潮流资讯、穿搭指南、彩妆护肤等内容，所有的商品都是围绕"潮流"这个定位进行选品和内容创作的。

在抖音平台的基础上衍生出抖音盒子后，很多百万粉丝级别的抖音号都成为名副其实的"带货王"，捧红了不少产品，让抖音盒子成为"种草神器"。本节将介绍抖音盒子平台带货视频的运营技巧，让短视频成为一种"自动"售货机，同时也让运营者的电商获利之路更好走。

8.3.1 原则：快速提升视频转化率

很多视频创作者最终都会走向带货、卖货这条电商获利之路，带货视频能够为产品带来大量的流量和销量，同时让运营者获得丰厚的收入。下面介绍带货短视频的六大基础原则，帮助运营者快速提升视频的流量和转化率。

（1）画质清晰，亮度合适。带货视频的内容画质需要保证清晰，同时背景曝光要正常，明亮度合适，不需要进行过度的美颜磨皮处理。

（2）避免关键信息被遮挡。注意字幕的摆放位置，不能遮挡人脸、品牌信息、产品细节等关键内容，如图 8-16 所示。

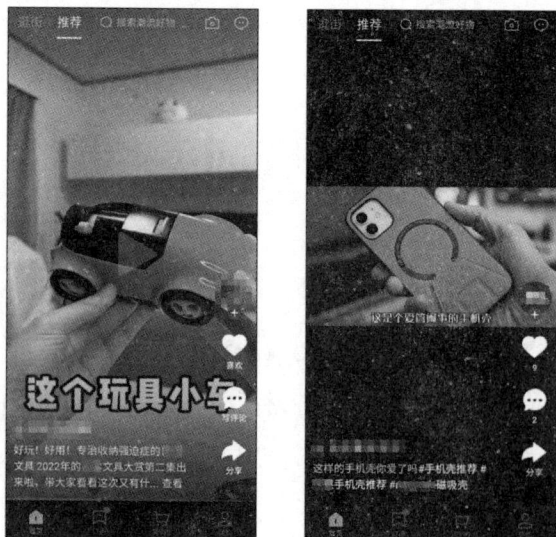

图 8-16 字幕没有遮挡关键信息的视频示例

（3）音质稳定，辨识度高。运营者在给视频配音时，注意背景音乐的音量不要太大，同时确保口播带货内容的配音吐字清晰。

（4）背景画面干净、整洁。带货视频的背景不能过于杂乱，尽量布置得干净、整洁，让用户看起来更舒适。

（5）画面稳定、不卡顿。在拍摄时切忌晃动设备，避免画面变得模糊不清，同时各个镜头的衔接处要流畅，场景过渡要合理。

（6）真人出镜，内容真实。对于真人出镜讲解产品的视频，平台是十分支持的，尽量不要完全使用 AI（Artificial Intelligence，人工智能）配音，同时要保证商品讲解内容的真实性。

8.3.2 要素：优秀带货视频不可缺

与单调的文字和图片相比，视频的内容更丰富，记忆线也比较长，信息传递更直接和高效，一个优秀的带货视频能带来更好的商品销售业绩。如今，短视频、直播带货当道，用户已经没有足够的耐心去浏览商品的图文信息，因此，带货视频的重要性不言而喻。那么，优秀的带货视频都有哪些通用必备要素呢？下面分别进行介绍。

（1）实物展示：包括真实货品、真实使用场景和真人试用等内容。

（2）卖点精讲：每个产品精选 1 ～ 2 个卖点，并进行全方位的重点讲解，如图 8-17 所示。

（3）有吸引力的开头：可以强调用户痛点来引发共鸣，然后再利用产品来解决痛点；也可以强调痒点来激发用户的好奇心，然后再引出产品。

（4）功效类产品——对比展示：产品使用前后的对比效果要直观、明显。

（5）非功效类产品——细节展示：近距离拍摄实物产品的特写镜头，展示产品的细节特色，如图 8-18 所示。

（6）多种方式测试：展示出产品独有的特性，让用户信服，同时还可以加深用户对产品的印象。

（7）退货保障：强调退货免费、验货满意再付款等服务，增强用户下单的信心。运营者可以结合视频的结尾画面，用文字和箭头来引导用户点击"搜索视频同款宝贝"按钮并下单。

图 8-17　产品卖点讲解

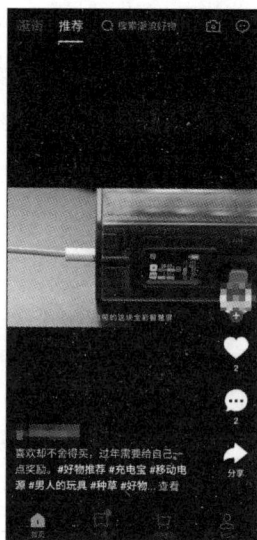

图 8-18　产品细节展示

8.3.3　标题：获取更多有效点击量

对于带货视频的标题来说，其作用是让用户能搜索到、能点击，最终进入商品橱窗或店铺产生成交。标题设计的目的是获得更高的搜索排名，更好的用户体验，更多的免费有效点击量。图 8-19 所示为带货视频标题设计的相关技巧。

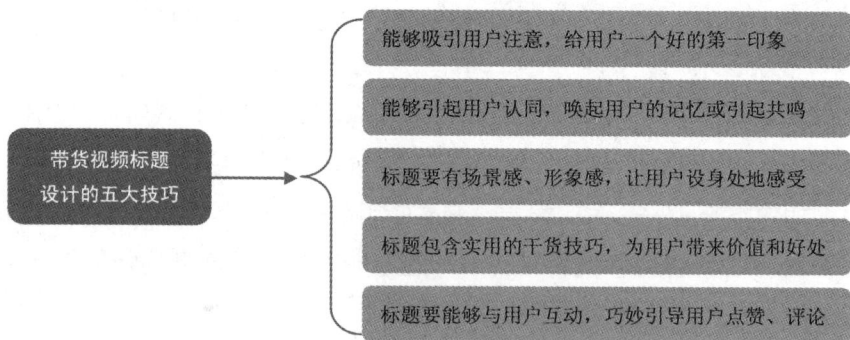

图 8-19　带货视频标题设计的五大技巧

带货视频的标题文案相当重要，只有踩中用户痛点的标题才能吸引他们去购买视频中的产品，如图 8-20 所示。运营者可以多参考如小红书等平台中的同款产品视频，找到一些自己要带货的产品特点相匹配的文案，这样能够提升创作效率。

例如，运营者可以在带货视频的标题中添加一些"励志鸡汤"的内容元素，并且结合用户的需求或痛点，从侧面来凸显产品的重要性，这样的内容很容易引起有需求的精准用户产生共鸣，带货效果也非常好。

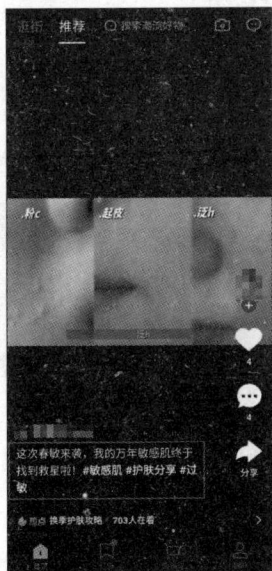

图 8-20　踩中用户痛点的标题文案

8.3.4　转化：有效提升用户下单率

如果用户看完了你发布的短视频，则说明他对你推荐的内容或商品有一定的兴趣。而视频与图文内容相比，它可以更细致、直观、立体、全方位地展示商品的卖点和优势，能够有效刺激用户下单，提高带货商品的转化率。

下面重点介绍可以高效"种草"转化的五类视频。

（1）横向测评商品类：通过筛选多款商品进行横向测评，帮助用户从多角度快速了解这些商品的特点，如图 8-21 所示。

（2）制作过程展示类：运营者可以在商品的工厂或生产基地进行实拍，或者在视频中真实还原商品的制作过程。

（3）商品深度讲解类：运营者可以从多维度专业介绍商品的卖点、价位等信息，同时还可以分享自己的使用体验。

（4）使用教程攻略类：运营者可以介绍商品的购买攻略、使用技能，帮助用户掌握商品的正确使用方法，如图 8-22 所示。

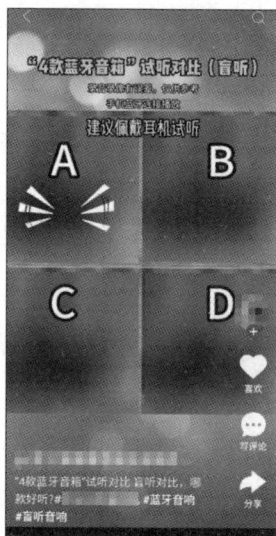

图 8-21　横向测评商品

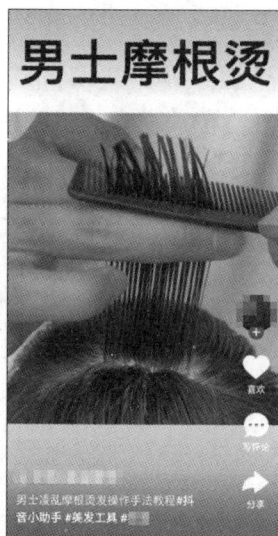

图 8-22　使用教程攻略

（5）多元场景展示类：运营者可以拍一些 Vlog 或者情景剧，然后将产品植入其中，同时还可以通过专业团队打造出高稀缺性、高质感的视频内容。

> 专家提醒："种草"视频可以将日常生活作为创作方向，包含但不限于这几类：穿搭美妆、生活技巧、美食教学、健康知识、家居布置、购买攻略等。

8.3.5　教程：提升用户的购物体验

当产品需要安装或者功能比较复杂时，如果只是用抽象的图文或说明书来展示这些操作信息，用户可能很难看懂，通常都会再次去咨询运营者。这样增加了运营者的工作量，而且部分不会操作的用户甚至会直接给出差评或投诉。

此时，运营者可以制作一些教程类的带货视频，更直观、细致地演示商品的使用方法，做到一劳永逸，提升用户的购物体验。下面重点介绍教程类带货视频的三个制作技巧。

1. 真人演示使用教程

如果产品的使用难度较大，或者功能比较复杂，如单反相机、汽车用品、化妆品等，运营者可通过真人口播演示并进行分步骤讲解，指导用户如何使用这个产品。图 8-23 所示为通过真人演示的方式，展示使用单反相机拍人像的技巧。

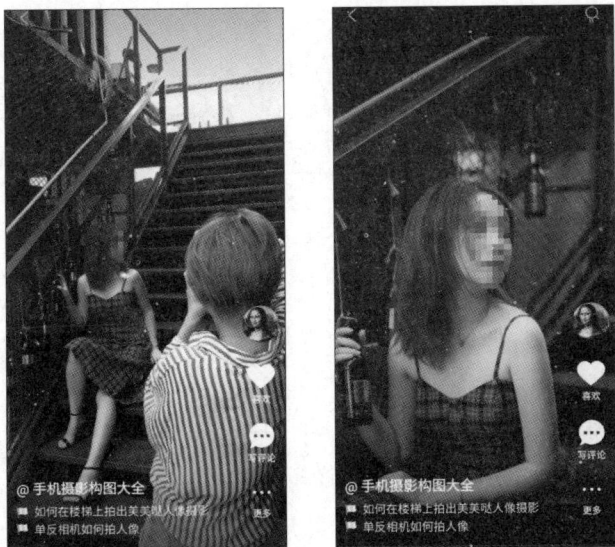

图 8-23　真人演示使用教程

专家提醒：真人演示使用教程的视频不仅简单明了，而且还可以直击用户痛点，能够让用户深入了解产品的相关信息，增加用户在视频播放界面的停留时间，并形成"种草"效果，以及能够快速达成成交。

2. 分享购买技巧攻略

运营者可以给产品做出一系列购买攻略。例如，运营者想帮用户挑选一款物美价廉的化妆品，则可以教用户如何选择购买地点、如何货比三家更省钱及如何选到适合自己的化妆品。

3. 分享实用知识技能

运营者可以手把手教用户利用产品解决一些具体的问题，通过分享某种知识、技巧或技能来售卖相关产品。

8.3.6　场景：深挖用户的潜在需求

很多时候，用户打开抖音或抖音盒子等 App 时只是随意翻看，并没有很明确的购买需求，但如果他点击了"搜索视频同款宝贝"按钮，就说明他已经对视频中的产品产生了浓厚的兴趣。此时，运营者需要深挖这些用户的潜在购物需求，通过带货视频将他们带入具体的场景中，将其转化为自己的意向客户。

下面介绍丰富带货视频场景展示的相关技巧。

1. Vlog 日常类

运营者可以将带货视频拍成 Vlog，从各种生活和工作场景中展示产品，如记录家庭生活、日常工作、职场趣事、探店、旅游等场景，或者在视频中展示试货、选货等环节，击中用户对生活的憧憬。

2. 主题小剧场类

运营者可以尝试搞笑、反转、情侣日常、职场生活等主题的小情节剧，注意不要模仿过于陈旧的剧情套路，而要学会创新和运用热点事件，增加内容的话题性。

3. 高质感稀缺视频

高质感稀缺视频，通俗来讲就是物以稀为贵，运营者可以与专业视频团队合作，制作出 ins 风（Instagram 上的照片风格，色调饱和度低，整体风格多偏向复古冷调）、动漫动画、电影质感、舞台表演风等原创性极强的高质量内容。

第 **9** 章

图文带货：实现
"种草"经济 +
个性化推荐

　　在抖音盒子的内容营销中，图文内容是一个重要的信息传递途径，也是网络营销中最需要重点设计的一个内容元素。图片比纯文字的表现力更直接、更快捷、更形象、更有效，可以让商品的信息传递更简洁。本章主要介绍图文带货的相关技巧，帮助运营者轻松打造出爆款产品。

9.1　照片拍摄：轻松拍出爆款商品图片

在传统电商时代，用户通常只能通过图文信息来了解商品详情，目前这仍然是淘宝等平台商品的主要展示形式。因此，对于抖音盒子的运营者来说，在进行图文内容营销之前，首先要拍一些好看的照片。照片要漂亮，更要真实，必须能够激发用户的购买兴趣。本节主要介绍商品照片的拍摄技巧，包括布光、构图与拍摄技法等，帮助大家轻松拍出爆款商品照片。

9.1.1　布光：拍出清晰好看的画面效果

要拍出好看的商品照片，布光相当重要，好的布光可以让画面更清晰，同时突出商品主体。下面介绍一些简单的布光技巧，帮助运营者快速拍出专业的照片效果。

1. 拍摄吸光体商品照片

例如衣服、食品、水果和木制品等商品大多是吸光体，比较明显的特点就是它们的表面粗糙不光滑，颜色非常稳定和统一，视觉层次感比较强。因此，在拍摄这一类型的商品照片时，通常以侧光或者斜侧光的布光形式为主，光源最好采用较硬的直射光，这样能够更好地体现出商品原本的色彩和层次感，如图 9-1 所示。

2. 拍摄反光体商品照片

反光体商品与吸光体刚好相反，它们的表面通常都比较光滑，因此，具有非常强的反光能力，如金属材质的产品、没有花纹的瓷器、塑料制品及玻璃产品等，如图 9-2 所示。

图 9-1　吸光体商品示例

图 9-2　反光体商品示例

在拍摄反光体商品照片时，需要注意商品上的光斑或黑斑，可以利用反光板照明，或者采用大面积的灯箱光源照射，尽可能让商品表面的光线更加均匀，保持色彩渐变的统一性，使其看上去更加真实。

3. 拍摄透明体商品照片

例如，透明的玻璃和塑料等材质的商品，都是透明体商品。在拍摄这一类型的商品照片时，可以采用高调或者低调的布光方法。

（1）高调：即使用白色的背景，同时使用背光拍摄，这样商品的表面看上去会显得更加简洁、干净，拍摄效果如图9-3所示。

（2）低调：即使用黑色的背景，同时可以用柔光箱从商品两侧或顶部打光，或者在两侧安放反光板，勾出商品的线条效果，拍摄效果如图9-4所示。

图9-3　高调布光拍摄效果

图9-4　低调布光拍摄效果

9.1.2　构图：让画面更有冲击力和美感

拍摄抖音盒子店铺中的商品，需要对画面中的主体进行恰当的摆放，使画面看上去更有冲击力和美感，这就是构图。在拍摄商品照片的过程中，也需要对摄影主体进行适当构图，遵循构图原则，才能让拍摄的照片更加富有艺术感和美感，从而更吸引消费者的眼球。

视觉构图的应用范围很广，但其目的只有一个，就是打造一个协调好看的画面，引起人们的注意。在设计商品的创意主图或详情页图片时，道理也是如此，下面介绍一些合理构图的原则。

（1）画质清晰，主体突出。在商品照片中，产品的主体部分必须清晰，同时占比一定要高，要能够让用户一眼就看出来你卖的是什么。如图9-5所示，这张商品照片采用中央垂直线构图，主体非常突出，能够给用户带来最直观的视觉感受。

（2）差异表达，不拘一格。运营者可以寻找产品的差异化卖点，从构图、色彩和角度三个方面进行差异化设计，提高商品主图的点击率。如图9-6所示，这张商品照片采用了颜色对比的构图方式，对比构图还包括大小对比、远近对比、局部和整体对比、正面和反面对比等多种形式，可以很好地突出商品的差异化特色。

图9-5　主体突出的示例

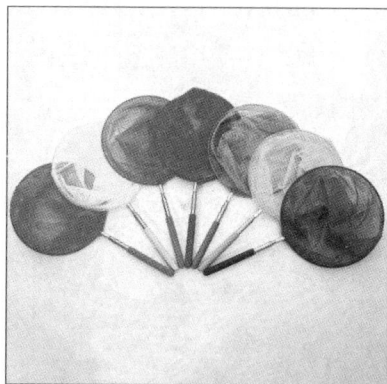

图9-6　差异表达的示例

好的商品照片构图方式，能够让画面更加出彩，也能让推广效果事半功倍，比较常用的构图方式有左右构图、上下构图、对角线构图及中心构图等。例如，对于服装的摆拍图来说，中心构图就是一种不错的构图方式，可以在商品四边做留白处理，让画面看上去更加简洁明了，使用户的眼球快速聚焦在商品上，如图9-7所示。

图9-7　中心构图示例

9.1.3　拍摄：提升商品图片的视觉效果

要拍出清晰的商品照片，首先必须找到一个适合拍摄的环境，再根据环境准备摄影设备。在拍摄过程中，拍摄者可以运用三脚架或一些支撑相机的支撑点来稳固相机，防止拍摄时设备抖动，避免拍出来的照片模糊。同时，还需要掌握一定的商品摆放与拍摄技法，才能拍出好看的商品照片。

1. 摆放要合理

拍摄商品时，摆放位置是一种非常重要的陈列艺术，不同的造型和摆放方式可以带来不同的视觉效果。

（1）商品的摆放角度

由于用户在观看商品时，通常习惯从上往下看，因此，商品的摆放角度要尽可能低一些，让用户看着更轻松舒适。在拍摄较长的商品时斜着摆放，这样不仅可以减少画面的视觉压迫感，同时还可以更好地展现商品主体，如图9-8所示。

（2）商品的造型设计

在摆放较为柔软的商品时，运营者还可以对其外形进行二次设计，增加画面的美感。例如，将腰带卷起来摆放，不但可以兼顾腰带的头尾，而且还可以显得更加大方利落，如图9-9所示。

图9-8　斜着摆放商品

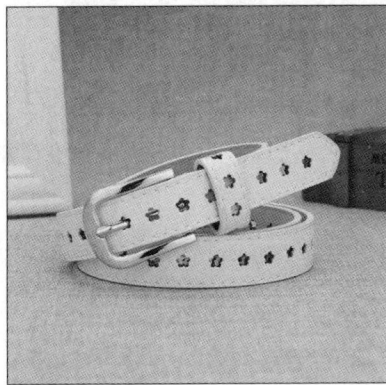

图9-9　腰带造型的二次设计

（3）商品的环境搭配

正所谓"红花还需绿叶配"，在摆放商品时，运营者还需要对环境进行一些适当的设计，为商品添加一些装饰物来进行搭配，让商品显得更加精致。例如，使用色调统一的树枝来搭配电煮锅，画面的色彩会显得非常舒适，如图 9-10 所示。

（4）商品的组合摆放

在拍摄不同颜色的商品组合时，需要注意摆放规则，不能胡乱摆放，影响画面的美观度，此时用户会难以看出你的商品特色。在摆放组合商品时，要符合商品的造型美感，让画面显得有秩序，可以采用疏密相间、堆叠、斜线、V 形、S 形或者交叉等摆放方式，让画面看上去更加丰富和饱满，同时还可以展现出一定的韵律感。

例如，在拍摄美食产品时，采用堆叠的摆放方式，形成一个特殊的造型，同时从不同角度来展现美食的细节，比单个产品更有表现力，如图 9-11 所示。

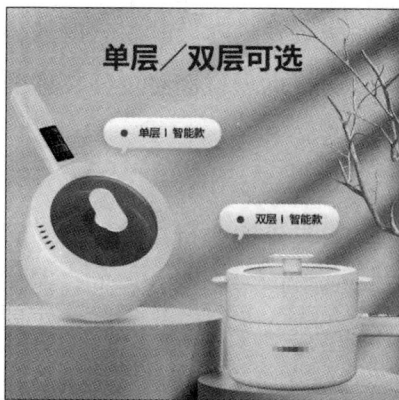

图 9-10　商品的环境搭配

图 9-11　商品的组合摆放

（5）摆放要突出主题

主题就是运营者在照片中要体现的商品主体和要表达的商品信息。要在图片中更好地突出主题，需要掌握一定的陈列摆放技巧，不要期待让用户自己去发现你的主题。如图 9-12 所示，画面中只有一个三脚架，背景非常简洁，因此，用户可以一眼看到你要表达的东西，主题非常突出。

图 9-12　简洁的背景突出主题

2. 多拍细节图

在抖音盒子的店铺中，每个商品都有它自己独特的质感和表面细节，在拍摄的照片上成功地表现出这种质感细节，可以极大地增强照片的吸引力。

运营者可以换位思考，将自己比作用户，在买一件心仪的物品时，肯定会在商品详情页面反复浏览，查看商品的细节，与同一类型的商品进行对比。因此，商品细节图是决定用户下单的重要驱动，运营者必须将商品的每一个细节部位都拍摄清楚，打消用户的疑虑，如图 9-13 所示。

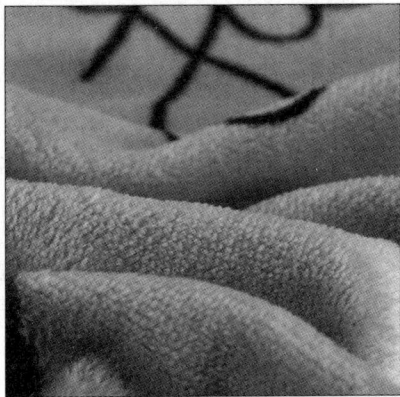

图 9-13　拍摄产品的细节

> 专家提醒：当然，不排除也有很多马虎的用户，他们也许不会仔细看你的商品细节特点，只是简单地看一下价格和基本功能，觉得合适就马上下单。对于这些用户，运营者可以将产品最重要的特点和功能拍摄下来，在主图或详情页面展现出来，让他们快速看到商品的这些优势，可以促进成交。

3. 真实感要强

抖音盒子的商品照片必须符合用户的视觉习惯。因此，拍摄前一定要做相关的消费人群调研，他们喜欢什么样的风格，我们就拍摄什么风格的照片，或者做相关的后期处理。同时，如果是服装类和鞋类商品，最好使用模特拍摄，这样更有真实感，可以给用户一个良好的购物体验，如图 9-14 所示。

图 9-14　使用模特试穿商品，拍出真实感

9.2 图片美工：增加盒子商品图片点击率

网购已成为人们生活中的一种主要购物方式，网店的竞争日益激烈，美工在电商行业中是最为关键的一环，能不能留住用户，往往取决于店铺的美工设计带给用户的心理感觉。本节主要介绍图片内容的美工处理技巧，帮助抖音盒子平台的运营者增加商品图片的点击率。

9.2.1 视觉：视觉设计富有创意

抖音盒子的商品图片内容一般要突出主题或是卖点，通过富有创意的视觉设计来吸引用户眼球，让他们感觉有东西可看。例如，下面这两张图片采用明暗对比构图来突出茶壶产品的主题，明亮的产品与暗淡的背景相互映衬，体现出一种节奏分明、有张有弛的视觉感受，如图 9-15 所示。

图 9-15　茶壶产品的商品图片设计示例

9.2.2 色彩：绚丽夺目冲击力强

色彩设计能够让图片富有极强的表现力和视觉上的冲击力。对于进入抖音盒子平台的用户来说，他们首先会被商品信息流中的图片色彩吸引，然后根据色彩的走向对画面的主次逐一进行了解。把商品图片的色彩设计好，让商品更好看一点，这样就会在视觉上吸引用户，给店铺带来更多的生意。

图 9-16 所示为色相差异较大的对比配色的商品图片效果，使用差异较大的单色背景或商品来对画面进行分割，使其色相之间产生较大的差异，这样产生的

对比效果就是色相对比配色，可以让画面色彩更丰富，更具有感官刺激性，更容易吸引用户眼球，使其对商品产生浓厚的兴趣。

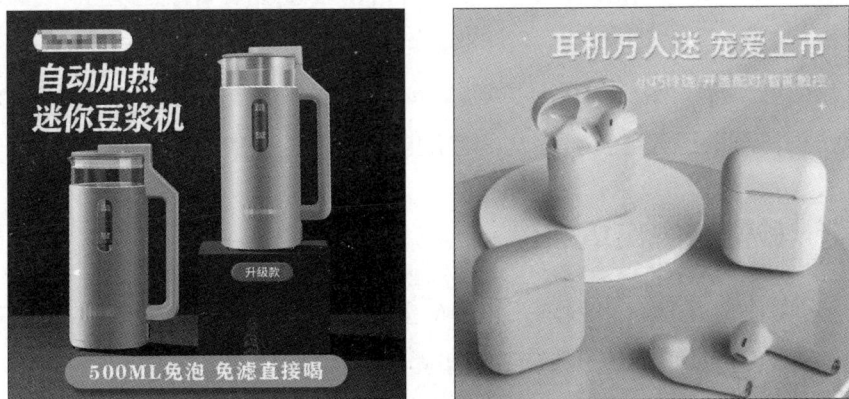

图 9-16　对比配色示例

9.2.3　内涵：蕴含丰富视觉灵魂

抖音盒子的图文内容设计必须蕴含丰富的"视觉灵魂"，这样的内容往往更有内涵，不但可以起到辅助销售的作用，而且还能具备一定的营销属性，促进品牌的推广。

图 9-17 所示为以黑白色为主的视觉逻辑重点推出的爆款产品，整体看来具有一定的视觉冲击力。在内容策划方面，重点突出产品的品牌定位，如"青春""潮流"及"运动"等关键词，丰富内容的可读性，提高商品的转化率。

图 9-17　手表产品图片设计

9.3　图文优化：提升内容质量的五大技巧

当运营者带货的商品权重很高，不管是在搜索结果页，还是在"逛街"界面中，商品排名也非常靠前，关键词展现资源也非常多，但点击率就是上不来时，则很可能是你的图文内容出了问题。本节主要介绍抖音盒子平台上的商品图文优化技巧，帮助运营者提升图文内容质量，带来更多的点击量和转化率。

9.3.1　秒懂：突出重点信息

"一秒法则"是指在一秒内，将创意主图中的营销信息有效传达给用户，也就是让用户通过图片"秒懂"商品的意思。

如果商品主图中的信息非常多，包括商品图片、商品品牌、商品名称、广告语、产品卖点及应用场景等内容，对于用户来说，显然是无法在一秒内就看明白的，如图 9-18 所示。这样用户很难快速看出该商品与同类型产品有哪些差异化的优势，也无法精准对接用户的真实需求，自然也很难得到用户的点击。

如图 9-19 所示，主图放的是一个白底图，而且文案只有一句话，能够让用户快速了解产品的质量，如果刚好能够满足用户的需求，那么是很容易吸引用户点击图片去查看商品详情内容的。

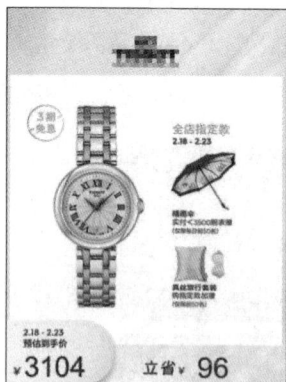

图 9-18　过于杂乱的图文内容　　　图 9-19　简单明了的图文内容

大部分用户在逛抖音盒子时，浏览速度都较快，可能短短几秒会看几十个同类型产品，通常不会太注意图片中的内容。因此，运营者一定要在主图上放置能够引起用户购买兴趣的有效信息，而不能让信息成为用户浏览的负担。

主图对于商品销售来说非常重要，那些内容不全面，抓不到重点的主图引流效果可想而知，很难吸引用户关注。因此，运营者在设计商品主图内容时，一定要突出重点信息，将产品的核心卖点充分展现出来，并且加以修饰和润色。对于那些无关紧要的内容，一定要及时删除，不要影响主图的表达效果。

9.3.2　文案：指出购买需求

文案是指具有商品属性的文字，能够一针见血地指出用户的购买需求。抖音盒子平台的带货文案分为两部分，具体包括商品图片文案和短视频口播文案。

1. 商品图片文案

在设计广告图片或主图的文案内容时，文案的重要性决定了你的图片是否足够有给用户点击的理由。切忌把所有卖点都罗列在主图上，记住你的唯一目标是让用户直接点击。下面总结了写好一个主图文案要注意的几个关键点。

- 你要写给谁看——用户定位。
- 他的需求是什么——用户痛点。
- 他的顾虑是什么——打破疑虑。
- 你想让他看什么——展示卖点。
- 你想让他做什么——吸引点击。

运营者不仅要紧抓用户需求，而且要用一个精练的文案表达公式来提升点击率，切忌絮絮叨叨，毫无规律地罗列堆砌相关卖点。

2. 短视频口播文案

如果短视频采用口播文案的形式，也就是通过语音来表达文案内容，则需要不断引发用户的消费冲动。在撰写口播文案时，需要不断地进行优化，具体可以从以下五个方面来切入，如图 9-20 所示。

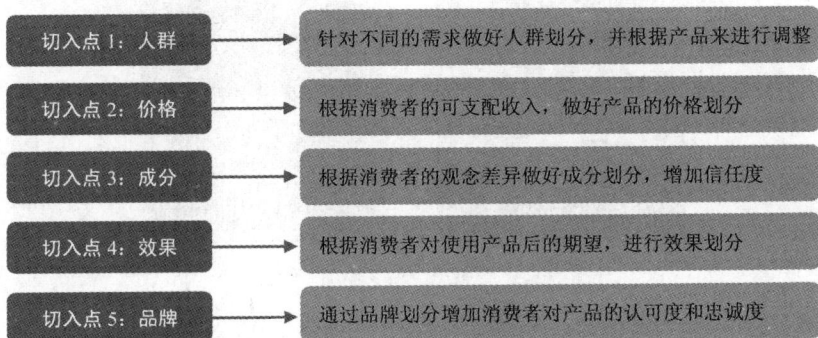

切入点	说明
切入点 1：人群	针对不同的需求做好人群划分，并根据产品来进行调整
切入点 2：价格	根据消费者的可支配收入，做好产品的价格划分
切入点 3：成分	根据消费者的观念差异做好成分划分，增加信任度
切入点 4：效果	根据消费者对使用产品后的期望，进行效果划分
切入点 5：品牌	通过品牌划分增加消费者对产品的认可度和忠诚度

图 9-20　口播文案切入点

对于带货文案来说，感性和理性都需要兼顾，同时还要通过用户的角度去进行换位思考，用户的需求就是带货文案的卖点。短视频文案已成为一种不可或缺的营销方式，运营者要想写好带货文案，还必须了解文案的带货效应，如图 9-21 所示。

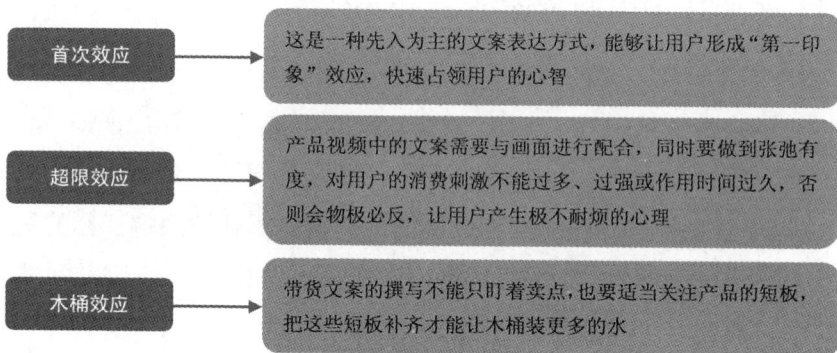

首次效应	这是一种先入为主的文案表达方式，能够让用户形成"第一印象"效应，快速占领用户的心智
超限效应	产品视频中的文案需要与画面进行配合，同时要做到张弛有度，对用户的消费刺激不能过多、过强或作用时间过久，否则会物极必反，让用户产生极不耐烦的心理
木桶效应	带货文案的撰写不能只盯着卖点，也要适当关注产品的短板，把这些短板补齐才能让木桶装更多的水

图 9-21　三种文案的带货效应

例如，在下面这个针对"小个子女生"的服装产品带货短视频中，其文案就非常注意"度"的把握，并没有一味地去刺激用户，而只是在一些关键时间点（短视频的开头部分）击中用户痛点，这就是满足"超限效应"的一种表现，如图 9-22 所示。

图 9-22　服装产品带货短视频

运营者除了要通过图文或视频内容把产品很好地展示给用户以外，最好还要掌握一些带货技巧和语言，这样才可以更好地进行产品的推销，提高内容的带货能力。下面介绍八种常用的成交文案，如图 9-23 所示。

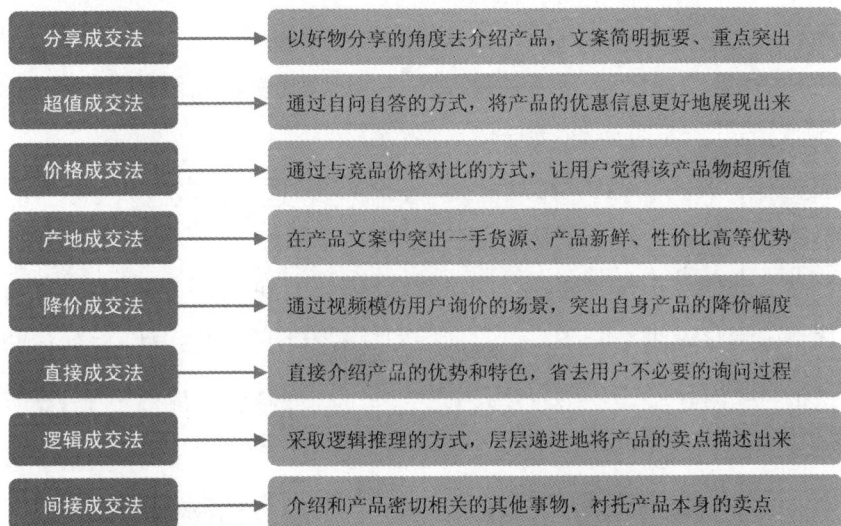

分享成交法	→	以好物分享的角度去介绍产品，文案简明扼要、重点突出
超值成交法	→	通过自问自答的方式，将产品的优惠信息更好地展现出来
价格成交法	→	通过与竞品价格对比的方式，让用户觉得该产品物超所值
产地成交法	→	在产品文案中突出一手货源、产品新鲜、性价比高等优势
降价成交法	→	通过视频模仿用户询价的场景，突出自身产品的降价幅度
直接成交法	→	直接介绍产品的优势和特色，省去用户不必要的询问过程
逻辑成交法	→	采取逻辑推理的方式，层层递进地将产品的卖点描述出来
间接成交法	→	介绍和产品密切相关的其他事物，衬托产品本身的卖点

图 9-23　八种常用的成交文案

例如，下面这个抽纸产品主图中的"买 50 送 50"文案，采用超值成交法，如图 9-24 所示。再如，下面这个强力粘钩产品主图中的"比钉子还牢""能挂重物"等文案内容，采用直接成交法，最大的优势就是"牢固"，能够直接让用户了解产品的特点，如图 9-25 所示。

图 9-24　超值成交法

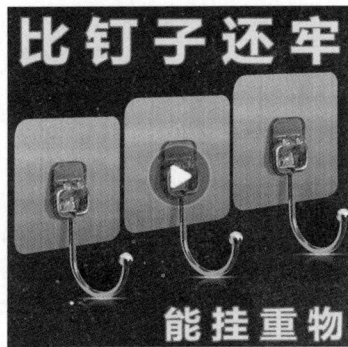

图 9-25　直接成交法

由于每一个用户的消费心理和关注点都不一致，在面对合适且有需求的产品时，仍然会由于各种细节因素，导致最后并没有下单。面对这种情况，运营者就需要借助一定的销售技巧和文案来突破用户的最后心理防线，促使他们完成下单行为。

9.3.3 痛点：直击用户需求

图文内容并不是要设计得很美观大气，而是要能够充分体现商品的核心卖点，从而解决用户的痛点，这样他才有可能为你的商品驻足。例如，运营者卖的产品是收纳箱，收纳箱通常是用来装东西的，运营者即可在图片上体现出该产品"容量大"的特点，如图 9-26 所示。

很多时候，并不是运营者提炼的卖点不够好，而是因为运营者认为的卖点，不是用户的痛点所在，并不能解决用户的需求，所以，对用户来说自然就没有吸引力。当然，前提是运营者要做好产品的用户定位，明确用户是追求特价，还是追求品质，或者是追求功能多，以此来指导图文内容的优化设计。

例如，用户想买一个材质安全性比较高的保温盒，而运营者突出的图文信息是产品功能性的内容，这样就无法吸引用户点击，如图 9-27 所示。

| 图 9-26　收纳箱产品示例 | 图 9-27　保温盒产品示例 |

运营者一定要记住，用户的痛点才是你的产品卖点，如果图文内容与用户的实际需求相符合，能够表达出你的商品是用户正想寻找的东西，那么点击率自然就会得到提高。

> 专家提醒：在抖音盒子平台上，商品的主图一定要紧抓用户需求，切忌一味追求"高大上"，并写一些毫无价值的文案内容，运营者必须要知道自己的目标人群想看什么。例如，如果你的目标人群定位是中低端用户，他们要的就是性价比高的商品；如果你的目标人群定位是中高端用户，则他们要的就是品质与消费体验。

9.3.4 规范：符合平台规则

如果运营者发布的图文内容审核总是通不过，可能是违反了平台的相关规则。下面列举一些比较常见的图文内容规范。

（1）绝对化用语。图片中不能出现《广告法》禁用的绝对化用语，如"国家级""最高级"或者"最佳"等。图9-28所示为抖音盒子平台中的广告"禁用词"实施细则部分内容。

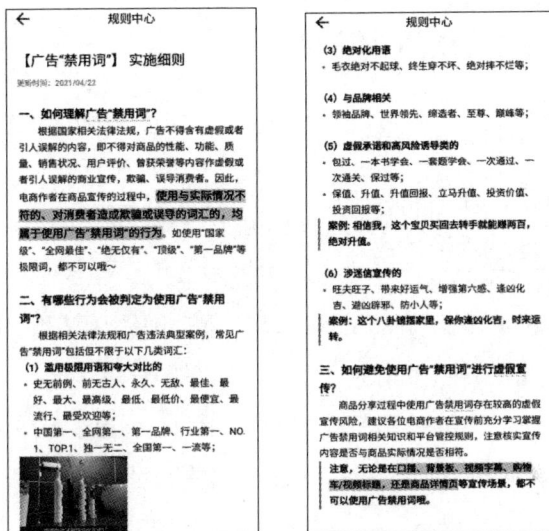

图9-28　广告"禁用词"实施细则部分内容

（2）表述模糊信息。图文内容中的信息要说明清楚，不能出现表述模糊的信息，如"豪礼相送"或"赠送大礼包"等。因此，运营者具体送什么，一定要在图片中写明，这样用户才能知道自己买了产品后能获得什么礼品，如图9-29所示。

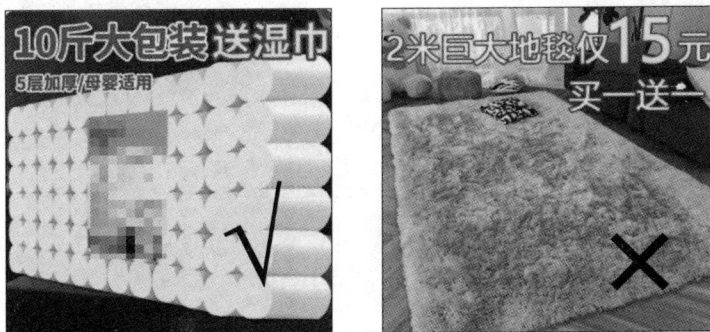

图9-29　图片中的话要说明白，用户才能留下来

（3）过度承诺内容。在商品图文内容中，不能做出过度承诺，如"假一赔十"或"不甜包赔"等，也不能出现与事实不符的夸大信息，而需要真诚对话。

另外，图片中不能出现"终于降价了"或"即将卖完"等诱导点击的内容。同时，运营者还要注意图片的美观度，需要有一定的观赏性，切不可随意拉伸和变形。

9.3.5 区别：找准重点内容

对于不同类型的商品，如标品和非标品，其图文内容的创作重点也有所区别。如果运营者带货的产品是化妆品、手机、空调、电视机或者冰箱等功能性产品，这些都属于标品。用户在购买这种标品类商品时，对于产品的品牌和性能通常都有一定的要求。因此，运营者可以在主图或广告图中提炼产品的核心卖点，如图 9-30 所示，并展现品牌的正品和保障，即可吸引用户的注意。

如果运营者带货的产品是箱包、服装或者鞋子等非标品类产品，用户在购买这些商品时，首先想到的就是"要好看"。因此，运营者在设计非标品类产品的主图或广告图时，必须先满足用户的这种消费心理，通过图文信息来突出产品的使用效果，如图 9-31 所示。

图 9-30　标品的主图设计示例　　图 9-31　非标品的主图设计示例

第 **10** 章

营销推广：快
速炒热卖货
氛围及人气

在抖音盒子平台上，通过营销推广可以快速获得
粉丝，能够挖掘平台上的更多隐性流量，给产品和店
铺带来更多的展示机会，让产品彻底抓住用户的心。
因此，对于商家和运营者来说，营销推广是一个很大的
逆袭机会，能够获得长久的流量曝光和转化效果。

10.1 优惠方案：打造爆款的"不二法宝"

优惠券是抖音盒子商家最常用的营销工具，能够快速提升 GMV 和销售额，是商家打造爆款的"不二法宝"。很多用户在抖音盒子平台上购买商品时，都希望能够获得一些优惠。此时，商家和运营者就可以使用各种优惠券来进行促销，让用户觉得商品的价格更划算。本节介绍抖音电商平台上的五种优惠券使用方案。

10.1.1 方案 1：商品优惠券

商品优惠券是针对店铺中的指定商品使用的优惠券，可以帮助商家和运营者实现爆款促销和交易额破零等目标。同时，商品优惠券也是一种间接、灵活的价格调整策略，能够帮助商家和运营者有效打败竞品和打造爆款。

下面介绍创建商品优惠券的操作方法。

（1）进入抖店后台，单击菜单栏中的"营销中心"按钮，如图 10-1 所示。

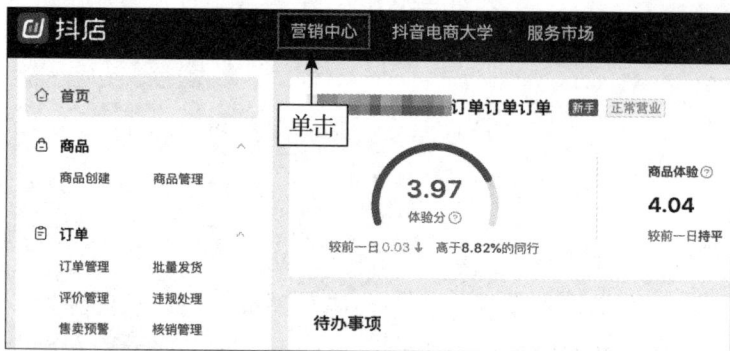

图 10-1 单击"营销中心"按钮

（2）进入"抖店 I 营销中心"页面，❶在左侧导航栏中选择"营销工具"I"优惠券"选项，进入"新建优惠券"页面；❷在"商品优惠券"选项区中单击"立即新建"按钮，如图 10-2 所示。

（3）进入"新建商品优惠券"页面，在此设置优惠券名称、优惠券类型（指定商品直减券、指定商品折扣券、指定商品满减券）、满减面额、领取时间、使用时间、日期范围和发放量，如图 10-3 所示。

（4）设置完成后单击"提交"按钮即可，用户在商品的优惠信息中即可看到和领取相应的商品优惠券，如图 10-4 所示。

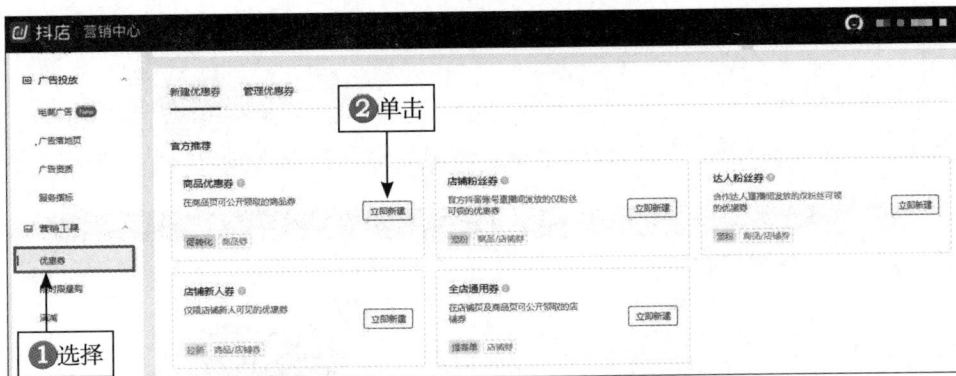

图 10-2　单击"立即新建"按钮

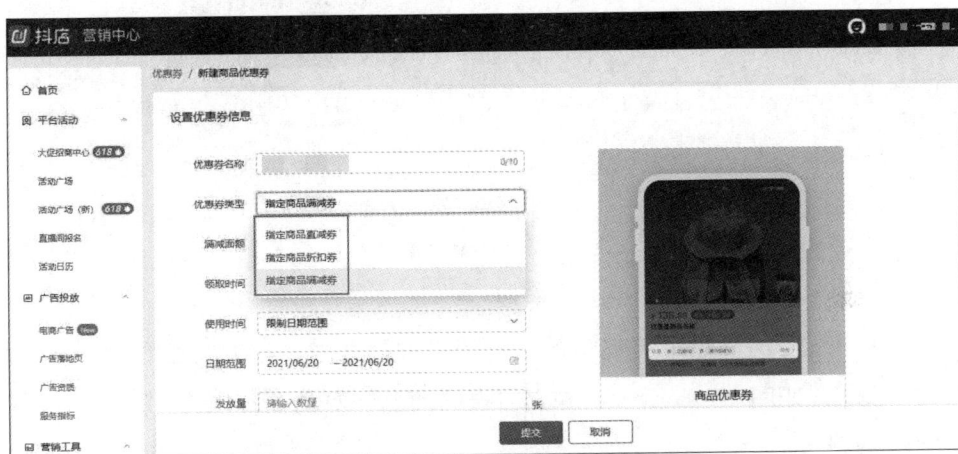

图 10-3　"新建商品优惠券"页面

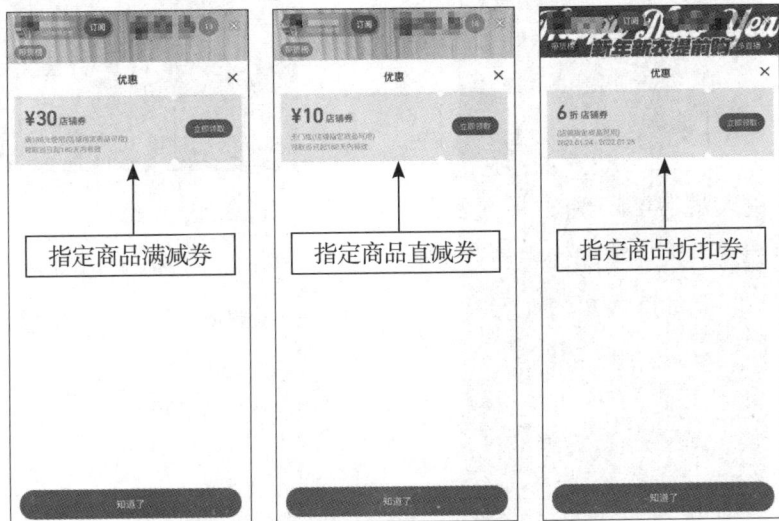

指定商品满减券　　指定商品直减券　　指定商品折扣券

图 10-4　商品优惠券展示效果

10.1.2　方案 2：店铺粉丝券

店铺粉丝券是指用户关注店铺即可获得的优惠券，能够帮助店铺快速获取大量粉丝。图 10-5 所示为店铺粉丝券的设置页面，基本选项与商品优惠券一致。

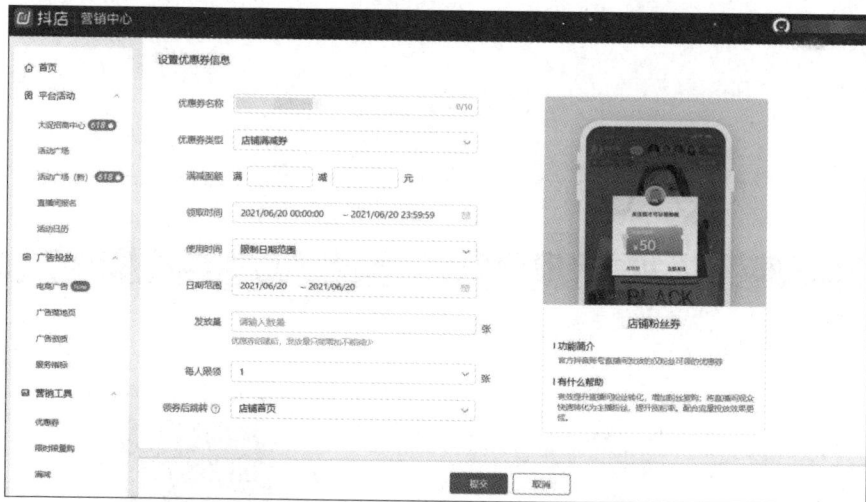

图 10-5　店铺粉丝券的设置页面

商家可以使用创建了店铺粉丝券的账号进行直播，点击直播界面下方的购物车图标，如图 10-6 所示。弹出"直播商品"对话框，点击"发券"按钮，如图 10-7 所示。

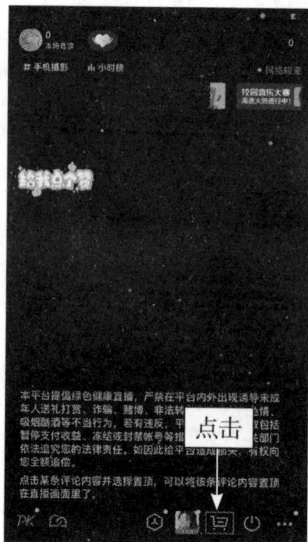

图 10-6　点击购物车图标

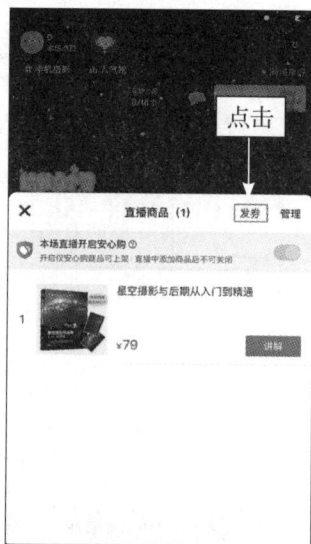

图 10-7　点击"发券"按钮

弹出"优惠券"对话框，点击"粉丝专享"
优惠券中的"立即发券"按钮，如图 10-8 所示，
即可将店铺粉丝券发布到直播间中。主播在直
播间讲解商品时，可以口播优惠券的促销信息，
多方位加强用户对于优惠的感知。

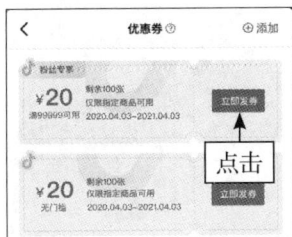

图 10-8　点击"立即发券"按钮

店铺粉丝券是商家通过店铺绑定的官方账
号直播间来发放的，用户需要关注该抖音盒子账号才能领取，有助于将直播间的
用户转化为自己的粉丝，提升直播间的涨粉能力。同时，商家通过发放粉丝专享
福利，还有助于增强用户黏性。

10.1.3　方案 3：达人粉丝券

达人粉丝券是一种由商家创建然后指定给相应达人发放的定向渠道优惠券，
其成本由商家自行承担，可以实现同一商品在不同达人带货时有不同的价格，
有助于提升合作达人的直播间转化效果，同时提升达人的用户黏性，实现合作
共赢。

图 10-9 所示为达人粉丝券的设置页面，比商品优惠券多了一个"达人
uid"选项，商家需向合作达人咨询获取。

图 10-9　达人粉丝券的设置页面

达人可以进入抖音 App 的"设置"界面，在该界面底部点击灰色的文
字，如图 10-10 所示。苹果手机需点击 4 次，安卓手机需点击 5 次，即可看到
UserId，即抖音 uid，如图 10-11 所示。

图 10-10　点击灰色的文字

图 10-11　查看抖音 uid

　　主播在直播间带货时，可以在优惠券列表中看到商家定向为自己发放的达人粉丝券，可在直播时发放，如图 10-12 所示。注意：用户只能在指定达人的直播间领取达人粉丝券，而且该优惠券不会自动展示在商品列表、商详页、店铺页。如果用户没有关注达人，则在领券时页面会提示需要订阅主播后才能领取，如图 10-13 所示。

图 10-12　查看达人粉丝券

图 10-13　领取达人粉丝券提示

10.1.4　方案 4：店铺新人券

　　店铺新人券是针对从来没有在店铺消费过的用户提供的专属优惠券，用户领券后购买商品时可抵扣对应面额的订单金额，能够有效提升直播间的新用户转化效果，完成店铺的拉新目标。图 10-14 所示为店铺新人券的设置页面，其"优惠券类型"默认为"店铺满减券"，"每人限领"的数量为 1 张，这些都是无法修改的。

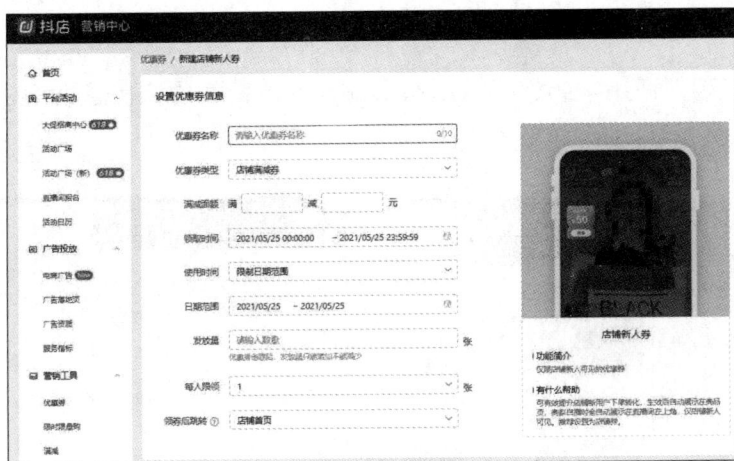

图 10-14　店铺新人券的设置页面

商家创建店铺新人券后，将展示到直播间的左上角与"优惠"面板、商品详情页与商品详情页的"优惠"面板、个人券中心等渠道，同时还会展示"新人券"或"新人专享"的标识，如图 10-15 所示。

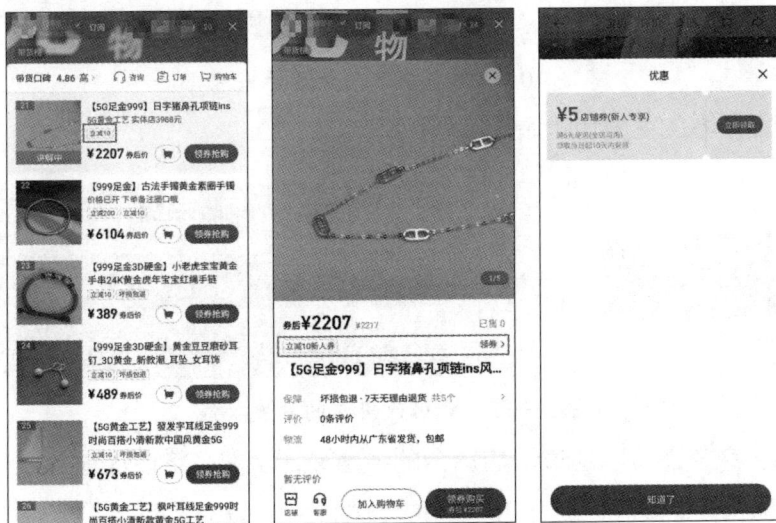

图 10-15　店铺新人券的部分展示渠道

专家提醒：商家创建的店铺新人券生效后，将会自动发放到绑定该店铺的抖音号直播间中，商家或主播无须再去其他平台手动发放。需要注意的是，新人券默认可用于全店铺商品范围，因此，商家需谨慎设置面额。

10.1.5　方案5：全店通用券

全店通用券适用于店铺中的所有商品，通过提供价格优惠力度引导用户下单，其展示效果如图 10-16 所示。

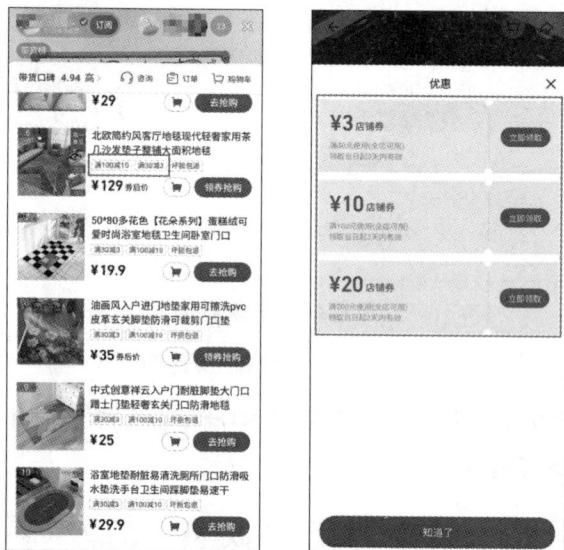

图 10-16　全店通用券展示效果

全店通用券的主要功能如图 10-17 所示。

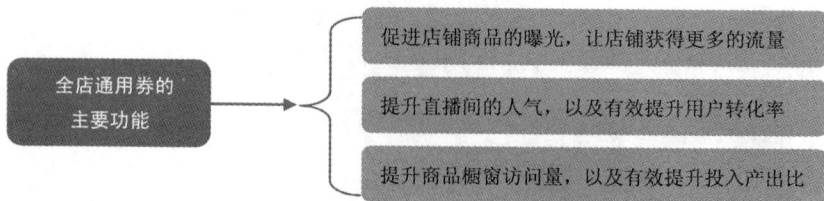

图 10-17　全店通用券的主要功能

同时，商家还可以通过抖店后台的装修设计功能，将该优惠券展示到店铺首页中，强化促销效果，提升用户领取率，如图 10-18 所示。

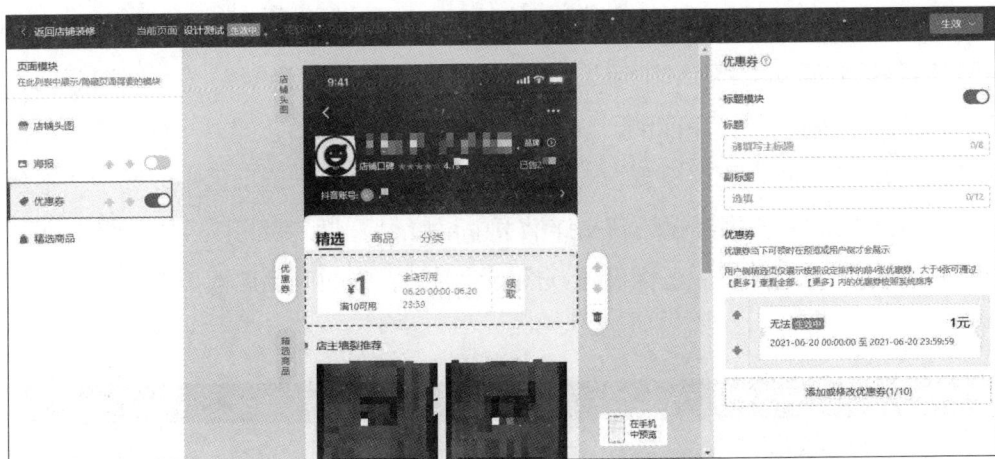

图 10-18　将优惠券展示到店铺首页

10.2　营销工具：有效促进用户的转化效率

在移动互联网时代，电商的营销不再是过去那种"抢流量"的方式，而是以粉丝为核心，所有商家和运营者都在积极打造忠诚的粉丝社群体系，这样才能让店铺走得更加长远。

在抖音盒子的运营过程中，使用抖音电商平台提供的营销工具就是一种快速获得粉丝的方法，能够更好地为店铺引入流量，给产品和店铺带来更多的展示机会，并有效促进用户的下单转化效率。

10.2.1　工具 1：限时限量购

抖音电商的限时限量购营销工具是一种通过对折扣促销的产品货量和销售时间进行限定，实现营销目的，可以快速提升店铺人气和 GMV。用户需要在商家设置的活动时间内对活动商品进行抢购，一旦超出活动时间或活动库存售罄，商品将立即恢复原价。

下面介绍设置限时限量购活动的操作方法。

（1）进入"抖店 I 营销中心"页面，❶在左侧导航栏中选择"营销工具"I"限时限量购"选项；❷单击右上角的"立即创建"按钮，如图 10-19 所示。

（2）进入"新建活动"页面，在"设置基础规则"选项区中设置各选项，如图 10-20 所示。其中，"活动类型"默认为"限时限量促销"；在"活动名称"

文本框中输入 1～5 个中文名称；"活动时间"可选择"按开始结束时间设置"（填写限时限量购活动的开始时间和结束时间）或"按时间段选择"（可选择活动生效后的持续时间）；"订单取消时间"是指用户提交订单后，如果一直未支付，订单自动取消的时间，建议设置为 5 分钟；在"是否预热"选项区中，选中"不预热"单选按钮后会在用户端的商品详情页中直接展示"距离结束"的活动倒计时，选中"预热"单选按钮后还需设置预热持续时间，同时商品详情页会展示"距离开抢"的活动倒计时。

图 10-19　单击"立即创建"按钮

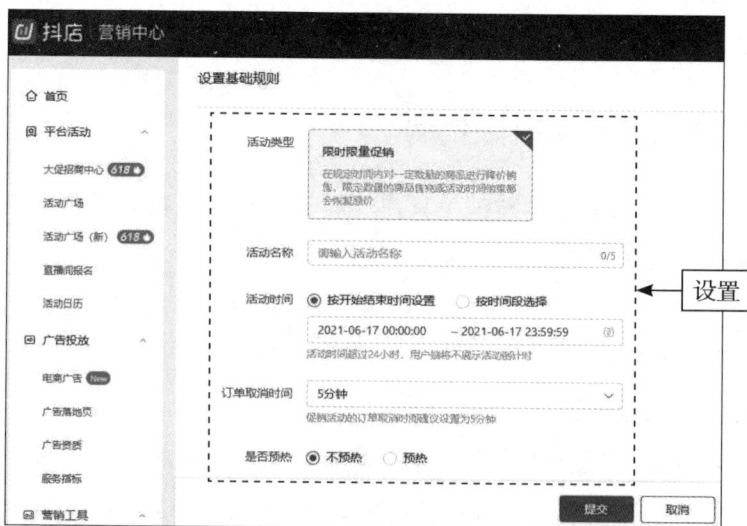

图 10-20　设置基础规则

（3）接下来选择商品，❶单击"添加商品"按钮，弹出"选择商品"窗口；

❷在"商品 ID/ 名称"列表中勾选需要参加活动的商品前面的复选框；❸单击"选择"按钮，即可完成商品的选择，如图 10-21 所示。注意：最多可添加 50 个商品。

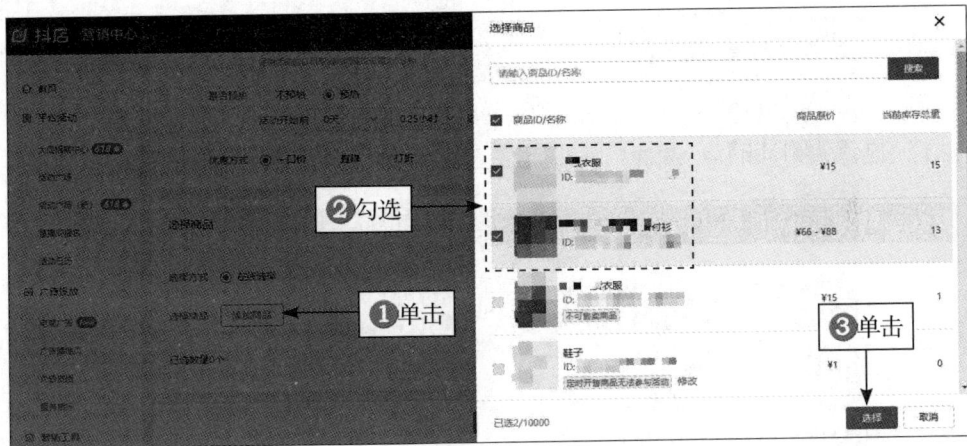

图 10-21　选择商品

专家提醒：在"设置基础规则"选项区中，商家还可以设置"优惠方式"选项，该选项将影响活动商品的价格设置方式，具体包括以下三个选项。

（1）一口价：优惠形式为"一口价"，可直接填写优惠价格。

（2）直降：优惠形式为"直降 × 元"，可直接填写直降金额。

（3）打折：优惠形式为"× × 折"，可直接填写折扣系数。

（4）❶最后设置价格、活动库存和限购数量；❷单击"提交"按钮即可，如图 10-22 所示。

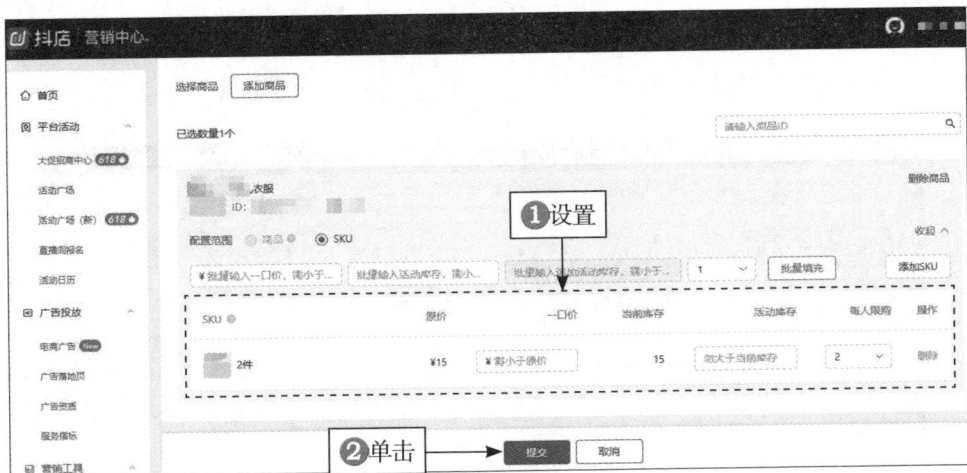

图 10-22　单击"提交"按钮

商家在设置限时限量购活动后，用户在抖音盒子平台中进入活动商品的直播间或商品详情页后，可以看到有专属活动标识和皮肤，如图 10-23 所示，能够营造出强烈的营销氛围，从而促进用户转化效果。

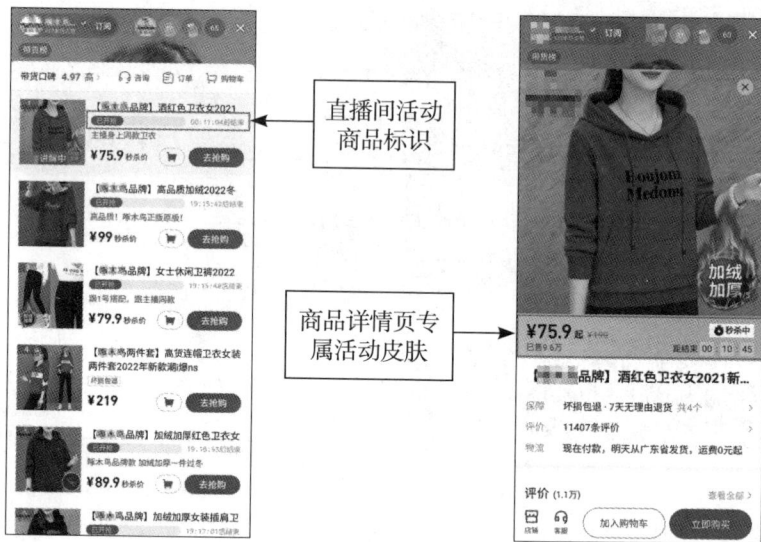

图 10-23　限时限量购活动展示效果

10.2.2　工具 2：满减活动

满减活动是指通过为指定商品设置"满额立减""满件立减""满件 N 折"的优惠形式，对用户的购买决策产生影响，从而提升客单价和用户转化效果。

下面介绍设置满减活动的操作方法。

（1）进入"抖店 I 营销中心"页面，❶在左侧导航栏中选择"营销工具"I"满减"选项；❷单击右上角的"立即新建"按钮，如图 10-24 所示。

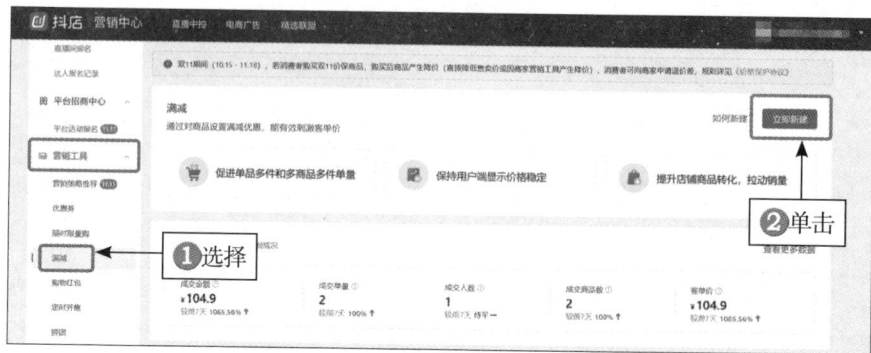

图 10-24　单击"立即新建"按钮

（2）进入"新建活动"页面，在"设置基础规则"选项区设置各选项，包括活动类型、活动名称、活动时间、优惠设置及是否允许叠加店铺券等，如图10-25所示。其中，"优惠设置"选项采用阶梯优惠的方式，默认只有1个层级，点击"增加规则"按钮，最多可添加5个层级，下一层级的满额或折扣要大于上一层级。

图 10-25　设置基础规则

（3）在"选择商品"选项区中单击"添加商品"按钮，可在店铺中添加参与活动的商品，上限为100件。单击"提交"按钮即可创建满减活动。如果商家想中途停止进行中的活动，可在"多件优惠"活动页面中单击相应活动商品右侧的"设为失效"按钮即可，如图10-26所示。

图 10-26　单击"设为失效"按钮

商家创建满减活动，当用户进入店铺主页、商品详情页或单个商品下单页后，可直接看到相应的活动信息，从而有效引导用户同时购买多个商品，如图 10-27 所示。

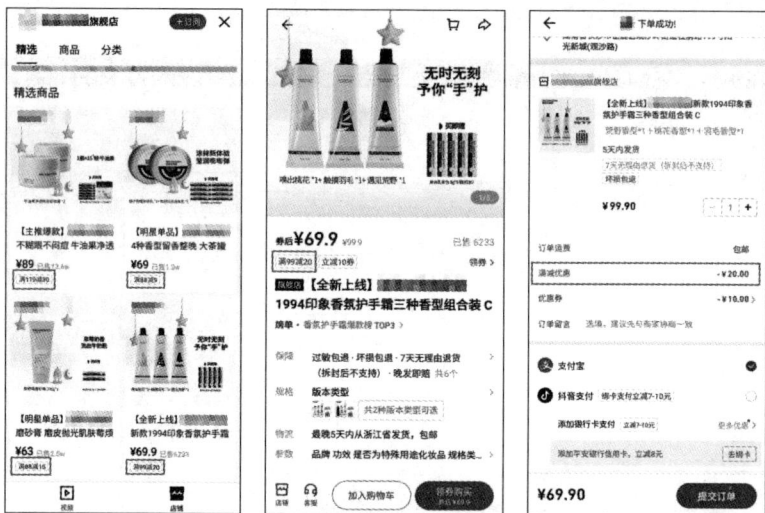

图 10-27 满减活动展示效果

10.2.3 工具 3：定时开售

商家在即将上架新品时，可通过定时开售活动来为新品预热引流，吸引用户预约和收藏新品，从而帮助商家了解商品的热度和预估销量。

下面介绍设置定时开售活动的操作方法。

（1）进入"抖店丨营销中心"页面，❶在左侧导航栏中选择"营销工具"丨"定时开售"选项；❷单击右侧的"添加商品"按钮，如图 10-28 所示。

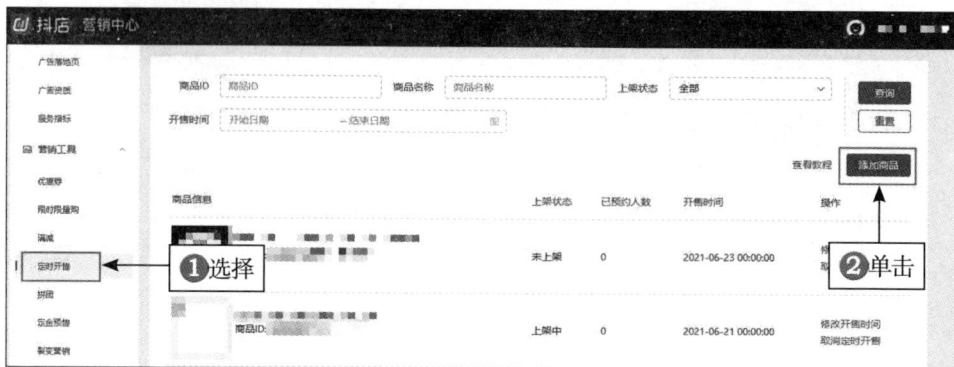

图 10-28 单击"添加商品"按钮

（2）弹出"添加商品"窗口，可通过商品 ID、商品名称或上架状态来查询商品，如图 10-29 所示。

图 10-29 "添加商品"窗口

（3）勾选相应商品前面的复选框，单击页面最下方的"提交"按钮即可添加活动商品。图 10-30 所示为用户端的定时开售活动展示效果。

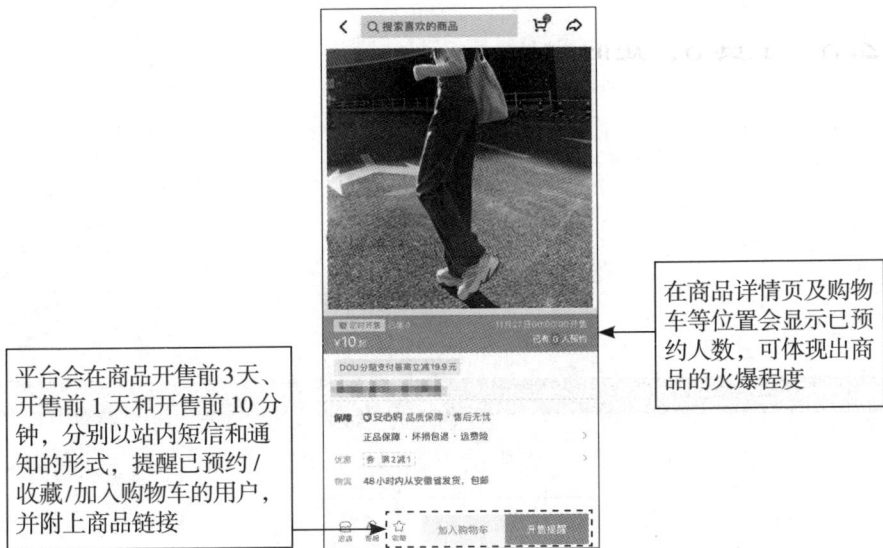

平台会在商品开售前 3 天、开售前 1 天和开售前 10 分钟，分别以站内短信和通知的形式，提醒已预约 / 收藏/加入购物车的用户，并附上商品链接

在商品详情页及购物车等位置会显示已预约人数，可体现出商品的火爆程度

图 10-30 用户端的定时开售活动展示效果

对于商家来说，开展定时开售活动，不仅可以通过用户的预约数据来了解商品热度，而且还可以营造出商品的稀缺感氛围，同时还能够通过平台的用户召回功能提升直播间或商品橱窗的流量。

10.2.4　工具4：拼团活动

拼团活动是指用户在购买某个活动商品时，可通过分享直播间的方式邀请其他用户一起购买，当商品总体售卖件数符合条件后即可成团，同时能够享受优惠价格。拼团活动的主要优势如图10-31所示。

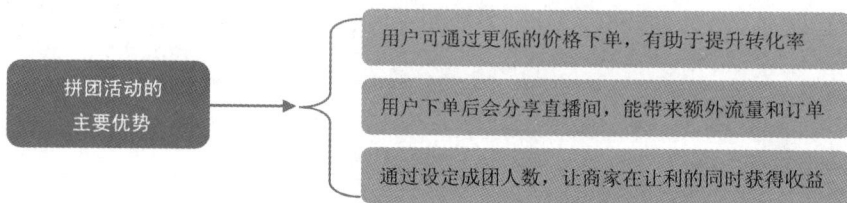

图 10-31　拼团活动的主要优势

图10-32所示为拼团活动的设置页面，在此可以设置活动名称、活动时间、成团数量、是否开启自动成团及订单取消时间等选项。

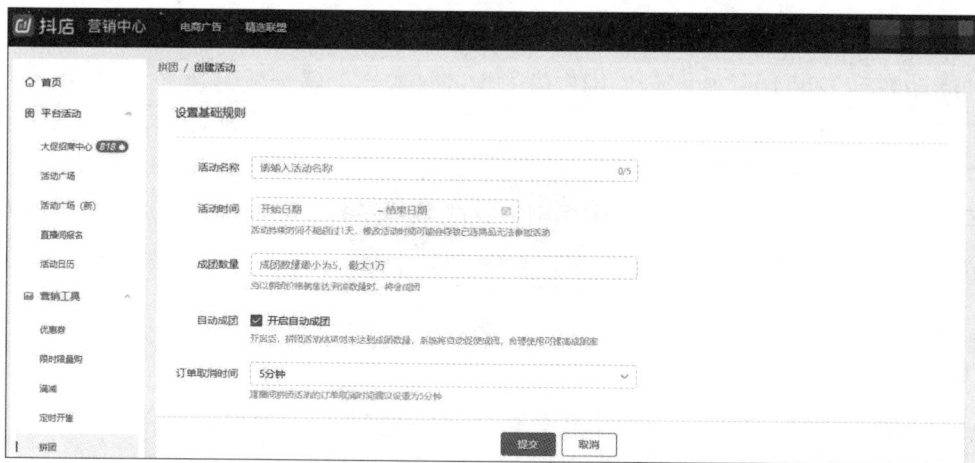

图 10-32　拼团活动的设置页面

其中，成团数量的设置为5～10 000，当拼团的用户达到该数量时，将会成团；勾选"开启自动成团"复选框后，则拼团活动结束时未达到成团数量，也可以视为拼团成功；订单取消时间是指用户提交订单后，如果一直没有付款，此时系统自动取消订单的时间，建议设置为5分钟。

商家在选择活动商品时，还可以基于SKU维度，选择哪些SKU参加，哪些SKU不参加。设置完成后，单击"提交"按钮，即可创建拼团活动。图10-33所示为拼团活动在用户侧的展示效果和活动规则。

图 10-33　拼团活动的展示效果和活动规则

10.2.5　工具 5：超级福袋

超级福袋是一个直播间带货的营销互动工具，能够帮助主播实现规范化的抽奖流程。开启超级福袋活动后，该活动将会以商品的形式出现在直播间的购物车中，主播可通过口播的方式引导用户完成各种任务，如达到一定浏览时长或发送指定口令等来获取抽奖资格，活动展示效果如图 10-34 所示。

图 10-34　超级福袋活动的展示效果

商家需要以达人身份登录巨量百应后台，在"直播管理"页面的左侧导航栏中，❶选择"营销管理"|"超级福袋"选项进入其页面；❷勾选"我已阅读并同意《协议名称待定》"复选框；❸单击"立即开通"按钮，如图 10-35 所示。开通超级福袋活动后，先进入"奖品池"选项卡创建奖品。

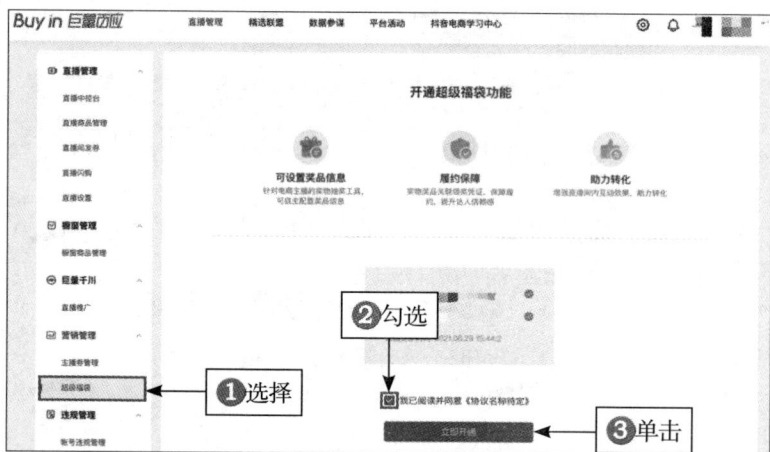

图 10-35　单击"立即开通"按钮

创建奖品后，切换至"抽奖活动"选项卡，单击"创建活动"按钮，弹出"创建抽奖活动"窗口，如图 10-36 所示。可设置中奖条件、开奖时间、兑奖截止时间等抽奖信息，并选择相应的抽奖活动奖品。其中，中奖条件包括"到点开奖""看播任务""评论任务"和"粉丝团任务"等类型。设置完成后，单击"发布"按钮，即可创建超级福袋活动。

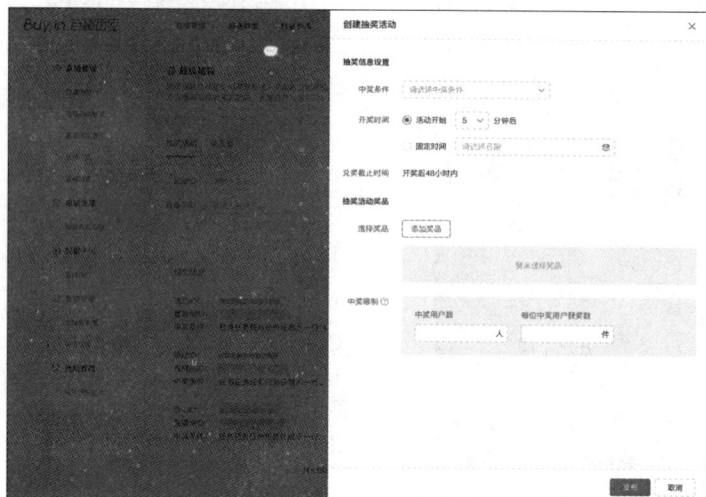

图 10-36　"创建抽奖活动"窗口

10.2.6　工具6：巨量千川

巨量千川是巨量引擎推出的一个电商广告平台，为商家和运营者提供抖音电商一体化营销解决方案，实现店铺的高效经营和生意的可持续增长。巨量千川已经与抖音电商经营实现了深度融合，有助于提升电商营销效率和效果，助力商家实现长效增长和电商生态的健康发展。

商家或运营者可以在抖店后台的顶部菜单栏中单击"电商广告"按钮，进入巨量千川平台，在"推广"页面中设置相应的营销目标和推广方式来创建推广计划，如图10-37所示。

图10-37　"推广"页面

在"营销目标"选项区中，商家或运营者可以结合自己的营销目标，选择"短视频/图文带货"选项来吸引用户购买商品，或选择"直播带货"选项吸引用户进入直播间下单。

在"推广方式"选项区中，"极速推广"方式的操作门槛低，相对便捷，适用于新手；"专业推广"方式则可以自由选择投放方式、投放速度、转化目标，以及设置日预算、出价、定向人群、投放日期和时段、创意类型、创意内容、创意分类和创意标签等选项，适用于老手。

巨量千川的推广工具可以帮助商家和运营者提升短视频、直播带货的投放优化能力，同时还支持观看、互动、停留等浅层转化目标，以及对短视频商品购买、直播间下单等深度目标的优化。